ADONIS
Verwandlungen eines Liebenden

Gedichte 1958–1971

Arabisch und deutsch

Aus dem Arabischen übersetzt,
herausgegeben und mit einem Nachwort
von Stefan Weidner

S. Fischer

»Die Gesänge Mihyârs des Damazeners. Ausgewählte Gedichte 1958–1965«
© 1988 by Adonis, Beirut und Paris
Deutsche Erstausgabe
© 1998 by Ammann Verlag & Co., Zürich
»Ein Grab für New York. Ausgewählte Gedichte 1965–1971«
© 1968, 1971 by Adonis, Beirut und Paris
Deutsche Erstausgabe
© 2004 by Ammann Verlag & Co., Zürich
© 2011 S. Fischer Verlag GmbH, Frankfurt am Main
Satz: CPI – Clausen & Bosse, Leck
Druck und Bindung: Druckerei C. H. Beck, Nördlingen
Printed in Germany
ISBN 978-3-10-000631-8

Band 1
1958–1965

Die Gesänge Mihyârs des Damaszeners

أغاني مهيار الدمشقي

فارس الكلمات الغريبة   DER RITTER FREMDER WORTE

مزمور   PSALM

يُقبل أعزلَ كالغابة وكالغيم لا يُردّ وأمس حمل قارةً ونقل البحر من مكانه.

يرسم قفا النهار، يصنع من قدميه نهاراً ويستعير حذاء الليل ثم ينتظر ما لا يأتي. إنه فيزياء الأشياء. يعرفها ويسمّيها بأسماء لا يبوح بها. إنه الواقع ونقيضه، الحياة وغيرها.

حيث يصير الحجر بحيرةً والظلّ مدينةً يحيا – يحيا ويضلل اليأس، ماحياً فسْحة الأمل، راقصاً للتراب كي يتثاءب، وللشجر كي ينام.

وها هو يُعلن تقاطعَ الأطراف، ناقشاً على جبين عصرنا علامة السّحر.

يملأ الحياة ولا يراه أحد. يُصيّر الحياة زبداً ويغوص فيه. يحول الغد الى طريدة ويعدو يائساً وراءها. محفورة كلماته في اتجاه الضياع الضيّاع الضيّاع

والحيرة وطنه، لكنه مليءٌ بالعيون.

يُرعب ويُنعش.
يرشح فاجعةً ويفيض سُخرية.
يقشر الإنسان كالبصَلة.

Er naht wehrlos wie ein Wald, und wie die Wolken wird er nicht zurückgeschlagen. Gestern trug er einen Kontinent und rückte das Meer von der Stelle.

Er zeichnet den Nacken des Tages, erschafft einen Tag aus seinen Füßen und borgt sich die Schuhe der Nacht, dann wartet er auf das, was nicht kommt. Er ist die Physik der Dinge – er kennt sie und nennt sie mit Namen, die er nicht verrät. Er ist die Wirklichkeit und ihr Gegenteil, er ist das Leben und alles, was es nicht ist.

Wo der Stein zu einem See wird und der Schatten zu einer Stadt, da lebt er – lebt und führt die Verzweiflung in die Irre, auswischend die Weite der Hoffnung, dem Boden vortanzend, damit er gähnt, und den Bäumen, damit sie schlafen.

Und da verkündet er die Kreuzung der Extreme und ritzt auf die Stirn unseres Zeitalters das Zeichen der Magie.

Er füllt das Leben aus, und niemand sieht ihn. Er schlägt es zu Schaum und taucht darin unter. Er verwandelt den morgigen Tag in Jagdwild und läuft verzweifelt hinter ihm her. Seine Worte sind graviert in Verlorenheit, Verlorenheit, Verlorenheit ...

Die Bestürzung ist seine Heimat, doch er ist voller Augen.

Er verbreitet Schrecken und belebt.
Er verströmt Unheil und läuft über vor Spott.
Er schält den Menschen wie eine Zwiebel.

إنه الريح لا ترجع القهقري والماء لا يعود إلى منبعه. يخلق نوعه بدءاً من نفسه – لا أسلافَ له وفي خطواته جذوره.

Er ist wie der Wind, der sich nicht zurückzieht, und wie das Wasser, das nicht zur Quelle heimkehrt. Beginnend bei sich, schafft er seinesgleichen – er hat keine Vorfahren, und seine Wurzeln sind in seinen Schritten.

يمشي في الهاوية وله قامة الريح.

Er wandert im Abgrund und hat die Gestalt des Windes.

ليس نجما

KEIN STERN

ليس نجماً ليس إيحاءَ نبيّ
ليس وجهاً خاشعاً للقمرِ –

Kein Stern ist er, keine Offenbarung eines
    Propheten
Kein Antlitz, sich dem Mond ergebend –

هوذا يأتي كرمحٍ وثنيّ
غازياً أرضَ الحروفْ
نازفاً – يرفع للشمس نزيفهْ ؛

Seht, er kommt wie ein heidnischer Speer
Und erobert der Buchstaben Erde
Blutend, sein Bluten zur Sonne erhebend.

هوذا يلبس عُرْيَ الحجَرِ
ويصلّي للكهوفْ

Seht, er kleidet sich in die Nacktheit des Steins
Zu den Höhlen betend.

هوذا يحتضنُ الأرضَ الخفيفةْ.

Seht, wie er die leichte Erde umarmt!

ملك مهيـار

KÖNIG MIHYÂR

مَلِكٌ مهيارْ
مَلِكٌ والحلْمُ له قصرٌ وحدائقُ نارْ

Ein König ist Mihyâr
Ein König, und der Traum ist ihm ein Schloß und
    Gärten aus Feuer.

واليومَ شكاهُ للكلماتْ
صوتٌ ماتْ

Eine Stimme, die starb
Klagte heute über ihn bei den Worten.

مَلِكٌ مهيارْ
يحيا في ملكوت الريح
ويملك في أرض الأسرارْ.

Ein König ist Mihyâr
Er lebt in des Windes Reich
Und herrscht in der Geheimnisse Land.

Eine Stimme

Mihyâr – ein Gesicht, das die verrieten, die es lieben
Mihyâr – Glocken ohne Klang
Mihyâr – auf die Gesichter geschrieben
Als Gesang, der uns heimlich besucht
Auf weißen verworfenen Wegen.

Mihyâr – Glocke derer, die sich verirren
Auf dieser galiläischen Erde.

Eine andere Stimme

Er verlor den Faden der Dinge
Der Stern seines Empfindens verlosch
Und er stolperte nicht.

Selbst als seine Schritte zu Stein wurden
Und vor Langeweile seine Wangen einfielen
Sammelte er gemächlich seine Glieder
Sammelte sie ein für das Leben, und verstreute sich.

Es werden ihm Augen

Im verrückten, im rollenden Fels
Der nach Sisyphos sucht
Werden ihm Augen.

Es werden ihm Augen
In den erloschenen, irrenden Augen
Die nach Ariadne fragen.

Es werden ihm Augen
Auf einer Reise, die wie Blut
Aus dem Leichnam des Ortes fließt.

في عالمٍ يلبسُ وجهَ الموتْ
لا لغةٌ تعبرهُ لا صوتْ –
تُولد عيناهُ.

In einer Welt, vom Antlitz des Todes bekleidet
Die keine Sprache, keine Stimme durchschneidet
Werden ihm Augen.

الايام
DIE TAGE

تعبت عيناهُ من الأيامْ
تعبت عيناهُ بلا أيامْ
هل يثقبُ جُدران الأيامْ
يبحث عن يوم آخرْ –

Seine Augen wurden müde der Tage
Seine Augen wurden müde ohne Tage
Bohrt er ein Loch in die Mauer der Tage
Oder sucht er nach einem anderen Tag?

أهُنا أهُناك يومٌ آخرْ؟

Gibt es hier oder dort einen anderen Tag?
Lautet die Frage.

دعوة للموت
(أصوات)
EINLADUNG AUF DEN TOD
(Stimmen)

يضربُنا مهيارْ
يحرقُ فينا قشرةَ الحياةْ
والصبرَ والملامح الوديعةْ؛

Mihyâr schlägt uns
Verbrennt in uns die Schale des Lebens
Die Geduld und die sanften Züge.

فاسْتسلمي للرُعب والفجيعهْ
يا أرضَنا يازوجةَ الإله والطغاةْ
واستسلمي للنارْ.

Ergib dich dem Schrecken und dem Unheil
O unsere Erde, o Gattin von Gott und Tyrannen
Ergib dich dem Feuer.

صوت
EINE STIMME

يَهْبط بين المجاذيف بين الصخورْ
يتلاقى مع التائهينْ
في جرار العرائسِ
في وَشوشاتِ المحارْ،

Er steigt zwischen Rudern und Felsen hinab
Er trifft sich mit den Verirrten
In den Amphoren der Sirenen
Im Flüstern der Muscheln.

يُعلنُ بعث الجذورْ
بعث أعراسِنا والمرافىءْ والمنشدينْ –
يُعلن بعث البحارْ.

Er verkündet die Erweckung der Wurzeln,
Unserer Hochzeiten und der Häfen und Sänger –
Er verkündet die Erweckung der Meere.

DIE MASKE DER LIEDER

Im Namen seiner Geschichte im Gefilde des
 Schlamms
Er ißt, wenn ihn hungert, seine Stirn
Er stirbt, und die Jahreszeiten wissen nicht, wie er
 stirbt
Hinter dieser langen Maske
Aus Liedern.

Einzig er ist das verläßliche Korn
Einzig er wohnt im Boden des Lebens.

DIE STADT DER MITSTREITER

1

Begegne ihm mit Dornen oder Steinen
O Stadt der Mitstreiter
Hänge seine Hände auf
Als Bogen, den das Grab durchschreitet
Und kröne seine Schläfen
Mit Tätowierung oder mit Glut –
Möge Mihyâr verbrennen.

2

Nicht bloß ein Ölbaum und ein Fluß
Eine Brise, die kommt oder geht
Nicht nur ein Wald und eine Insel
Nicht eine Wolke nur
Rennen auf seinem langsamen Weg
Lesen, in ihrem Bett, sein Buch.

DER NEUE BUND
العهد الجديد

Er versteht sich nicht auf diese Sprache
Die Stimme der Steppen versteht er nicht
Denn er ist ein Seher von steinernem Schlaf
Denn auf ihm lasten entlegene Sprachen.

Seht, er schreitet unter dem Schutt voran
In der neuen Buchstaben Bleibe.
Seine Dichtung übergibt er dem traurigen Wind
Grob und verzaubernd wie Kupfer.

Denn er ist die Sprache, die unter Masten wogt
Denn er ist der Ritter fremder Worte.

ZWISCHEN ECHO UND RUF
بين الصدى والنداء

Zwischen Echo und Ruf verbirgt er sich
Unter dem Eis der Buchstaben verbirgt er sich
In den Klagen der Verirrten verbirgt er sich
In den Wellen, zwischen den Muscheln verbirgt er sich.

Und wenn der Morgen auf seinen Augen
Seine Türen schließt und erlischt
Stellt er seine Lampe unter den Schutz eines Berges
Den er in seiner Verzweiflung verlor, und flüchtet sich.

DIE GLOCKE
الجرس

Die Palmen beugen sich
Und der Tag und der Himmel, sie beugen sich –
Fürwahr, er kommt näher, fürwahr, er ist wie wir.

غيرَ أنَّ السماءَ
رفعت باسمِهِ سقفَها الممطرا
وَدَنتْ كي تدلّي
وجهَه، فوقنا، جرساً أخضرا.

Der Himmel aber
Spannte in seinem Namen das Dach aus Regen auf
Und kam heran, um über uns, als grüne Glocke
Sein Antlitz schwingen zu lassen.

آخر السماء

Das Ende des Himmels

يحلم ان يرميَ عينيهِ في
قرارة المدينة الآتيةْ
يحلم ان يرقص في الهاويهْ
يَحْلم أنْ يجهلَ أيامَه الآكلةَ الأشياءْ
أيامَه الخالقةَ الأشياءْ.

Er träumt, er werfe seine Blicke
Auf den Grund der kommenden Stadt
Er träumt, er tanze in der Schlucht
Er träumt, er kenne nicht seine alles fressenden
Alles schaffenden Tage.

يحلم أن ينهضَ أن يَنهارَ
كالبحرِ – أن يستعجلَ الأسرار
مُبتدئاً سماءَه في آخر السماءْ

Er träumt, er höbe sich, stürze zusammen
Wie die See, und triebe die Geheimnisse an
Als einer, dessen Himmel
Am Ende des Himmels beginnt.

وجه مهيار

Mihyârs Gesicht

وجهُ مهيار نارْ
تحرقُ أرض النجوم الأليفهْ،

Mihyârs Gesicht ist ein Feuer
Das die Erde der vertrauten Sterne verbrennt.

هوذا يتخطى تخومَ الخليفهْ
رافعاً بَيْرقَ الأفولْ
هادماً كل دارْ،
هوذا يرفضُ الإمامَةْ
تاركاً يأسَه علامهْ
فوق وجه الفصولْ.

Seht, wie er die Grenzen des Kalifats überschreitet
Und das Banner des Untergangs hißt
Jegliches Haus zertrümmernd.
Seht, wie er das Imamat verwirft
Und seine Verzweiflung läßt als Zeichen
Auf dem Gesicht der Jahreszeiten.

الحيرة
(أصوات)

Die Ratlosigkeit
(Stimmen)

لأنه يَحارْ
علَّمنا أن نقرأ الغبارْ.

Weil er ratlos ist
Lehrte er uns lesen den Staub.

لأنه يحارْ
مرَّت على بحارنا سحابَهْ
من نارهِ من عَطش الأجيالْ.

Weil er ratlos ist
Kreuzte auf unseren Meeren die Wolke
Seines Feuers und des Durstes von Generationen.

لأنه يَحارْ
أعطى لنا الخيالْ
أقلامَهْ، أعطى لنا كتابَهْ.

Weil er ratlos ist
Vermachte uns die Phantasie
Seine Stifte, vermachte sie uns sein Buch.

ينام في يديه

ER SCHLÄFT IN SEINER HAND

يمدّ راحتيهِ
للوطن الميّتِ للشوارع الخرساءْ،

Er breitet seine Handflächen aus
Für die stummen Straßen und das tote Vaterland.

وحينما يَلْتصقُ الموتُ بناظريْهِ
يَلْبسُ جلدَ الأرض والأشياءْ
ينامُ في يديهِ.

Und wenn der Tod sich an seine Blicke schmiegt
Zieht er die Haut der Erde an und der Dinge
Schläft er in seiner Hand.

يحمل في عينيه

ER TRÄGT IN SEINEN AUGEN ...

يأخذُ من عينيهْ
لألأةً، من آخر الأيام والرياحْ
شرارةً، يأخذ من يديهْ
من جُزُر الأمطارْ
جبلةً ويخلق الصباحْ.

Er nimmt aus seinen Augen
Einen Glanz; vom Ende des Tages und den Winden
Einen Funken; er nimmt aus seiner Hand
Von den Inseln des Regens
Ein Temperament und erschafft den Morgen.

أعرفهُ – يحملُ في عينيهْ
نبوّةَ البحارْ
سمّانيَ التاريخَ والقصيدةَ
الغاسلةَ المكانْ،

Ich kenne ihn – er trägt in seinen Augen
Das Prophetentum der Meere
Er nannte mich Geschichte und Gedicht
Das Orte wäscht.

أعرفه – سمّانيَ الطوفانْ.

Ich kenne ihn – er nannte mich Flut.

DER ZWILLING DES TAGS

Die Nacht, das sind Türen und Feen
In den Lungen Mihyârs
In seinem bleichen Antlitz, in seinen Händen.

Stirb wie wir, verlier dich mit uns, o Adam des
    Lebens
Und fahr mit uns zu ihm
Unserem Zwilling, dem Zwilling des Tags
Ihn ersehnen wir, für ihn leben wir – Mihyâr.

DIE ANDERN

Er kannte die andern
Warf seinen Felsen auf sie und wandte sich ab
Die Blesse des Tags und die Jahre bringend
Die in knospenhafter Jungfräulichkeit
    entschwinden.

Sein Gesicht hängt an seltsamen Grenzen
Beugt sich über sie und leuchtet.

Wo er niemand anders trifft, dorthin kommt er
Wo er die andern nicht sieht, von dort wendet er
    sich ab
Die Blesse des Tags bringend
Die Oberfläche des nahen Himmels auswischend.

Der heilige Barbar

البربري القديس

ذاك مهيارُ قديسكِ البربريّ
يا بلاد الرؤى والحنينْ،
حاملٌ جبهتي لابسٌ شفتيَ
ضدَّ هذا الزمان الصغير على التائهين.

Das ist Mihyâr, dein heiliger Barbar
O Land der Sehnsüchte und Visionen
Er trägt meine Stirn und kleidet sich in meine Lippen
Ein Gegner dieser Zeit, die zu klein ist für die Verirrten.

ذاك مهيارُ قديسكِ البربريّ –
تحت أظفاره دمٌ وإلَهُ:
إنه الخالقُ الشقيّ
إن أحبابَه من رأوهُ وتاهوا.

Das ist Mihyâr, dein heiliger Barbar –
Unter seinen Nägeln ist Blut und ein Gott
Fürwahr, er ist der leidende Schöpfer
Fürwahr, seine Liebsten sind, die ihn sahen und sich verirrten.

ساحر الغبار   DER ZAUBERER DES STAUBS

مزمور

مزمور

أحمل هاويتي وأمشي. أطمس الدروب التي تتناهى؛ أفتح الدروب الطويلة كالهواء والتراب – خالقاً من خطواتي أعداءً لي، أعداءً في مستواي. وسادتي الهاوية والخرائب شفيعتي.

إنني الموتُ، حقاً.

التآبينُ صِيَغي – أمحو وأنتظر من يمحوني. لا شذوذ في دخاني وسحْري. هكذا أعيش في ذاكرة الهواء.

أكتشفُ نبرةً لعصرنا وغُنَّةً –

(عصر يتفتت كالرمل يتلاحم كالتوتياء؛ عصر السحاب المسمّى قطيعاً والصفائح المسمّاة أدمغة. عصر الخضوع والسراب، عصر الدمية والفزّاعة، عصر اللحظة الشرهة، عصر انحدار لا قرار له).

ولا شريان عندي لهذا العصر – إنني مبعثَر ولا شيء يجمعني.

أخلق شهوة كلُهاث التنين.

أعيش خفية في أحضان شمسٍ تأتي أحتمي بطفولة الليل تاركاً رأسي فوق ركبة الصباح. أخرجُ وأكتب أسفار الخروج ولا ميعاد ينتظرني.

Psalm

Ich trage meinen Abgrund und gehe. Ich tilge die Wege, die enden, und bahne die, die lang sind wie Luft und Erde – so schaffe ich mir aus meinen Schritten Feinde auf meinem Niveau. Mein Kissen ist der Abgrund, und die Trümmer sind mein Fürsprecher.

Wahrlich, ich bin der Tod.

Totengesänge sind meine Form. Ich merze aus und warte auf jemanden, der mich ausmerzt. Keine Absonderlichkeit in meinem Zauber und Rauch. So lebe ich im Gedächtnis der Luft.

Ich entdecke für unser Zeitalter einen Tonfall und eine Klangfarbe.

(Ein Zeitalter, das wie Sand zerbröckelt und aneinanderpappt wie Zink, Zeitalter der Wolken, die Herden genannt, und der Metallplättchen, die Hirne genannt werden. Zeitalter der Unterwürfigkeit und des Trugbildes, Zeitalter der Puppen und Vogelscheuchen, Zeitalter des gierigen Augenblicks, Zeitalter eines bodenlosen Niedergangs.)

Ich habe keine Adern für dieses Zeitalter – zu zerstreut bin ich, nichts mehr sammelt mich ein.

Ich schaffe ein Verlangen wie das Schnaufen des Drachens.

Ich lebe heimlich in den Armen einer kommenden Sonne. Ich schütze mich mit der Kindheit der Nacht und lasse meinen Kopf auf den Knien des Morgens. Ich gehe hinaus und schreibe die Bücher des Exodus, doch keine Verheißung erwartet mich.

إنني نبيٌ وشكّاك.

Wahrlich, ich bin Prophet und Zweifler.

أعجن خميرة السقوط، أترك الماضي في سقوطه وأختار نفسي. أفْلطِح العصر وأصفحه، أناديه – أيها العملاق المسخ أيها المسخ العملاق وأضحك وأبكي.

Ich knete die Hefe des Sturzes, lasse die Vergangenheit fallen und wähle mich selbst. Ich drücke das Zeitalter platt und walze es aus, rufe es – o du monströser Gigant, o du gigantisches Monstrum, und lache und weine.

إنني حجة ضد العصر.

Wahrlich, ich bin ein Argument gegen das Zeitalter.

أمحو الآثار والبقع في داخلي. أغسل داخلي وأبقيه فارغاً ونظيفاً. هكذا تحت نفسي أحيا.

Ich tilge die Spuren und Flecken in meinem Inneren. Ich wasche es und bewahre es rein und leer. So lebe ich unter mir selbst.

بالنزيف تتغذى عروقي ولا مكان لي بين الموتى. الحياة ضحيةٌ لي ولا أعرف أن أموت – إن زماني خفيٌ وتحت العيون، وأمسِ دخلت في طقس الموج وكان الماء لهيبي.

Von fließendem Blut nähren sich meine Adern, unter den Toten habe ich keinen Platz. Das Leben dient mir als Opfer, und ich weiß nicht, daß ich sterbe – in der Tat, meine Zeit ist verborgen, sie ist hinter den Augen. Gestern bin ich ins Ritual der Wellen eingekehrt, und das Wasser war meine Flamme.

إنني عجول والموت يتبعني حاشداً رياحه بين عينيَّ. أضحك معه وأبكي في رفة الهُدب – آه الموتُ المهرّج الموت الباكي.

Ich bin in Eile, der Tod verfolgt mich und sammelt seine Winde zwischen meinen Augen. Ich lache mit ihm und weine beim Schlag der Wimpern – ach, dieser scherzende Tod, dieser schluchzende Tod.

أعرف أنني في شرْخِ الموت، أتبطن القبر وأخَنْخِنُ كلماتي، لكنني حيّ – يعرف هذا غيري،

Ich weiß, ich bin in dem Spalt des Todes, ich fülle das Grab aus und nasaliere meine Wörter, doch ich lebe – auch andere wissen das.

أهجم وأستأصل، أعبر وأزدري. حيث أعبر يسقط شلال عالم آخر، وحيث أعبر الموتُ واللامَمَر،

Ich greife an und entwurzele, ich gehe vorüber und verachte. Da, wo ich vorübergehe, stürzt der Wasserfall einer anderen Welt, da, wo ich vorübergehe, ist der Tod und kein Durchgang.

وسأبقى، فأنا مُسيَّجٌ بنفسي.

Ich werde bleiben, denn ich bin umzäunt mir selbst.

Die Wunde   الجرح

1

ألورق النّائم تحت الريح
سفينة للجرح
والزمن الهالك مجدُ الجرح
والشجر الطالع في أهدابنا
بحيرة للجرح

Das in den Winden schlafende Laub
Ist ein Schiff für die Wunde
Die zugrunde gehende Zeit ist das Lob der Wunde
Die aus den Wimpern ragenden Bäume
Sind ein See für die Wunde.

والجرح في الجسور
حين يطول القبر
حين يطول الصبر
بين ضفاف حبنا وموتنا، والجرح
إيماءةٌ والجرحُ في العبور.

Die Wunde ist in den Brücken
Wenn das Grab sich reckt
Wenn die Geduld sich streckt
Zwischen den Ufern unserer Liebe, unseres Todes
Die Wunde ist Wink, die Wunde ist im Durchqueren.

2

للّغة المخنوقة الأجراسْ
أمنح صوت الجرح
للحجر المقبل من بعيدْ
للعالم اليابس لليباسْ
للزمن المحمول في نقالة الجليدْ
أشعل نار الجرحْ؛

Der Sprache erdrosselter Glocken
Gewähre ich die Stimme der Wunde
Dem Stein, der aus der Ferne naht
Der verödeten Welt, der Öde
Der Zeit, auf einer Scholle aus Eis aufgebahrt
Entfache ich das Feuer der Wunde.

وحينما يحترق التاريخ في ثيابي
وتنبت الأظافر الزرقاء في كتابي
وحينما أصيحُ بالنهارْ –
من أنتَ، من يرميك في دفاتري
في أرضي البتولْ؟
ألمح في دفاتري في أرضيَ البتول
عينين من غبارْ
أسمع من يقول:
»أنا هو الجرح الذي يصيرْ
يكبر في تاريخك الصغيرْ«.

Wenn die Geschichte in meinen Kleidern verbrennt
Und blaue Krallen in meinem Buche wachsen
Wenn ich schreie zum Tag –
Wer bist du, wer warf dich zwischen meine Hefte
Auf meine jungfräuliche Erde?
Auf der jungfräulichen Erde, zwischen meinen Heften
Erblicke ich zwei Augen aus Staub
Und höre jemanden sagen:
»Ich bin die Wunde, die zu wachsen beginnt
In deiner kleinen Geschichte.«

3

Ich nannte dich Wolke	سمّيتُك السحابْ
O Taube des Aufbruchs, o Wunde	يا جرحُ يا يمامة الرحيلْ
Ich nannte dich Feder und Buch	سميتك الريشة والكتابْ
Und nun beginne ich das Gespräch	وها أنا أبتدىءُ الحوارَ
Zwischen mir und der Sprache, die wurzelt	بيني وبين اللغة العريقةِ
In den Inseln der biblischen Bücher	في جزر الأسفارْ
Dem Archipel des verwurzelten Sturzes	في أرخبيل السَّقطة العريقةْ
Nun lehre ich Palmen und Winde	وها أنا أعلم الحوارَ
Das Gespräch	للريح والنخيلْ
O Taube des Aufbruchs, o Wunde.	يا جرحُ يا يمامة الرحيلْ.

4

Hätte ich Häfen
Im Land der Träume und Spiegel
Hätte ich ein Schiff, hätte ich die Reste
Einer Stadt, ja hätte ich eine Stadt
Im Land der Kinder und Tränen
Dann machte ich alles dies für die Wunde
Zu einem Lied, das wie ein Speer
Die Bäume, die Steine und den Himmel durchfährt
Wie Wasser zart
Und wie der Triumph
So verblüfft und so hart.

5

Regne auf unsere Wüsten
O mit Traum und Sehnsucht verzierte Welt
Regne, aber schüttle uns auch, uns, die Palmen der Wunde
Brich für uns zwei Äste
Von den Bäumen, die das Schweigen der Wunde lieben
Von den Bäumen, die über der Wunde wachen
Mit geschweiften Wimpern und gekrümmten Händen.

يا عالماً مزيّناً بالحلْم والحنين
يا عالماً يسقط في جبيني
مرتسماً كالجرح
لا تقترب، أقربُ منك الجرح
لا تُغرِني، أجملُ منك الجرحْ
وذلك السحر الذي رمتْهُ
عيناكَ في الممالك الأخيره
مرَّ عليه الجرح
مر فلم يترك له شراعاً
يُغوي ولم يترك له جزيره.

O Welt, mit Traum und Sehnsucht verziert
Du stürzt auf meine Stirn
Gemalt wie eine Wunde
Nahe nicht, näher als du ist die Wunde
Führe mich nicht in Versuchung, schöner als du ist die Wunde
Und jener Zauber, den deine Augen walten ließen
In den letzten Reichen
Ihn überwand die Wunde, überwand ihn
Und ließ ihm kein Segel, das verführt
Ließ ihm keine Insel.

مات إلهٌ...

Ein Gott ist gestorben

مات إلهٌ كان من هناكْ
يهبط، من جمجمة السماءْ.

Ein Gott ist gestorben, der dort
Aus dem Schädel des Himmels sank.

لربّما في الذعر والهلاكْ
في اليأس في المتاه
يصعد من أعماقيَ الإلهْ،

In der Hoffnungslosigkeit, im wüsten Land
Im Schrecken und im Untergang
Entsteigt vielleicht meinen Tiefen ein Gott.

لربما، فالأرض لي سريرٌ وزوجةٌ
والعالم انحناءْ.

Vielleicht wird die Erde mir Gattin und Bett
Vielleicht verneigt sich die Welt.

الضياع

Verlorengehen

أضيع، أرمي للضحى وجهي وللغبار
أرميه للجنون
عينايَ من عُشبٍ ومن حريقْ
عيناي راياتٌ وراحلون.

Ich gehe verloren, werfe mein Gesicht dem Morgen hin
Dem Wahnsinn, dem Staub
Meine Augen aus Gras und aus Feuer
Meine Augen sind Banner und Reisende.

أضيع، أرمي للضحى وجهي وللغبار
أولد في نهاية الطريقْ
أصرخْ – فليصرخْ معي الطريقُ والغبارْ:

Ich gehe verloren, werfe mein Gesicht dem Morgen hin, dem Staub
Ich werde am Ende des Weges geboren
Und schreie – mögen mit mir schreien Wege und Staub:

Wahrlich, wie schön ist es, wenn mein Gesicht sich verliert
Und ich mich verliere, vom Feuer durchdrungen
O Grab, o mein Ende zu Frühlingsbeginn.

Ein Stein

Ich bete diesen sanften Stein an
In seiner Maserung sah ich mein Gesicht
Ich sah darin mein verlorenes Gedicht.

Der Fall

Ich lebe zwischen Pest und Feuer
Mit meiner Sprache, mit diesen stummen Welten
Ich lebe im Garten von Apfel und Himmel
In der ersten Freude, der Verzagtheit
Vor Evas Angesicht
Der Herrin dieser verfluchten Bäume
Der Herrin der Früchte.

Ich lebe zwischen Wolke und Funken
In einem wachsenden Stein, einem Buch
Das den Fall und die Geheimnisse lehrt.

Ein Gespräch

– »Wer bist du, Mihyâr, auf wen fällt deine Wahl?
Wohin du dich wendest, zu Satans Abgrund oder zu Gott:
Ein Abgrund geht, der andere kommt
Die Welt ist Wahl.«

– »Ich wähle weder Satan noch Gott
Beide sind eine Mauer

Beide verschließen mir die Augen –

Soll ich Mauer gegen Mauer tauschen
Obwohl meine Ratlosigkeit die eines ist
Der leuchtet, eines, der alles kennt...?«

DIE SPRACHE DER SÜNDE

Ich verbrenne mein Erbteil, sage, daß meine Erde
Jungfräulich, daß in meiner Jugend keine Gräber
Und schreite über Gott und Satan hin
(Mein Weg führt weiter
Als die Wege Gottes und Satans) –

Ich schreite in meiner Schrift
Ich schreite im Gefolge des leuchtenden
Im Gefolge des grünen Blitzes
Ich rufe: Nach mir kein Fall, kein Paradies
Und tilge die Sprache der Sünde.

DER KÖNIG DER WINDE

Das Extrem ist meine Flagge
Die sich nicht verbrüdert, nicht verbindet
Das Extrem ist mein Gesang.

Ich ziehe die Blumen zusammen
Und schicke die Bäume ins Schlachtfeld
Ich schlage den Himmel als Zelt auf
Liebe und lebe und werde geboren in meinen
    Worten.

Ich versammle die Schmetterlinge
Unter des Morgens Standarte
Ziehe die Früchte groß
Und der Regen und ich übernachten
In den Wolken und ihren Glocken, in den Meeren.

ها أنا أُشرعُ النجومَ وأُرسي
وأنصِبُ نفسي
ملكاً للرياح.

Nun zücke ich die Sterne und werfe Anker
Ernenne mich selbst
Zum König der Winde.

الصخرة

DER FELSEN

رضيتُ بما شئتَه: أغنياتي
خبزي ومملكتي كلماتي –
فيا صخرتي أثقلي خُطواتي
حملتُكِ فجراً على كتفيَّ،
رسمتُكِ رؤيا على قسماتي.

Ich nahm hin, was du wolltest: Meine Lieder
Sind mein Brot und mein Königreich meine Worte –
O mein Felsen, beschwere meine Schritte
Ich trug dich als Frühlicht auf meinen Schultern
Und malte dich als Traum auf mein Gesicht.

هاوية

EIN ABGRUND

أقبل في هاوية أجهل أن أراها
أخاف أن أراها،
أقبل في هاوية مليئة
بفرحة المنبىء والنذير
فرحةَ أن تصيرْ
أغنيَتي أغنيةً سواها
تقود هذا العالم الضريرْ –

Ich nahe im Abgrund, den ich nicht sehe
Den ich zu sehen fürchte
Ich nahe im Abgrund
Der voll ist von der Freude des Warners und
    Propheten
Der Freude, daß mein Lied
Ein anderes Lied wird
Leitend diese blinde Welt –

فرحةَ أن أصيرْ
خطيئة،
وخاطئاً يحيا بلا خطيئة

Der Freude, daß ich Sünde werde
Und ein Sünder, der ohne Sünde lebt.

لي أسراري ...

ICH HABE MEINE GEHEIMNISSE ...

لي َ أسراري لأمشي
فوق بيت العنكبوتْ
لي َ أسراري لأحيا
تحت أهداب إلهٍ لا يموتْ.

Ich habe meine Geheimnisse
Um über das Heim der Spinne zu schweben
Ich habe meine Geheimnisse
Um unter den Wimpern eines unsterblichen Gottes
    zu leben.

Ein Liebender, bewohne ich meine Stimme und
   mein Gesicht –
Ich habe meine Geheimnisse, damit mir nach
   meinem Tod
Eine Nachkommenschaft ist.

DEINE AUGEN HABEN MICH NICHT GESEHEN

Jungfräulich wie das schöpferische Wasser des
   Samens
Haben mich deine Augen nicht gesehen
Sie haben mich nicht kommen sehen
In der Prozession der Weihegaben
In meinen Schritten aus Gras und Blitz.

Morgen, morgen in Feuer und Frühling
Wirst du wissen, daß ich die Saat umarme
Morgen werden deine Augen sich meiner
   vergewissern.

EIN GESPRÄCH

– »Wo warst du?
Welches Licht weint unter deinen Wimpern?
Wo warst du?
Zeig mir, was hast du geschrieben?«

Ich entgegnete nichts, wußte kein Wort
Denn ich zerriß meine Blätter, weil ich
Keinen Stern unter den Tintenwolken fand.

– »Welches Licht weint unter deinen Wimpern?
Wo warst du?«

Ich entgegnete nichts, die Nacht war eine Hütte
Von Beduinen, die Lampen eine Sippe
Und ich eine magere Sonne
Unter der die Erde ihre Hügel wandelte
Und der Verirrte einem langen Weg begegnete.

Die Gegenwart

Ich öffne eine Tür auf der Erde
Ich entfache das Feuer der Gegenwart
In den Wolken, die sich spiegeln und folgen
Im Ozean und seinen liebenden Wellen
In den Bergen und ihren Wäldern, in den Felsen.

Den schwangeren Nächten erschaffe ich eine Heimat
Aus der Asche der Wurzeln
Aus den Feldern der Lieder, aus Donner und Blitz –

Die Mumie der Zeiten verbrennend.

Die sieben Tage

Mutter, die meine Liebe verspottet
Und meinen Abscheu
Du wurdest in sieben Tagen geschaffen
Und schufst die Welle, den Horizont
Und die Federn des Liedes.

Und ich – meine sieben Tage sind Wunde und Rabe
Wozu also das Rätsel
Da ich Wind und Staub bin wie du?

Orpheus

اورفيـوس

عاشقٌ أتدحرجُ في عتمات الجحيم
حجراً، غيرَ أني أضيءْ

Ich liebe, rolle in den Finsternissen des Hades
Wie ein Stein; und leuchte doch.

إنّ لي موعداً مع الكاهناتْ
في سرير الإلَه القديم
كلماتي رياحٌ تهزّ الحياة
وغنائي شرارْ.

Mit den Seherinnen bin ich verabredet
Auf dem Lager des alten Gottes
Meine Worte sind Winde, die das Leben erschüttern
Und meine Gesänge sind Funken.

إني لغةٌ لإلَه يجيءُ
إنني ساحرُ الغبارْ.

Ich bin Sprache für einen kommenden Gott
Ich bin der Zauberer des Staubs.

Die Zaubererde

أرض السحر

لم يبقَ – لا ثأرٌ ولا خصومَهْ
بيني وبين حارس الأيام،
كلٌ مضى، سيّجَ بالغمامْ
تاريخَه، كلٌ رأى تخومَهْ –

Nichts blieb – keine Rache, kein Streit
Zwischen mir und dem Wächter der Tage
Jeder ging seiner Wege
Umzäunte mit Wolken seine Geschichte
Und sah seine Grenzen –

ولم تزل أرضيَ أرضَ السُّحْرْ:
أغالطُ الهواء
أجرحُ وجه الماء
أخرجُ من قنّينةٍ في البحرْ.

Aber meine Erde ist immer noch zauberschwer:
Ich betrüge die Luft
Verwunde das Antlitz des Wassers
Und entkomme der Flasche im Meer.

Vision

رؤيا

تقنّعي بالخشَب المحروقْ
يا بابلَ الحريق والأسرارْ،
أنتظر الله الذي يجيءُ
مكتسياً بالنارْ
مزيّناً باللؤلؤ المسروقْ
من رئة البحر، من المحارْ؛

Maskiere dich mit verkohltem Holz
O Babel aus Brand und Geheimnis
Ich erwarte den Gott
Der in Feuer gekleidet kommt
Mit Perlen geschmückt, die er stahl
Aus der Lunge der See, aus den Muscheln.

أنتظر الله الذي يحارْ
يغضبُ يبكي ينحني يُضيءْ –

Ich erwarte den Gott, der sich verirrt
Der erzürnt, weint, sich verbeugt, strahlt –

Dein Antlitz, Mihyâr
Kündend vom kommenden Gott.

REISE ...

Ich werde auf einer Welle reisen, auf einem Flügel
Ich werde die Zeiten besuchen, die uns verließen
Und den ätherischen siebten Himmel
Die Lippen besuchen
Die Augen voller Eis, die bleckende Klinge
In Gottes Hölle.

Ich werde verschwinden, meine Brust festschnüren
Und mit dem Wind verbinden
Werde meine Schritte lassen fern am Scheideweg
Im Labyrinth ...

HINTERLASS UNS ...

Geh fort, entferne dich, umarme Luft und Wellen
Trage auf deinen Wimpern Blitze und Wolken
Mögen unsere Spiegel und die Karaffe der Jahre
Hinter dir zerschellen.
Laß für uns zurück ...
Nein! Laß zurück
Nur das geronnene Blut in den Adern
Die Reste von Lehm und Leid.

Ach, entferne dich! Nicht so hastig, nein!
Du bist dabei zu gehen
Laß für uns zurück
Deine Augen, deinen braunen Leichnam oder dein Kleid
Als Gedicht für die seltsame Welt
Für die Welt, die mit Sehnsucht kommt
Und auf ihren Wimpern deinen Himmel bringt.

ICH GAB MEINE TAGE PREIS...

Ich gab meine Tage dem Abgrund preis
Der unter meinem Wagen aufsteigt und sinkt
Und in meinen Augen grub ich mein Grab.

Ich bin der Herr der Geister, ich bestückte sie
Mit meinem Geschlecht und gestern mit meiner
    Sprache
Ich weinte für die Geschichte, in die Flucht
    geschlagen

Und stolpernd, fällt sie auf meine Lippe
Ich weinte für die Angst
Deren grüne Bäume in meiner Lunge verbrennen.

Ich bin der Herr der Geister, ich schlage
Und treibe sie mit meinem Blut und meiner Kehle.

Die Sonne ist eine Lerche, der ich
Meine Schlinge hinwarf, und meine Mütze ist der
    Wind.

DIE TRÄNENBRÜCKE

Eine Brücke aus Tränen geht mit mir
Bricht sich unter meinen Lidern
In meiner Haut aus Porzellan
Ist ein Ritter für die Kindheit
Er bindet seine Pferde mit den Riemen der Winde
An den Schatten der Äste
Und singt für uns mit Prophetenstimme:

»O Winde
Kindheit
Tränenbrücken
Gebrochen hinter den Lidern.«

لا حد لي ...   MIR SIND KEINE GRENZEN

لِدربيَ اللابسةِ الأمواجَ والجبالْ   Für meinen Weg, gekleidet in Berge und Wellen
لوجهي المليء بالأصداءْ   Für mein Antlitz voller Echos
أطفأتُ آلاف الشموع البيض في السماءِ؛   Löschte ich Tausende weißer Kerzen am Himmel.

قلتُ لأسناني للأظافر الزرقاءْ   Und meinen Zähnen, meinen blauen Fingernägeln
لِيني معي واستسلمي للموج والهدير   sagte ich
قلتُ لها أن تقطعَ الحبال   Seid sanft zu mir, ergebt euch dem Rauschen und
                                      den Wellen
                                   Ich sagte ihnen, sie sollen die Taue kappen

بيني وبين الشاطيء الأخيرْ –   Zwischen mir und dem letzten Gestade –

لا حَدَّ لي لا شاطيءٌ أخيرْ.   Mir sind keine Grenzen, kein letztes Gestade.

السدود   DIE BARRIKADEN

دائماً يُقرأ الضُحى ويُعادُ   Ständig wird der Morgen entziffert
دائماً هذه المغاور تحت الجلد   Ständig diese Höhlen unter der Haut
هذي السدود والأنقاضْ   Die Barrikaden und Trümmer
دائماً هذه التكايا   Ständig die Klöster
دائماً هذه المقابر تحت الهدب   Ständig die Gräber unter den Wimpern
هذي الأشلاء هذي الضحايا   Diese zerfetzten Glieder, diese Opfer deiner Lieder
من أغانيكَ، حيث لا أرضَ في وجهك   Wo dein Antlitz ohne Erde ist
لا رقصةَ ولا ميلادُ،   Ohne Tanz und ohne Geburt.

دائماً في عروقك الإجهاضُ –   Ständig tobt in deinen Adern der Abort –
لكَ في القشر نجمةٌ، لك في الصخر تراثٌ   Du hast in der Schale einen Stern, du hast im Felsen
وفي النهار بلادُ   ein Erbe
يا أمير الفراغ يا لغةً تفرغُ فيها الرياح   Und im Tag ein Land
والأبعادُ.   O Prinz der Leere, o Sprache, in die sich Winde und
                                      Fernen ergießen.

DIE EINSAME ERDE

الأرض الوحيدة

Ich wohne in diesen Wanderworten
Ich lebe, und mein Gesicht begleitet mein Gesicht
Und mein Gesicht ist mein Weg!

أسكن في هذه الكلمات الشريدهْ
وأعيش ووجهي رفيقٌ لوجهي
ووجهي طريقي!

In deinem Namen, o meine Erde, die sich streckt
Du bist verzaubert und allein
In deinem Namen, Tod, Freund mein.

باسمكِ يا أرضي التي تتطاولُ
مسحورة وحيدهْ
باسمكَ يا موتُ يا صديقي.

EIN WUNSCH

أمنيـة

Nähme von den Bäumen der Tiefen und Jahre
Eine Zeder mich an ihre Brust; bewahrte sie mich
Vor dem Reiz der Perle und des Segels

لو أرْزةٌ من شَجَرِ الأعماق والسنين
تفتح لي أحضـانَها، لو أنها تقيني
غواية اللؤلؤ والشراعْ؛

Hätte ich ihre Wurzeln und wäre mein Gesicht
Hinter ihrer traurigen Rinde verankert

لو أنَّ لي جذورها ووجهي
يرسو وراء قشرها الحزين،

Dann wäre ich die Wolken und der Strahl am Horizont
Diesem verläßlichen Land.

إذن، لَصِرتُ الغيمَ والشعاعْ
في الأفق – هذا البلد الأمين.

Ich lebe, aber jeder Ast
Im Baum der Tiefen und Jahre
Ist Feuer auf meiner Stirn
Ein Feuer aus Fieber und Verlust
Das die Erde verschlingt, die mich birgt.

لكنني أحيا وكل غُصْنٍ
في شجر الأعماق والسنين
نارٌ على جبيني
نارٌ من الحمّى من الضيّاعْ
تلتهم الأرض التي تقيني.

ICH SAGTE EUCH ...

قلت لكـم ...

Ich sagte euch, ich habe den Meeren gelauscht,
Sie lasen mir ihre Gedichte vor; ich lauschte
Der Glocke, die in den Muscheln schlief:
Ich sagte euch, ich sang
Auf der Hochzeit des Teufels, dem Bankett der Legenden

قلتُ لكم أصغيتُ للبحارْ
تقرأ لي أشعارَها؛ أصغيتُ
للجرسِ النائم في المحارْ؛
قلت لكم غنّيتُ
في عُرْسِ الشيطان، في وليمة الخرافةْ؛

قلت لكم رأيتْ
في مَطَرِ التاريخ، في توهّج المسافةْ
جنيّةً وبيتْ:

Ich sagte euch, ich sah
Im Regen der Geschichte, im Glanz der Entfernung
Eine Fee und ein Haus –

لأنني أبحر في عيني
قلت لكم رأيت كل شيْ
في الخطوة الأولى من المسافةْ

Weil ich in meinen Augen zur See fahre
Sagte ich euch, ich sah alles
Beim ersten Schritt
Aus der Entfernung.

الهزيمة

DIE NIEDERLAGE

أصْهرك الآن يا أغاني
غيماً ومرثيّةً وديمةْ
أمزج بالنعمة الجريمةْ
ناسجاً راية الترابْ
والضحى برماح الهزيمةْ

Ich verschmelze euch nun, o Lieder
Mit einer Wolke, einem Regen und der Klage
Ich mische das Verbrechen mit der Gnade
Und sticke das Banner des Bodens und Morgens
Mit den Lanzen der Niederlage.

ألسِّحرُ والنار والوليمةْ
مملكتي، والضبابْ
جيشيَ، والعالَمُ الهزيمةْ.

Die Zauberei, das Feuer, das Bankett
Sie sind mein Königreich, der Nebel
Ist mein Heer, und die Welt
Sie ist die Niederlage.

يكفيك أن ترى
[أصـوات]

DIR REICHT ES, ZU SEHEN
(Stimmen)

يكفيك أن ترى
يكفيك أن تموتَ من بعيدْ
أن تحضن الذرى.

Dir reicht es, zu sehen
Dir reicht es, von fern zu sterben
Zu umarmen die Höhen.

لا صمتَ في عينيك لا كلامْ
كأنك الدخانْ
جلدك يَسَاقطُ في مكانْ
وأنت في مكان –

Kein Schweigen in deinen Augen, kein Wort:
Als seiest du Rauch
Fällt deine Haut hier
Und du bist dort –

| | Dir reicht es, im Labyrinth zu leben
| | Besiegt und stumm wie der Nagel
| | Gott wird nicht auf den Stirnen scheinen
| | Dir reicht es, Mihyâr, das Geheimnis
| | Das er tilgte, zu wahren.

| | Dir reicht es zu sehen
| | Dir reicht es, von fern zu sterben.

DER STUHL
(Traum)

Vor Zeiten rief ich der Stadt zu:
O Schale der Welt in meiner Hand
Vor Zeiten stammelte ich zum Schiff
Mein Lied im rosigen Brand, das hieß:
Alles oder nichts.

Doch meiner selbst und der Meere
Bin ich müde geworden, o meine kleinen Enkel –
Reicht mir den Stuhl.

DIE LAMPE

Am hellichten Tag trägt er seine Lampe
Auf der Suche nach einem Menschen
In seinen Augen ist kein Sand
Er geht in Pantoffeln aus Staub
Und zugedeckt mit seiner Hand
Schläft er in einer Tonne.

– Und was ist mit dir?
– Ich habe keine Augen
Zwischen mir und meinen Brüdern ist Kain
Zwischen mir und meinem Nächsten ist die Sintflut.

حين ينام الليل والنهارْ
أغافل السفّاحْ
أمشي ويمشي خلفيَ الغبارْ،
لكنني أمشي بلا مصباحْ.

Wenn Tag und Nacht schlafen
Überrumple ich den, der das Blut vergossen
Gehe ich und folgt mir der Staub
Doch ich gehe ohne Lampe.

أبحث عن أوديس

ICH SUCHE ODYSSEUS

أشرد في مغاور الكبريتْ
أعانق الشرارْ
أفاجيء الأسرارْ
– في غيمة البخور في أظافر العفريتْ –

Ich irre durch schweflige Höhlen
Ich umarme die Funken
Und überrasche die Geheimnisse
In einer Wolke aus Weihrauch, in den Klauen des Dämonen –

أبحث عن أوديس
لعله يرفع لي أيامه معراجْ
لعله يقولُ لي، يقولُ ما تجهله الأمواجْ ...

Ich suche Odysseus
Vielleicht kann er mir seine Tage als Himmelsleiter hissen
Vielleicht sagt er mir weiter, was die Wellen nicht wissen ...

البلاد القديمة

DAS ALTE LAND

أسلمتُ للصخور والأصداءْ
راياتيَ المخنوقة النداءْ؛
أسلمتها لقلعة الغبارْ
لكبرياء الرفض والهزيمةْ

Ich übergab den Echos und Felsen
Meine Fahnen voll erdrosselter Klage
Ich übergab sie der Zitadelle aus Staub
Dem Hochmut aus Verweigerung und Niederlage.

لم يبق لي إلاّكِ يا بلادي القديمةْ –
أيتها الأسرارْ.

Nur du, mein altes Land, bist mir geblieben
Ihr Geheimnisse!

ERDE OHNE RÜCKKEHR

Selbst wenn du heimkehrtest, Odysseus
Selbst wenn die Fernen dir zu eng würden
Und in der vertrauten Angst
Oder dem betrübten Gesicht
Der Lotse verbrennte –

Bleibst du die Geschichte eines Aufbruchs
Bleibst du auf einer Erde ohne Verheißung
Bleibst du auf einer Erde ohne Rückkehr.

Selbst wenn du heimkehrtest, Odysseus.

HEUTE HABE ICH MEINE SPRACHE

Ich zertrümmerte mein Reich
Ich zertrümmerte meinen Thron, meine Plätze,
    meine Hallen
Und machte mich auf die Suche, getragen von
    meiner Lunge.
Ich lehrte das Meer meinen Regen, versah es
Mit meinem Feuer und meinem Herd
Und schrieb auf meine Lippen die kommende Zeit.

Und heute habe ich meine Sprache
Meine Grenze, meine Erde, mein Zeichen
Ich habe meine Völker, die mich mit ihrer
    Ratlosigkeit nähren
Und bei meinen Trümmern und Flügeln
    Erleuchtung begehren.

Die Erde

Wie oft sagtest du nicht: Ich habe ein zweites Land
Und deine Hände füllten sich mit Tränen
Und deine Augen waren voller Blitz
Dem Blitz seiner künftigen Grenzen.

Wußten denn deine Augen, daß die Erde –
Wo immer deine Schritte jubelten oder weinten
Hier, gemäß deinen Liedern, oder dort –
Alle kennt, die vorübergehen, außer dir
Daß sie einzig ist
Mit vertrockneten Eingeweiden und Zitzen
Daß sie das Ritual der Verweigerung nicht kennt.

Sind deine Augen gewiß
Daß du es, du die Erde bist?

Eine Sprache für die Distanz

Unter dem Steinbruch reiste ich gestern
Unter dem Staub
Da hörte ich unser Echo
Hörte, wie die Grenzen fielen.

Ich kehrte zurück, und man sagte, ich habe dort
    vor Erstaunen
Meine Schritte vergessen
Meine Schritte? Jawohl, als sähe ich sie
Frei umherlaufen zwischen Adern und Lungen
Umkreisend die Eingeweide und willenlos geleitet
Oder verirrt in den Hüftfalten, in der Haut
In einem Abgrund, den sie nicht erkennen
Als sähe ich sie später wiederkommen.

Meine Schritte werden vorübergehen, und ihr
    werdet sie nicht sehen.
Zwischen uns liegt eine Sprache für die Distanz, die
    nur wir beherrschen.

DER BLITZ

البرق

أومأ لي برقٌ بكى ونامْ
في غابة الظنونْ
يجهل من أكون
يجهل أني سيد الظلامْ.

أومأ لي برقٌ بكى ونامْ
نام على يديّ
منذ رأى عينيّ.

Ein Zeichen gab mir der Blitz, der weinte
Und im Wald des Argwohns schlief.
Er weiß nicht, wer ich bin
Er weiß nicht, daß ich der Herr der Dunkelheit bin.

Ein Zeichen gab mir der Blitz, der weinte, einschlief
Auf meinen Händen einschlief
Seit er meine Augen sah.

MEIN UND DER ERDE SCHATTEN

ظلي وظل الأرض

إقتربي أيتها السماءُ واستريحي
في قبريَ الضيّق،
في جبينيَ الفسيح
وابقَيْ بلا وجهٍ ولا يدين
ودونما حشرجةٍ أو نبْض
وارتسمي شَخصين –
ظلِّي وظلَّ الأرضْ.

O Himmel, komm heran und ruhe dich aus
In meinem engen Grab
Auf meiner weiten Stirn
Bleibe ohne Hände und Antlitz
Ohne Röcheln und Pochen
Und zeige dich in zweierlei Gestalt –
Mein und der Erde Schatten.

ODYSSEUS

اوديس

– «من أنتَ، من أي الذرى أتيتْ
يا لغةً عذراء لا يعرفها سواك
ما أسمك – أي راية حملت أو رميت؟»

تسأل، ألكينوسْ؟
تريد أن تكشف وجه الميْت
تسأل من أي الذرى أتيتْ
تسأل ما اسمي – اسمي أنا أوديسْ
أجيء من أرضٍ بلا حدودْ
محمولةٍ فوق ظهور الناس؛
ضعتُ هنا وضعتُ مع قصائدي هناكْ
وها أنا في الرعب واليباسْ
أجهل أن أبقى وأن أعود.

»Wer bist du? Von welchen Gipfeln kommst du?
Jungfräuliche Sprache, die du alleine kennst.
Wie heißt du – welches Banner trugst oder warfst du?«

Du fragst, Alkinoos?
Möchtest das Antlitz des Toten enthüllen
Fragst, von welchen Gipfeln ich komme
Wie ich heiße – Odysseus heiße ich
Von einer Erde ohne Grenzen
Auf dem Rücken der Menschen komme ich
Ich verirrte mich hierhin und mit meinen Gedichten dorthin
Und da bin ich nun, im Schrecken, in der Dürre
Weiß nicht zu bleiben, nicht zurückzukehren.

Der tote Gott   الإلـه الميت

Psalm

Ich bin des Tages Beginn und der letzte, der kommt – ich lege mein Gesicht auf den Schlund des Blitzes und sage dem Traum, er möge mein Brot sein.

Ich hisse den Schmetterling als Flagge und schreibe darauf meine Namen.

Ein Baum, der seinen Namen ändert und zu mir kommt, ein Kiesel, der sich in meiner Stimme wäscht, eine Ebene, die sich in mein Laub kleidet – diese sind meine Armeen, und meine Waffe ist das Gras.

Ich meißle mein Gesicht in Wind und Stein, ich meißle es in Wasser, ich bewohne den Horizont, und auf meiner Stirn ist eine Maske aus Wellen.

Ich steuere auf die Ferne zu, doch sie bleibt fern. So komme ich zwar nicht an, aber ich leuchte. Ich bin fern, und die Ferne ist meine Heimat.

Ich erschaffe eine Heimat, freundlich wie Tränen.

Diejenigen, welche die Schale der Welt verminen, diejenigen, die angefüllt sind mit Glut, die an den Horizont grenzen, die rauben und prügeln, bis Blut fließt, die Schatten suchen unter den Schmetterlingen –

Diese alle nannte ich mit meinen Namen. Ich bin der Läufer, und die Götter bilden um mich ein Gitter. Ich überfalle sie und reiße sie mit mir fort, und wenn ich sie berühre, stülpe ich mir Trauerfeiern wie Handschuhe über. Ich wohne in den Muscheln des Traums, ich verkünde den Menschen des Inneren – (Blick dich um, Orpheus, lerne, auf der Erde zu gehen).

Ich verkünde die Flut der Verweigerung.

Ich verkünde das Buch ihrer Genesis.

Ich unterhalte mich mit den Höhlen, ich mache die Berge zu Worten und verwandle die Gruben in Musik. Ich tanze mit dem Äther und bürde dem Stein meine Sehnsucht nach der Erde auf, ich verfasse einen Zauberspruch für meine Tage und zerstöre die Uhren, ich bepflanze meine Distanzen mit Gliedern und überlasse es den Fernen, mich zu führen.

Der Spiegel des Steins

Nackt unter der Palme der Götter
Bekleidet mit dem Sand der Jahre
Scherzte ich mit meinem Todeskampf
Erbaute ich das Königreich der anderen
Mit meinem Staub.

O Prophet der verirrten Worte
O Prophet der Reise, der mit den Regenwinden
Zu uns kommt
Die Verzweiflung und ich, wir wußten, daß du zu
    uns kommst
Wir wußten, daß du ein Prophet bist, der mit dem
    Tode kämpft
Wir verbeugten uns
Und riefen: »Der du verloren zu uns kommst
Tropfend vor Brand und Verbannung
Wir dulden dich als Gott und Freund
In den Spiegeln des Steins.«

O Prophet der Reise
Ich dulde dich als Gott und Begleiter
In den Spiegeln des Steins.

In deinem Namen singe ich heute zu den Wolken
Und werde zwischen meinem Herzen und dem
    Raum

حاجزاً يلبس وجه البشر
والسماءَ،
وأغني للغيوم –
حجرٌ وجهي ولن أعشقَ غير الحجَرِ.

An den Rändern der Sterne
Eine Schranke bauen, deren Kleid
Des Himmels und der Menschheit Antlitz ist
Und zu den Wolken singen –
Mein Antlitz ist ein Stein, nur den Stein
Werde ich lieben.

الأغنيـة / Das Lied

خرساءَ أو مخنوقةَ الحروفِ
أو لا صوتْ
أو لغةً تحت أنين الأرضْ،

Mein Lied ist stumm oder stimmlos
Eine Sprache unterm Stöhnen der Erde
Oder mit erdrosselten Buchstaben.

أغنيتي للموتْ
للفرح المريض في الأشياء للأشياءْ
أغنيتي للرفضْ

Mein Lied ist für den Tod
Für die kranke Freude in den Dingen
Mein Lied ist für die Dinge, für die Verweigerung.

يا كلمات الرعب والدواءْ
يا كلمات الداءْ.

O Wörter des Schreckens und der Arznei
O Wörter des Leidens.

لمرة واحدة / Ein einziges Mal

لمرّةٍ واحدةٍ لمرةٍ أخيره
أحلم أن أسقط في المكانْ –

Ein einziges Mal, ein letztes Mal
Träume ich, an einen Ort zu schweben –

أعيش في جزيرة الألوان
أعيش كالإنسان
أصالح الآلهة العمياء والآلهة البصيره

Auf der Insel der Farben zu leben
Wie ein Mensch zu leben
Und die blinden mit den sehenden Göttern zu
  verweben

لمرةٍ أخيره

Ein letztes Mal.

الأرض الثانية	DIE ZWEITE ERDE

هـا أنا في طريقي إلى أرضيَ الثانيه	Nun bin ich auf meinem Weg zur zweiten Erde
ومعي رايتي ورياحي،	Mit meinem Banner und meinen Winden.
والنهار يموتْ	Der Tag stirbt
ساحباً خلفه عَرَبات الأضاحي	Hinter sich her die Wagen der Opfer ziehend
ساحباً خلفه البيوتْ.	Hinter sich her die Häuser ziehend.

اعتراف	BEKENNTNIS

Nur der Leichnam der Nacht und die Fetzen meiner Hände
In den Gesichtszügen des Tages
Nur ein Stein unter den Lidern.
O wie oft betete ich zum unerbittlichen Herrn
Zu den Früchten
O wie oft stillte ich mit meinen Augen den Hunger des Baums
Wie viele Male ging ich auf meinen gebrochenen Wimpern
Zu einer Begegnung – einer heidnischen Umarmung
Ich und Gott und die Ruinen des Tages.

صلاة ...	GEBET ...

Ich betete, daß du in der Asche bleibst
Ich betete, daß du den Tag nicht siehst, daß du nicht erwachst –
Deine Nacht haben wir nicht erkundet
Wir stachen nicht mit der Schwärze in See.

Ich betete, o Phönix
Daß sich der Zauber legt, daß unser Treffen
Im Feuer, in der Asche geschieht.

Ich betete, daß der Wahn uns führt.

Der Reisende

المسافر

مُسافرٌ تركتُ وجهي على
زجاج قنديلي
خريطتي أرضٌ بلا خالقٍ
والرفض إنجيلي.

Als ich auf Reisen war
Ließ ich mein Antlitz
Auf meiner Lampe Glas
Eine Erde ohne Schöpfer ist mein Atlas
Und die Verweigerung mein Evangelium.

Der Blitz

الصاعقة

أيتها الصاعقة الخضراءُ
يازوجتي في الشمس والجنون،
الصخرة أنهارت على الجفون
فغيِّري خريطة الأشياء.

O grüner Blitz
O meine Frau in der Sonne und im Wahn
Der Felsen stürzte auf die Lider –
So ändere die Karte, die den Dingen frommt.

جئتكِ من أرضٍ بلا سماءٍ
ممتلئاً بالله والهاويه
مجنحاً بالرّيح والنسور،
أقتحمُ الرمل على البذور
وأنحني للغيمة الآتيه،

Ich kam zu dir von einer Erde ohne Himmel
Ich war voller Abgrund und Gott
Und beflügelt von Winden und Geiern;
Ich erstürme den Sand auf der Saat
Und verbeuge mich vor der Wolke, die kommt.

فغيِّري خريطة الأشياء
يا صورتي في الشمس والجنون
أيتها الصاعقة الخضراءُ.

So ändere die Karte, die den Dingen frommt
O mein Bild in der Sonne und im Wahn
O grüner Blitz.

Nach dem Schweigen

بعد السكوت

أصرخ بعد السكوت الذي لا يغامر فيه الكلامُ
أصرخ من منكم يراني
يا بقايا بلا قامةٍ يا بقايا تموتُ
تحت هذا السكوتْ.

Nach dem Schweigen, wo die Rede nichts wagte, schreie ich
Schreie: Wer von euch sieht mich?
Ihr Reste ohne Gestalt
Ihr Reste, die unter diesem Schweigen sterben.

أصرخ كي تتوالدَ في صوتيَ الرياحُ
كي يصير الصباح
لغةً في دمي وأغاني.

Ich schreie, damit sich die Winde in meiner Stimme vermehren
Damit der Morgen in meinem Blut Sprache wird und Gesänge.

أصرخ: من منكم يراني
تحت هذا السكوت الذي لا يُغامر فيه الكلامُ،

Ich schreie: Wer von euch sieht mich
Unter diesem Schweigen, wo die Rede nichts wagte?

أصرخ كي أتيقّن أنّي وحدي – أنا والظلامُ.

Ich schreie, um sicherzugehen, daß ich allein bin –
Ich und die Finsternis.

الذئب الآلهي / DER GÖTTLICHE WOLF

الضحى محترق الوجه شريدُ
وأنا موت القمرْ

Der Morgen streunt umher mit verbranntem
   Gesicht
Und ich bin des Mondes Tod.

تحت وجهي جرس الليل انكسرْ،
وأنا الذئبُ الآلهيّ الجديدُ.

Unter meinem Antlitz zerbrach die Glocke der Nacht
Und ich bin der neue göttliche Wolf.

قدم الأطفال / DER KINDERFUSS

أعطي لكِ المارد والدخان
يا فرساً شهباء
نطعمها الصُّبَّيْر والزوّانْ.

Ich gebe dir den Riesen und den Rauch
O Grauschimmel
Den wir füttern mit Feigen und Taumellolch.

أعطي لكِ الرياح والأبوابْ
أعطي لكِ الألعابْ
والحلمَ والدفاتر الصفراء
والحَرْفَ والكتابةْ
في غرف الحكمة والأمثالْ،

Ich gebe dir die Winde und Tore
Ich gebe dir die Spiele
Den Traum und das vergilbte Heft
Den Buchstaben und die Schrift
In den Stuben der Weisheit und Sprichwörter.

يا شمس يا جنيّةَ الشَّلال والسحابه
يا قدم الأطفالْ.

O Sonne, o Fee des Wasserfalls und der Wolke
O Kinderfuß.

DER STEIN DES BLITZES

حجر الصاعقة

Ich bin der Stein des Blitzes
Der Gott, der zum verlorenen Kreuzweg geht
Ich bin das Banner
Das an den Lidern der fliehenden Wolken
Und des schmerzlichen Regens weht.

إنني حجر الصاعقه
والإله الذي يتلاقى مع المفرق الضائع
وأنا الراية العالقه
بجفون السحاب المشرّد والمطر الفاجع؛

Ich bin der Verirrte, der Feuer und Flut vorausgeht
Himmel und Staub vermischend.

وأنا التائه الذي يتقدم سيلاً ونارا
مازجاً بالسماء الغبارا؛

Ich bin der Dialekt des Donners und des Blitzes.

وأنا لهجة البرق والصاعقه.

MIT VERIRRTEM GESICHT ...

تائه الوجه...

Mit verirrtem Gesicht bete ich zu meinem Staub
Singe ich meine entfremdete Seele.

تائه الوجه – أصلّي لغباري
وأغنّي روحيَ المغتربة

Und auf dem Weg zu einem unvollendeten Wunder
Schreite ich durch eine Welt
Die von meinen Liedern verbrannt wird
Und breite die Schwelle aus.

وإلى معجزةٍ لم تكتملْ،
أتخطى عالماً تحرقهُ
أغنياتي وأمدّ العتبه.

ICH SCHAFFE EINE ERDE

أخلق أرضاً

Ich schaffe eine Erde, die mit mir aufbegehrt und verrät
Ich schaffe eine Erde, die ich mit meinen Adern erkunde
Ihre Himmel sind mit meinem Donner gezeichnet
Und mit meinen Blitzen ist sie verziert.

أخلقُ أرضاً تثورُ معي وتخونُ
أخلق أرضاً تجسَّسْتُها بعروقي
ورسمْتُ سماواتها برعدي
وزيّنتُها ببروقي،

Die Welle und der Blitz sind ihre Grenze
Und ihre Fahnen sind die Augenlider.

حدّها صاعقٌ وموجٌ
وراياتها الجفون.

الخيانــة	DER VERRAT

آهِ يا نعمةَ الخيانه –	Ach, du Wohltat des Verrats –
أيّها العالمُ الذي يتطاولُ في خطواتي	O Welt, die sich als Abgrund und Brand
هُوَّةً وحريقه	In meinen Schritten dehnt
أيها الجثّةُ العريقه،	O verwurzelter Leichnam
أيّها العالمُ الذي خنته وأخونُهْ	O Welt, die ich verriet und verrate.

أنا ذاك الغريقُ الذي تصلّي جفونُهْ	Ich bin der Ertrunkene, dessen Augenlider
لهدير المياه،	Zum Rauschen des Wassers beten
وأنا ذاك الإلهْ	Ich bin der Gott
الإلهُ الذي سيُبارك أرض الجريمه.	Der die Erde des Verbrechens segnen wird.

إنني خائنٌ أبيع حياتي	Wahrlich, ich bin ein Verräter, der sein Leben
للطريق الرَّجيمه،	Dem verfluchten Pfad verkauft
إنني سيّدُ الخيانهْ.	Wahrlich, ich bin der Meister des Verrats.

الصَدَفــة	DIE MUSCHEL

خفْت؟ غيّرْ وجهك المنهزما	Hattest du Angst? Ändere dein besiegtes Gesicht
أيها الشيطان يا مركبتي فوق النجومْ.	O Satan, o mein Wagen über den Sternen.
أنا لا أخشى الطريق الأبكما	Den stummen Weg fürchte ich nicht
إنني ريحٌ سمومْ	Ich bin Samum, der Sandsturm
إنني كالصَدَفهْ	Ich bin wie die Muschel:
تحت وجهي حُفرت مقبرتي.	Unter meinem Antlitz grub ich mein Grab.

أَهْجِرِ الأحلامَ في أهدابكَ المرتجفه	Gib die Träume in deinen zitternden Wimpern preis
وابْقَ في حنجرتي،	Und bleib in meiner Kehle
أيها الشيطان يا مركبتي تحت النجومْ.	O Satan, o mein Wagen unter den Sternen.

الإله الميت	DER TOTE GOTT

أليومَ حرقتُ سَرابَ السَّبتِ سَرابَ الجُمْعهْ	Heute habe ich das Trugbild des Samstags
أليوم طرحتُ قناعَ البيتْ	Das Trugbild des Freitags verbrannt
وبدلْتُ إلهَ الحجر الأعمى وإلهَ الأيّام السبعه	Heute warf ich die Maske des Hauses fort
بإلهٍ مَيتْ.	Und ersetzte den blinden Gott des Steins
	Und den Gott der sieben Tage
	Durch einen toten Gott.

Eine Opfergabe

In den Höhlen der alten Qual
Wo ich Gott und die Burgfrauen liebte
Wo wir lebten – ich und der befreundete Wahn
Dort verlor ich mich zwischen den Monaten
Durchquerte die Wüste
Und ließ den Weg hinter mir.

Im Namen eines Herrn, der sein Buch schreibt
In den Höhlen der alten Qual
Entfache ich diesen Brand
Und opfere eine Fliege.

Im Namen der vorrückenden Sonnen
Beginne ich diesen Leichenzug.

Für Sisyphos

Ich gelobte, auf dem Wasser zu schreiben
Ich gelobte, mit Sisyphos
Den schweren Stein zu heben.

Ich gelobte, bei Sisyphos zu bleiben
Mich dem Fieber und den Funken zu ergeben
Und in den blinden Augenhöhlen
Nach einer letzten Feder zu suchen
Die die Ode des Staubes schreibt
Für das Gras und den Herbst.

Ich gelobte, mit Sisyphos zu leben.

Ein Gott, der sein Leid liebt

Dem Gott, der in meinen Schritten zerreißt:
Ich bin Mihyâr, der Verdammte
Ich biete dir Tote als Opfergabe
Und bete das Gebet der verwundeten Wölfe.

Doch die Gräber
Die in meinen Worten gähnen
Brüten meine Gesänge aus
Durch einen Gott, der die Steine von uns wälzt
Der sein Leid liebt
Und auch die Hölle segnet
Er betet mit mir mein Gebet
Und gibt dem Antlitz des Lebens
Die Unschuld zurück.

Eine Szene
(Traum)

Als ob der Blitz den Stein verhörte
Richtet er den Himmel
Richtet er die Dinge.

Als ob sich die Geschichte in meinen Augen wüsche
Und mir die Tage in die Hände fielen
Wie Obst …

Die Winde des Wahns

رياح الجنون

Die Wagen des Tags sind verrostet
Verrostet ist der Ritter.

صدِئتْ عربـاتُ النهـارْ
صَدىءَ الفارسْ.

Wahrlich, ich komme von dort
Aus dem Land der fruchtlosen Wurzeln
Mein Pferd ist eine trockene Knospe
Und mein Weg ein belagerndes Heer.

إنني مقبل من هناكْ
من بلاد الجذور العقيمةْ،
فَرَسي برعمٌ يابسٌ
وطريقي حِصارْ.

Was ist mit euch, was spottet ihr?
Flieht, denn ich kam zu euch von dort
Ich trug das Verbrechen als Kleid
Und brachte die Winde des Wahns.

مالكم، مالكم تسخرونْ؟
أهْرُبوا فأنا من هناكْ
جئتكم، فلبستُ الجريمهْ
وحملتُ اليكم رياحَ الجنونْ.

Du hast keine Wahl

ليس لك إختيار

Was? Du entstellst das Antlitz der Erde
Und malst ein anderes
An seiner statt?

ماذا، إذن تهدمُ وجه الأرضْ
ترسم وجهاً آخراً سواهْ؛

Wie? Also hast du keine Wahl
Als den Weg des Feuers
Als der Verweigerung Qual –

ماذا إذن ليس لك اختيارْ
غير طريق النارْ
غير جحيم الرفضْ –

Wenn die Erde ein stummes Fallbeil
Oder ein Gott sein wird.

حين تكون الأرضْ
مقصلةً خرساء أو إلةْ.

إرم ذات العماد   Iram mit den Säulen

Psalm   مزمور

Ich scherze mit meinem Land.   ألهو مع بلادي؛

In den Wimpern des Vogel Strauß sehe ich seine Zukunft kommen. Ich schäkere mit seiner Geschichte und seinen Legenden und rase auf sie nieder wie ein Blitz oder ein Felsblock. Und am anderen Ende des Tages beginne ich seine Geschichte.

Ich bin euch fremd, ich bin am anderen Ende. Ich wohne in meinem eigenen Land. Im Schlafen wie im Wachen öffne ich eine Knospe und wohne darin.

Irgend etwas muß geboren werden, deshalb öffne ich dem Blitz die Höhlen unter meiner Haut und baue Nester. Ich muß wie der Donner über die Lippen fahren, die traurig sind wie Stroh, ich muß zwischen Herbst und Stein, zwischen Poren und Haut, zwischen Schenkel und Schenkel hindurch.

Deshalb singe ich: »Rücke vor, o Gestalt, passend zu unserer Agonie.«

Deshalb singe ich und schreie: »Wer gibt uns die Mutterschaft der Leere, wer füttert uns mit dem Tod?«

Ich rücke gegen mich selbst vor, gegen die Trümmer. Das Schweigen des Unheils ergreift mich – ich bin zu klein, um die Erde zu umgürten wie ein Seil, und ich bin nicht scharf genug, um ins Antlitz der Geschichte einzudringen.

Ihr wollt, daß ich werde wie ihr. Ihr kocht mich im Kessel eurer Gebete; ihr mischt mich in den Eintopf der Heere und zu dem Pfeffer des Despoten, dann schlagt ihr mich als Zelt für den Statthalter auf und hißt meinen Schädel als Banner –

(Ach, mein Tod
Dennoch laufe ich zu dir, eile, eile, eile dir zu.)

Zwischen euch und mir ist eine Kluft von der Größe einer Fata Morgana.

Ich scheuche in euch die Götter und die Hyänen auf. Ich säe Zwietracht in euch und säuge das Fieber, dann lehre ich euch, ohne Führer zu gehen. Ich bin der Pol in euren Breitengraden und ein wandernder Frühling. Ich bin ein Beben in euren Kehlen, in euren Worten ergießt sich mein Blut.

Ihr rückt gegen mich wie Aussatz vor, ich bin gebunden an eure Erde. Aber nichts ist uns gemein, alles trennt uns – möge ich allein verbrennen, möge ich zwischen euch als Speer aus Licht hindurchgehen.

Ich kann nicht mit euch, ich kann nicht ohne euch leben. Ihr wogt in meinen Sinnen, ich kann euch nicht entfliehen. Dennoch, schreit: das Meer, das Meer! Dennoch, hängt die Perlen der Sonne über eure Schwellen!

Tut mein Gedächtnis auf und erkennt mein Antlitz unter seinen Worten, erkennt meine Buchstaben. Wenn ihr seht, wie der Schaum mein Fleisch webt und der Stein in meinem Blut fließt, dann seht ihr mich.

Ich bin verschlossen wie ein Baumstamm, anwesend, aber, wie die Luft, nicht zu greifen. Deshalb kann ich mich euch nicht ergeben.

Ich wurde in den Augenhöhlen des Flieders geboren, ich entstand in der Kreisbahn der Blitze und hause zwischen Licht und Gras. Ich stürme und bin wolkenlos, strahle und bin bewölkt, regne und schneie – die Stunden sind meine Sprache, und mein Land ist der Tag.

»Die Menschen schlafen, und wenn sie sterben, erwachen sie«, wie man sagt. Ihr schlaft ebenso, und wenn ihr aufwacht, sterbt ihr, wie man sagen wird.

Ihr seid Schmutz auf meinen Fensterscheiben, ich muß euch wegwischen, ich bin der kommende Morgen und die Karte, die sich selber zeichnet.

Dennoch, in meinen Eingeweiden ist ein Fieber, das bei euch wacht.
Dennoch, ich erwarte euch.

In der Muschel der Nacht am Meer
Im Tosen der Meerestiefen
In den Löchern, die das Gewand der Sterne übersäen
Im Judendorn und der Akazie
In der Pinie und in der Zeder
Im Innern der Wellen, im Salz
Erwarte ich euch.

VISION

Ich erblicke zwischen den fügsamen Büchern
Im gelben Kuppelgrab
Eine löchrige Stadt, die fliegt.

Ich erblicke Wände aus Seide
Und einen getöteten Stern
Treibend in einer grünen Phiole.

Ich erblicke ein Standbild aus Tränen
Aus zerfetzter Glieder Ton und dem Kniefall
Vor dem Prinzen.

DIE STADT
(Stimmen)

– »Sie verbeugte sich vor dem Rauch
Sie, der Winde Floß.

Ihr Gesicht ist ein Frosch, und sie hat nur zwei Finger
Die Hörner des Frühlings wird sie nicht berühren
Den Fluß des Morgens wird sie nicht erspüren.

Wahrlich, sie ist der Teich der Herde
Ihr Gesicht ist eins, doch hat sie zwei Nabel.«

UNSCHULD

Ich verklage die Geister
Ich verklage den Vogel Roch
Der in der Schulter der blinden Fee seine Eier legt.

Ich verklage die Winde
Die Kerzen und das stumme Huhn
Ich verklage die geflügelte Schlange
(O die leprösen, o die lahmen Flügel)
Ich verklage die Bäume und Gewässer –

Denn du, unsere leuchtende Himmelsfeste
O Gattin von Gott und Sultan
Bist schuldlos an unsrem Blut.

DIE PROSTITUIERTE

Unsere Lippen sind voll der törichten Welt
Wir haben die leuchtenden Reste der Leichen
Den Anfang des Wegs und den Brennpunkt
Wir, wir haben unseren heimlichen Sturz
Von den Balkonen des verschlossenen Paradieses.

يا سحرُ يا تعويذةً هنيئه
نرسُمها كفَّارةً وتختاً
مُراهقاً لأرضنا البغيّ.

O Magie, o heilsames Amulett
Das wir zeichnen als Buße und pubertäres Bett
Für unser prostituiertes Land.

رقيــة

BESCHWÖRUNG

أنت بلا شريانْ
جلدك يحيا وحده يدورْ
يغور في دوامةِ القشورْ،
جلدك يحيا يابساً عريانْ؛

Du hast keine Venen
Deine Haut lebt allein, dreht sich
Sinkt ein in den Strudel des Schorfes
Deine Haut lebt, ihre Adern sind trocken.

جلدك مطَّاطٌ من الكلامْ
يعيش منقوشاً على البيوتْ
بالرمل والرخامْ؛

Deine Haut, Gummi aus Worten
Lebt in die Häuser eingraviert
Mit Marmor und Sand.

آتيةٌ أيامك الجرباءْ
في بُوَبُوَيْ جرادةٍ عمياءْ،
آتيةٌ في جلد عنكبوتْ.

Deine räudigen Tage kommen
Im Augapfel einer blinden Ratte
Im Pelz einer Spinne.

الجثتان

DIE BEIDEN LEICHEN

دفنتُ في أحشائك الذليله
في الرأس والعينين واليدينْ
مئذنة، دفنت جثتين –
الأرض والسماءْ،

Ich bestattete in deinen verächtlichen Gedärmen
Im Kopf, in Augen und Händen
Ein Minarett, ich bestattete zwei Leichen –
Den Himmel und die Erde.

أيتها القبيله
يا رَحِمَ الزَّيزان يا طاحونة الهواء.

O Sippschaft
Und Schoß der Zikaden, o Windmühle.

العصر الذهبي

DAS GOLDENE ZEITALTER

– «جُرَّهُ يا شرطيّ...»
– «سيدي أعرف أن المقصله
بانتظاري
غير أني شاعرٌ أعبد ناري
وأحبّ الجلجله».

– »Führ ihn ab, Polizist!«
– »Mein Herr, ich weiß
Das Fallbeil erwartet mich
Doch ich bin nur ein Dichter, verehre mein Feuer
Und liebe die Schädelstätte.«

– »Führ ihn ab, Polizist!
Mach ihm klar, daß deine Stiefel
Schöner sind als sein Gesicht.«

Ach, Zeitalter der goldenen Stiefel
Du bist schöner, du bist teurer.

DIE DINGE

Hätte ich die Wunde zum Verbrechen durchstoßen
Hätte ich die Fahnen und den Wahnsinn
    verschleiert
Dann gehörte die Tarnkappe mir
Und in Sieg oder Niederlage
Erstürmte ich den Traum auf den Lidern
Und wäre auf der Erde und wäre es nicht.

Doch ich band an die Dinge
Mein Gesicht, meine Tiefen und den Gott
Das Leben ohne Amulett war mir genug
Es war mir genug, das Leben zu malen
Mit dem Tod, dem Trugbild und den Dingen –

Es war mir genug, mit den Dingen zu leben.

SCHMÜCK DICH MIT SAND

Schmück dich mit Wölfen und mit Sand
O Frau des Windes aus Damaskus
Ich habe weder Mond noch Kleider
Und trotzdem wagte ich zu schlafen
In deinem Gesicht, das so still ist wie eine Lagune
In deinem dem Schluchzen geweihten Gesicht.

يا لغةً ترسو بلا تحيّةْ
في مرفأ الكلامْ
يا امرأةَ الريح الدّمشقيةْ.

O Sprache, die ohne Salut
Im Hafen der Rede ankert
O Frau des Windes aus Damaskus.

المدينة / DIE STADT

ألشموعُ انطفأتْ فوق جبيني
ألشموع اشتعلت فوق المدينه
والمدينه
رجلٌ لا يعرفُ الضوء جبينَهْ.

Kerzen erloschen über meinem Gesicht
Kerzen entflammten über der Stadt
Und die Stadt
Ist ein Mann, dessen Stirn
Nicht bekannt ist dem Licht.

والمدينه
حجَرٌ ينأى وأشلاء سفينه.

Und die Stadt
Ist ein Stein, der verschwindet
Und das Wrack eines Schiffs.

قد تصير بلادي / VIELLEICHT IST ES MEIN LAND

ها أنا أتسلق أصعد فوق صباح بلادي
فوق أنقاضها وذراها
ها أنا أتخلص من ثِقَل الموت فيها
ها أنا أتغرب عنها
لأراها،

Seht, ich klettere, ich steige
Auf den Morgen meines Landes
Auf seine Ruinen und Gipfel
Seht, ich befreie mich vom Gewicht des Todes
    der in ihm herrscht
Seht, ich ziehe in die Fremde
Um es sehen zu können.

فغداً قد تصير بلادي.

Vielleicht wird es morgen mein Land.

لأرضي / FÜR MEINE ERDE

لأرضي أجرح هذه العروق الرجيمه
لأرضي خبّأتُ بين جراحي
غدي ورياحي،

Für meine Erde verletze ich diese verfluchten Adern
Für meine Erde verbarg ich zwischen meinen
    Wunden
Meine Winde und mein Morgen.

وأرضيَ عرَافةٌ وتميمةٌ
وأرضي مخمورةٌ – كِتفاها
أميران من لؤلؤٍ، وجريمه.

Meine Erde ist eine Seherin und ein Amulett
Meine Erde ist betrunken –
Ihre Schultern sind zwei Prinzen aus Perlen und ein Verbrechen.

غبطة الجنون / DIE SELIGKEIT DES WAHNS

هدمتُ قصر الرمل في العيون
منحتُ للتكايا
مجامرَ الأفيون –
مجامرَ الأفيون والسَّجاد والمرايا؛

Ich habe das Luftschloß in den Augen zerstört
Ich habe die Klöster
Mit Räucherpfannen für das Opium versorgt –
Mit Räucherpfannen für das Opium, Gebetsteppichen und Spiegeln.

رَجمْتُ وجه الصبر والقبولْ
رَقصتُ للأفولْ
لجثَّة الإلَه –

Ich steinigte das Antlitz von Zustimmung und Geduld
Und tanzte für den Untergang
Für Gottes Leiche –

باسمك يا سحابة الأجراسْ
يا عُرسَ الأنقاض واليباسْ
يا بقع الرعْب على الجباهْ..

In deinem Namen, o Wolke der Glocken
O Hochzeit der Dürre und der Ruinen
O Male der Furcht auf den Stirnen.

وطن / HEIMAT

للوجوه التي تتيبَّس تحت قناع الكآبه
أنحني؛ لدروب نسيتُ عليها دموعي
لأبٍ مات أخضراً كالسحابه
وعلى وجهه شراعُ
أنحني؛ ولطفل يُباعُ
كي يُصلّي وكي يمسحَ الأحذيه
(كلنا في بلادي نصلي كلنا نمسح الأحذيه)

Vor den Gesichtern
Die unter der Maske des Kummers vertrocknen
Verneige ich mich; vor den Wegen
Auf denen ich meine Tränen vergaß
Vor einem Vater, der grün wie eine Wolke starb
Ein Segel auf seinem Gesicht
Verneige ich mich; vor dem Kind, das verkauft wird
Damit es betet und die Schuhe putzt
(In meinem Land beten wir alle, wir alle putzen die Schuhe).

Vor dem Felsen, auf den ich mit meinem Hunger
  meißelte
Daß er Regen sei, der unter meinen Lidern perlt
  und Blitz
Und vor einem Haus, dessen Boden ich in meiner
  Verlorenheit entführte
Verneige ich mich – dies alles ist meine Heimat,
  nicht Damaskus.

Das entlegene Antlitz

Als ich die Schale und das Eis zerbrach
Als ich den Mond tötete, den Zauber und Rauch
  verdeckten
Betrat ich deine Senken, von Gras und Unschuld
  erhellt
Brachte ich näher das entlegene Antlitz der Welt.

Auf meinem Bett aus Wahn
Hast du keinen Sand vom Schlaf
Stroh und Dürre bist du bei mir nicht
O Frau der Schmerzen und des Feuersteins
O Schwester des Kâsiyûn.

Eine Stimme

Reicher als der Schrecken
Als der Donner über der Sahara
Und der niedergeschlagene Aufstand

Bist du, o gebrochenes, verharztes Vaterland
Das mit gelähmten Schritten neben mir geht.

VISION

Unsere Stadt ist geflohen
Ich rannte, um ihre Wege aufzuklären
Und schaute – sah nur den Horizont
Und erkannte, daß die, die morgen fliehen
Und die, die morgen zurückkehren
Ein Leib sind, den ich auf meinem Blatt zerreiße.

Ich erkannte – das Gewölk war eine Kehle
Und das Wasser eine Mauer aus Flammen
Und ich sah einen gelben klebrigen Faden
Einen Faden Geschichte, der an mir hing
Eine Hand, die das Geschlecht der Puppen
Und die Rasse der Lumpen erbte
Zog damit an meinen Tagen, verknotete sie
Und löste sie wieder auf.

Ich betrat das Ritual der Schöpfung
Den Schoß der Gewässer und die Jungfernschaft der Bäume
Da sah ich Bäume, die mich zu verführen suchten
Sah Räume zwischen ihren Ästen
Betten und Luken, die sich mir widersetzten
Sah Kinder, denen ich meinen Sand vorlas
Und die Suren der Wolken und die Verse der Steine
Sah, wie sie mit mir reisten
Und sah, wie hinter ihnen
Der Leichnam des Regens und die Tränenweiher leuchteten.

Unsere Stadt ist geflohen –
Was bin ich, was bloß? Eine Ähre
Die über eine Lerche weint
Die hinter Eis und Kälte starb
Ohne ihre Briefe über mich preiszugeben
Oder jemandem geschrieben zu haben
Ich fragte sie und sah ihren Leichnam
Hingeworfen am Ende der Zeiten
Und ich schrie: O eisiges Schweigen
Ich bin eine Heimat für ihr Exil
Ich bin der Fremde, und ihr Grab ist meine Heimat.

هربت مدينتُنا –
فرأيتُ كيف تحوّلت قدَمي
نهراً يطوف دماً
ومراكباً تنأى وتتّسِعُ
ورأيتُ أن شواطئي غَرَقٌ
يُغوي وموجي الريح والبجعُ.

هربت مدينتُنا
والرفضُ لؤلؤةٌ مكسَّرةٌ
ترسو بقاياها على سفني
والرفضُ حطّابٌ يعيش على
وجهي – يُلملمني ويُشعلني
والرفضُ أبعادٌ تشتّتني
فأرى دمي وأرى وراء دمي
موتي يُحاورني ويتبعني.

هربت مدينتُنا
فرأيت كيف يُضيئني كفَني
ورأيت – ليت الموت يُمهلني.

Unsere Stadt ist geflohen
Ich sah, wie sich mein Fuß
In einen Fluß verwandelte, der als Blut strömt
Und Schiffe, die sich entfernen und größer werden
Ich sah, daß meine Küsten zum Ertrinken
    verführten
Und meine Wellen Wind und Pelikane waren.

Unsere Stadt ist geflohen
Die Verweigerung ist eine zersprungene Perle
Ihre Reste ankern an meinen Schiffen
Die Verweigerung ist ein Holzsammler
Der auf meinem Antlitz lebt – Er sammelt mich ein
    und will mich versengen
Und die Verweigerung –
Entfernungen, die mich versprengen
Ich sehe mein Blut und hinter meinem Blut
Meinen Tod, der mir folgt und mit mir redet.

Unsere Stadt ist geflohen
Da sah ich, wie mein Leichentuch mich erleuchtete
Und sah ... ließe mir doch der Tod etwas Zeit!

Shaddâd

عاد شَدّادُ عادْ
فـارفعوا راية الحنينْ
واتركوا رفضكم إشارةْ
في طريق السنينْ
فوق هذي الحجارةْ،
بـاسم ذات العمـادْ.

Er kam zurück, Shaddâd ben Âd
Also hißt die Flagge der Sehnsucht
Und laßt eure Verweigerung als Zeichen
Auf der Straße der Jahre
Auf diesen Steinen
Im Namen der Stadt mit den Säulen.

إنها وطَنُ الرافضينْ
الذين يسوقون أعمارهم يائسينْ
كسَروا خاتم القَماقم
واستَهزأوا بالوعيدْ
بجسور السلامهْ،

Sie ist die Heimat derer, die verzweifelt sind
Die Heimat der Verweigerer
Sie brachen das Siegel der Amphoren
Und verhöhnten die Drohung
Und die Brücken des Heils.

إنها أرضنا وميراثُنا الوحيدْ
نحن أبناءَها المنْظَرينَ ليوم القيامهْ.

Sie ist unser Land und unser einziges Erbe
Wir sind ihre Söhne, denen Aufschub gewährt wird
    bis zum Jüngsten Tag.

الزمان الصغير   DIE KLEINE ZEIT

Psalm

مزمور

Wo erübrigt sich die Furcht, wo endet die Distanz?

أين تنتهي المسافة، أين يبطل الخوف؟

Ich rufe die Leere, ich entleere, was voll ist. Selbst der Granit ist weich, selbst der Sand schlägt Wurzeln im Wasser – warum die Wege, warum die Ankunft?

أنادي الفراغ أفرّغ الممتلىء. حتى الصوّان رخْوٌ، حتى الرّمل يتأصّل في الماء – لماذا الطرقُ، لماذا الوصول؟

Ich irre umher, werde nicht zurückkehren. Der Sündenfall ist mir Bedingung und Befund, das Paradies mein Gegenteil.

ضالٌ ضالٌ ولن أعود. السقوط حالتي وشرطي، الجنّة نقيضي.

Ich bin eine Hochzeit und verkünde die Anziehungskraft des Todes – ich bin eine wüstenlose Wolke, ich bin eine wolkenlose Wüste.

إنني عرسٌ وأعلن جاذبيّة الموت – أنا الغيم ولا يباسَ عندي، أنا القفر ولا غيمَ عندي.

Ich verstecke mich hinter dem Rätsel, ich verkrieche mich unter das Gewand der Jahreszeiten und flüstere durch seine Schlitze. Ich gebe meinen Schritten ihre Gestalt und sage dem Meer: Folge mir.

أختبىءُ وراء اللغز، أختبىء تحت جُبّة الفصول وأوصوص من فُتوقها. أمنح لخطواتي شكلها وأقول للبحر اتبعني.

Die Bäume sind Blätter in meinen Heften, und die Steine sind Gedichte wie ich.

والشجر أوراقٌ في دفاتري والحجَر قصائدُ مثلي.

Ich ziehe dem Horizont die Haut ab, bis er blutet und fließt. Ich fliege zwischen Wunde und Wunde hin und her.

سأكشط جلدة الأفق حتى ينزفَ ويسيل. سأطير بين الجرح والجرح،

Wir teilen uns die Weiten, der Tod und ich.

نتقاسم الفضاء، الموتُ وأنا

Wir hissen die Flagge der Hungersnot, der Tod und ich.

نرفع بيرق المجاعة، الخبز وأنا

Morgen hänge ich am Kleid eines Märchens und erklimme die Schattenmauer. Eine Prozession von Psalmen aus Stein wird sich dann an mich hängen –

وغداً أعلق بثوب الخُرافة وأتسلّق حائط الظلّ. سيعلقُ بي آنذاك موكبٌ من مزامير الحجَر.

Ach, o Wahn, mein Herr und Messias.

آه أيها الجنون يا سيدي يا مسيحي.

Ich suche nach einer Sonne, die in den Augen aufgeht, nach Augen, die alles Licht sehen. Ich suche nach einem Baumstamm, der sich in einen Leib verwandelt, ich suche, was dem Wort ein Geschlecht gibt und den Himmel durchbohrt.

Ich suche, was dem Stein die Lippen der Kinder gibt, was der Geschichte einen Regenbogen und den Liedern die Kehlen der Bäume gibt.

Ich suche, was die wogenden Grenzen zieht, die unsichtbaren Grenzen zwischen Wasser und Felsen, zwischen Wolke und Sand, zwischen Tag und Nacht.

Ich suche nach dem, was unseren Tonfall eint – den Gottes und meinen, den des Teufels und meinen, den der Welt und meinen – und nach dem, was zwischen uns Zwietracht sät.

Ach, o Suche, mein Gefäß.

Der Tag

Der Tag kleidete uns
In seine alten Gewänder.

Der Tag beweinte uns hier, beweinte uns dort
Er öffnete der Niederlage seine Brust
Und malte das Emblem der Engel
Auf unsere Schritte und zerfetzten Glieder.

Ein Weg

O Weg, der zu beginnen sich weigert
Wir sind ein Antlitz
Das den Tag und die Anwesenheit
Sah und dann liebte.

Auf unserer Erde war ein Gott
Den wir, seit er fort ist, vergessen haben
Wir verbrannten hinter ihm
Den Tempel der Kerzen und Weihegaben.

Wir schufen aus der Abwesenheit
Ein Götzenbild aus Staub
Und steinigten es mit der Anwesenheit
Mit dem Weg, der fast begann.

O Weg, der zu beginnen nicht versteht.

Keine Worte sind zwischen uns

Läßt der Sand unsere Wimpern allein?
Wäscht die Sintflut diese Erde voller Krusten?

Zerstreut euch, ihr Samen, und brennt
Keine Worte sind zwischen uns, kein Widerhall –
Die Brücken brachen ein, bevor der Weg begann.

Abschiedsgruss

Vor Jahren sagten wir dir den Abschiedsgruß
Rezitieren wir dir die reuige Klage
O Gloriole toter Engel
O Sprache der flüchtigen Heuschrecke.

Wörter, mit Schlamm gefüllt
Wörter, mit Wehen geschmückt –

Die fehlenden Schöße kehrten zu uns zurück
Und da sind nun die Fluten und der Regen
O Sprache der Ruinen
O Gloriole toter Engel.

Sterben

Wir sterben, wenn wir keine Götter schaffen
Wir sterben, wenn wir keine Götter töten –

O Königreich des verirrten Felsens.

Die leuchtenden Winde

Die löschenden, die leuchtenden Winde
Folgen uns immer noch langsam.

Die Angst und wir sind auf dem Weg
Der Barada ist zwischen uns und der Euphrat.

Wie oft trugen wir sie in der Wüste
Als Banner aus Lorbeer und Staub
Und flüsterten sie als Gebet –
Den Barada und den Euphrat.

Die löschenden, die leuchtenden Winde
Folgen uns immer noch langsam.

Das Schneckenhaus

Das Antlitz der Stadt, das unter dem Eis der
 Masken verschwindet
Schritt an unseren Wimpern vorüber.
Da riefen wir:

Wir leben in den Windungen der Stadt
Wie in ihrem Haus die Schnecken –

O Verweigerung, du sollst uns entdecken.

Die Erde der Abwesenheit

Seht die Erde der Pein
Kein Morgen, der kommt, kein Wind, der scheint.

Welche Stimme wird uns erreichen
O meine Lieben auf der Erde der Abwesenheit?

Ein Brief

Das Land, von dem wir träumten und zu dem wir
　　einen Weg bahnten
Ist ein Horizont, verwundet von schüchternen
　　Augenlidern.

Gestern, in der freundschaftlichen Herrlichkeit des
　　Wahns
Und der Agonie der Kindheit
Hungerten wir um seinetwillen, gestern
Malten wir in seinem Namen ein Bild, einen
　　Heiligenschein
Und sandten ihm einen Brief –
Dem Land, verwundet von schüchternen Augen-
　　lidern.

Die Irrenden

O verwirrte Irrende
Ihr kommt noch vor dem Weg,
Ihr kommt noch vor dem Ruf.

Das Frühlicht des Himmels schreitet in eurem
　　Namen vor
Zauberisch, ausgreifend wie ein Brand
Euch gehören unsere Erde und schönen Jungfrauen.

Und für euch, in den sturen Winden
Wurde dieses Gedicht geschrieben
O verwirrte Irrende.

DIE VERLORENHEIT

Verlorenheit, Verlorenheit ...
Verlorenheit erlöst uns und leitet unsere Schritte
Verlorenheit ist Glanz und alles andere Maske.

Verlorenheit vereint uns mit anderen
Verlorenheit hängt das Antlitz der Meere
An unsere Träume.
Verlorenheit ist Warten.

DIE RÜCKKEHR DER SONNE

Das Fatum bebte auf den Meeren
Die Siegel der Legenden brachen
Hier sind die Höhlen
So laß uns Muscheln säen auf den Stränden
Und mit der Arche ankern auf dem Sannîn.
Laß uns den Drachen mit dem Blitz erschlagen
O Herr der Legenden.

Wenn die Glocken klagen und der Weg
Beim Auszug der Sonne aus der Stadt
Wecke, o Flamme des Donners auf den Hügeln
Wecke Phönix für uns –

Wir jubeln dem Traum seines traurigen Feuers zu
Noch vor dem Morgen, noch bevor man von ihm kündet
Wir tragen seine Augen auf dem Weg
Bei der Rückkehr der Sonne in die Stadt.

Der liebende Fels

Die Reise ist zu Ende, und der Weg
Ist ein liebender Fels.

Wir bestatten den getöteten Tag
Wir kleiden uns in die Winde des Unheils
Morgen aber
Werden wir die Palmen rütteln.

Morgen waschen wir den mageren Gott
Mit dem Blut des Blitzes
Und spannen die dünnen Fäden
Zwischen unseren Lidern und dem Weg.

Die Flaggen

Die Fäden, die die Wurzeln webten
Zwischen unseren Wimpern und dem Staub
Sind schwer behangen mit den Trümmern des Tags
Sind schwer behangen mit Brücken –

Sie sind unsere Flaggen beim Aufbruch des Staubs.

Die Sintflut

Zieh fort Taube, wir wollen nicht, daß du wiederkommst

Sie haben ihr Fleisch den Felsen überlassen
Und ich – siehe, da schreite ich auf den bodenlosen Abgrund zu
Am Segel der Arche hängend.

Unsere Sintflut ist ein Planet, der sich nicht dreht
Sie ist alt und fließt über –

Vielleicht atmen wir in ihr einen Gott aus
   begrabenen Zeiten.

رُبّما نَتنشَّقُ فيه إلَهَ لعصور الدَّفينَه

So zieh fort Taube, wir wollen nicht, daß du wieder-
   kommst.

فاذهبي، لا نريدكِ أن ترجعي يا حمامه.

DIE JUNGE ZEIT

Das scheinheilige Trugbild gehört uns, der blinde
   Tag
Und die Leiche des Lotsen
Wir sind die Generation des Schiffes
Wir sind die Kinder dieser jungen Zeit.

Die treuen Meere lieferten uns aus
Die Meere, die die Elegie des Aufbruchs intonierten
Sie lieferten uns der Wüste aus –

Wir sind die Generation des langen Dialogs
Zwischen Gott und unseren Ruinen.

DIE STADT

Unser Feuer rückt vor gegen die Stadt
Um ihr Bett zu zerstören.

Wir werden das Bett der Stadt zerstören
Wir werden lebend durch die Pfeile schreiten
Zu einem Land aus wirrer Transparenz
Hinter den Masken, die am Felsen hängen
Der um den Strudel der Angst
Um Echo und Worte kreist.
Wir werden den Wanst des Tages waschen, seine
   Gedärme und Föten
Wir werden dieses Flickwerk im Namen der Stadt
   versengen

وسنعكسُ وجهَ الحضور وأرضَ المسافاتِ في ناظر المدينه؛

نارُنا تتقدّم والعشب يولد في الجمرة الحائره
نارُنا تتقدّم نحو المدينه.

Wir werden das Antlitz der Gegenwart, das Land der Distanzen
Spiegeln im Blick der Stadt.

Unser Feuer rückt vor, während in der umherirrenden Glut Gras wächst –
Unser Feuer rückt vor gegen die Stadt.

طـرف العـالـم   AM RANDE DER WELT

PSALM | مزمور

أخلق للرّيح صدراً وخاصرةً وأسند قامتي عليها. أخلق وجهاً للرفض وأقارن بينه وبين وجهي. أتّخذ من الغيوم دفاتري وحبري، وأغسل الضّوء.

Ich erschaffe dem Wind eine Brust und eine Taille und lehne mich an ihn. Ich erschaffe der Verweigerung ein Gesicht und vergleiche es mit meinem. Ich nehme aus den Wolken meine Tinte und meine Hefte und wasche das Licht.

للشقائق زينةٌ أتزيّا بها، للصنوبرة خصرٌ يضحك لي، ولا أجد من أحبه – هل كثيرٌ إذن، أيها الموت، أن أحبّ نفسي؟

Die Anemonen haben eine Zier, die mich kleidet, die Taille der Pinie lacht mich an, und ich finde niemanden, den ich lieben könnte – ist es da übertrieben, Tod, wenn ich mich selber liebe?

أبتكر ماءً لا يرويني. كالهواء أنا ولا شرائع لي – أخلق مناخاً تتقاطع فيه الجحيم والجنة. أخترع شياطين أخرى وأدخل معها في سباقٍ وفي رِهان.

Ich ersinne ein Wasser, das meinen Durst nicht löscht. Wie die Luft bin ich, habe keine Segel – ich schaffe ein Klima, in dem sich Paradies und Hölle mischen. Ich erfinde neue Teufel und trete mit ihnen in Wettstreit.

أكنس العيونَ في غباري. أتسلّل في ألياف الماضي فاتحاً ذاكرة الأوّلين. أنسُج ألوانها وألوّن الإبَر. أتعب وأرتاح في الزّرقة – يُشمس تعبي ويُقمر في لحظة واحدة.

Ich fege die Augen in meinem Staub. Ich schleiche mich in die Fasern der Vergangenheit und öffne das Gedächtnis der Vorväter. Ich stricke seine Farben und färbe die Nadeln. Ich bin müde und erhole mich im Blau – meine Müdigkeit ist im selben Moment Sonne und Mond.

أطلق سراح الأرض وأسجنُ السماء، ثم أسقط كي أظلّ أميناً للضوء، كي أجعل العالم غامضاً، ساحراً، متغيّراً، خطراً؛ كي أعلنَ التخطي.

Ich entlasse die Erde in die Freiheit und sperre den Himmel ein. Dann sinke ich aus Treue zum Licht, um die Welt zu verdunkeln, um sie zauberisch, veränderlich, gefährlich zu machen – um das Überschreiten zu verkünden.

دمُ الآلهة طريٌ على ثيابي. صرخةُ نورسٍ تصعدُ بين أوراقي – فلأحملْ كلماتي ولأمضِ...

Das Blut der Götter auf meinem Kleid ist noch frisch. Der Schrei einer Möwe entsteigt meinen Papieren – nehme ich also meine Worte und gehe...

Reise

سفر

مُسافرٌ دونما حراكِ: / Ohne Bewegung auf Reisen:
يا شمس، من أين لي خطاك؟ / Woher, Sonne, habe ich deine Schritte?

Am Rande der Welt

طرف العالم

ما همّني الممكن – أفرحَ أو آلم، / Was schert mich das Mögliche –
ففي تراتيلي / Ob ich froh bin oder leide
أبدع إنجيلي / Denn ich ersinne mir in meiner Psalmodie
أبحث عن مخبأ / Mein Evangelium
عن عالمٍ يبدأ / Und suche nach einem Unterschlupf
في طرف العالم. / Nach einer Welt
Die am Rande der Welt beginnt.

Adam

آدم

وَشوَشَني آدم / Mir flüsterte Adam zu
بغصّة الآهِ / Mit dem Röcheln des Ach
بالصَمتِ بالأنّهْ / Mit dem Schweigen des Stöhnens:

«لستُ أبَ العالم / »Ich bin nicht
لم ألمح الجنّه / Der Ahnherr dieser Welt
خُذني الى اللهِ». / Das Paradies habe ich nicht gesehen –
Bring du mich zu Gott.«

Die Insel aus Stein

جزيرة الحجر

حول خُطاي تُبتكرْ / Rings um meine Schritte
جزيرة من الحجرْ / Wächst eine Insel aus Stein
من الشَررْ – / Aus Funken –

أمواجها مقيمةٌ / Ihre Wellen sind seßhaft
وشطها على سَفَرْ. / Und ihr Strand ist auf Reisen.

Die Rabenfeder   ريشة الغراب

1   ١

Ich komme ohne Blumen und Felder
Ich komme ohne Jahreszeiten.

Ich habe in Sand und Wind
In des Morgens Pracht
Nur mein junges Blut
Das mit dem Himmel fließt
Und die Erde auf meiner Prophetenstirn
Ist ein endloser Schwarm von Vögeln.

Ich komme ohne Jahreszeiten
Ich komme ohne Blumen und Felder
In meinem Blut ist eine Quelle von Staub
Ich lebe in meinen Augen
Ich esse aus meinen Augen –

Ich überlebe, meinen Lebtag
In Erwartung eines Schiffs verbringend
Das das Sein umarmt
Und auf Grund sinkt
Als würde es träumen oder verwirrt sein
Als würde es fortsegeln und nicht wiederkehren.

2   ٢

Im Krebs des Schweigens, in der Belagerung
Schreibe ich meine Gedichte auf den Boden
Mit der Rabenfeder
Ich weiß, kein Licht ist auf meinen Augenlidern
Nur die Weisheit des Staubs
Ich sitze mit dem Tag zusammen im Café
Mit dem Holz des Stuhls
Und der fortgeworfenen Kippe
Ich sitze und warte
Auf ein vergessenes Rendezvous.

3

أريدُ أن أجثوَ أن أصلّي
للبومة المكسورة الجناحْ
للجمر للرياحْ،
أريد أن أصلّي
للكوكب المشدوه في السماء
للموت للوباء،
أريد أن أحرقَ في بخوري
أيامي َ البيضَ وأغنياتي
ودفتري والحبرَ والدواة
أريد أن أصلّي
لأيِّ شيء يجهل الصلاة.

Ich möchte auf die Knie sinken und beten
Zur Eule mit dem gebrochenen Flügel
Zur Glut und den Winden
Ich möchte beten
Zum verstörten Stern am Himmel
Zum Tod und zur Seuche
Ich möchte in meinem Weihrauch
Meine weißen Tage verbrennen
Mein Heft, mein Tintenfaß und meine Tinte
Ich möchte beten
Zu allem, das kein Gebet kennt.

4

بيروتُ لم تظهر على طريقي
بيروتُ لم تزهرْ وها حقولي
بيروتُ لم تثمرْ
وها ربيعُ الجراد والرمل على حقولي،
وحدي بلا زهر ولا فصولٍ
وحدي مع الثمارْ
من مغرب الشمس إلى ضُحاها
أعبر بيروتَ ولا أراها
أسكن بيروتَ ولا أراها –

Beirut erschien nicht auf meinem Weg
Beirut erblühte nicht – seht meine Felder
Beirut trug keine Früchte
Seht: Auf meinen Feldern
Das Frühjahr der Heuschrecken und des Sandes
Und ich allein ohne Blumen und Jahreszeiten
Ich allein mit den Früchten
Ich durchquere Beirut
Vom Einbruch der Nacht bis zum Anbruch des Morgens
Ich bewohne Beirut, ohne es zu sehen –

وحدي أنا والحبّ والثمارْ
نمضي مع النهارْ
نمضي إلى سواها.

Ich, die Liebe und die Früchte
Wir ziehen fort mit dem Tag
Ziehen anderswohin.

Das Frühlicht durchtrennt seinen Faden

الفجر يقطع خيطَهُ

ألفجر يقطع خيطَه
يضع الجفون على التراب
ويداي ساريتان تحتضنان
أشرعة الغياب

Das Frühlicht durchtrennt seinen Faden
Legt die Augenlider auf den Boden
Während meine Hände zwei Masten sind
Die Segel der Abwesenheit umarmend.

رحلت شبابيكي –
فما من زهرةٍ ما من كتاب
أنا والزوايا،
لي خيوطي الواهناتُ، ولي غُرابي.

Meine Fenster sind fortgezogen –
Also ... keine Blumen mehr und kein Buch
Nur die Ecken und ich
Nur die schwächlichen Fäden, die ich habe
Und mein Rabe.

Die Tür

الباب

منذ أسابيعَ وأجفانُه
تربضُ في الباب
ألجسم في فراشةَ ضائعٌ
يبحث والقلبُ على البابِ
ما من يدٍ دَقت على البابِ؛

Seit Wochen
Lauern seine Augenlider
An der Tür
Sein Leib ist im Bett verloren
Er sucht, das Herz ist an der Tür
Keine Hand klopft an die Tür.

يشتاقُ أن يبكيَ –
»ما أكرِمَ البكاءَ ما أغناهُ، في نهرِهِ
سفينةٌ تقِلّ أحبابي«.

Er möchte gerne weinen:
»Wie edel, wie reich sind die Tränen
In deren Fluß ein Schiff meine Liebsten trägt.«

Wer bist du?

من أنت؟

عينايَ عند فَراشة
والرّعبُ يضرب أُغنياتي

Meine Augen in einem Schmetterling
Während die Angst meine Lieder spielt.

– مَنْ أنتَ؟
– رمحٌ تائهٌ
رَبٌّ يعيش بلا صلاة.

– Wer bist du?
– Eine verirrte Lanze
Ein Gott, der ohne Gebet lebt.

Der neue Noah / نوح الجديد

1 / ١

رحنا مع الفلك. مجاديفنا
وعدٌ من اللهِ وتحت المطرْ
والوحل، نحيا ويموت البشرْ.
رحنا مع الموج وكان الفضاءُ
حبلًا من الموتى ربطنا به
أعمارَنا وكان بين السماءْ
وبيننا نافذةُ للدعاءْ:

Wir zogen mit der Arche fort, unsere Ruder
Waren eine Verheißung Gottes, und unter Regen
Und Schlamm lebten wir und starb die Menschheit.
Wir zogen mit den Wellen fort und der Raum
War ein Tau aus Toten, an das wir
Unser Leben banden, und zwischen dem Himmel
Und uns war ein Fenster für das Gebet:

»يا ربُّ، لمْ خلَّصتَنا وحدَنا
من بين كل الناس والكائناتْ؟
وأين تلقينا، أفي أرضكَ الأخرى،
أفي موطننا الأول
في ورق الموت وريح الحياة؟
يا ربُّ فينا، في شرايينِنا
رعبٌ من الشمس؛ يئسنا من النُّور
يئسنا من غدٍ مُقبل
فيه نعيد العمر من أَوَّل

»Herr, warum hast du
Unter allen Wesen und Menschen uns errettet?
Und wohin verschlägst du uns, etwa
Auf deine andere Erde, auf unsere erste Heimat
Im Laub des Todes und Wind des Lebens?
Herr, in uns, in unseren Adern
Fürchten wir die Sonne; wir verzweifelten am Licht
Wir verzweifelten am künftigen Morgen
An dem wir unser Leben von klein auf wiederholen.

»يا ليتَ أنّا لم نصرْ بذرةً
للخلق، للأرض وأجيالِها
يا ليتَ أنّا لم نزل طينةً
أو جمرةً، أو لم نزل بين بينْ
كي لا نرى العالم كي لا نرى
جحيمه وربَّه مرَّتينْ«.

Ach – wären wir doch nicht Keim geworden
Für die Schöpfung, für die Erde und ihre
   Geschlechter
Ach, wären wir noch Lehm
Oder Glut, ein Mittelding
Um nicht die Welt zu sehen, um nicht
Ihre Hölle und ihren Herrn
Zweimal zu sehen.«

2 / ٢

لو رجع الزَّمانُ من أَوَّلِ
وغمرت وجه الحياة المياه
وارتجَّت الأرض وخفَّ الإلهْ
يقول لي يا نوح أنقذْ لنا
الأحياء – لم أحفلْ بقول الإلهْ
ورُحت في فلكي، أزيح الحصى

Wiederholte sich die Zeit von Anbeginn
Überschwemmten die Fluten das Antlitz des Lebens
Bebte die Erde und eilte Gott
Mir zu sagen, Noah
Rette unsere Geschöpfe –
Ich achtete nicht auf seine Worte

والطين عن محاجر الميّتينْ
أفتح للطوفان أعماقهم،

أهمس في عروقهم أننا
عُدنا من التيه، خرجنا من الكهفِ
وغَيَّرنا سماء السنين،
وأننا نبحرُ لا نَنْثني رعباً
ولا نصغي لقول الإله

موعدُنا موتٌ، وشطآننا
يأسٌ ألفناه، رضينا به
بحراً جليدياً حديد المياه
نعبره نمضي إلى منتهاه،
نمضي ولا نصغي لذاك الإلهْ
تقنا إلى ربّ جديدٍ سواه.

Ließe mich in meiner Arche treiben
Nähme die Steine und den Lehm aus den Augen-
    höhlen der Toten
Und öffnete ihre Tiefen der Flut.

Ich flüsterte in ihren Adern, daß wir
Zurück aus der Wildnis seien, den Höhlen
    entschlüpft
Und den Himmel der Jahre geändert haben
Daß wir zur See fahren, uns nicht furchtsam
    krümmen
Und nicht den Worten Gottes lauschen.

Unsere verabredete Zeit ist der Tod
Unsere Küsten eine Verzweiflung, an die wir uns
    gewöhnten
Mit der wir zufrieden waren
Wie mit einem erstarrten Meer aus erzenem Wasser
Das wir bis an sein Ende durchqueren;
Wir fahren weiter, ohne auf diesen Gott zu hören
Und sehnen uns nach einem anderen, nach einem
    neuen Gott.

الموت المُعاد DER WIEDERKEHRENDE TOD

TOTENKLAGE OHNE TOD

مرثية بلا موت

Ich folge der eingekerkerten Heimat
In der Glocken Kindheit, im Wald der Heirat.

أركضُ خلف الوطن المسجونْ
في غابة الأعراس في طفولة الأجراسْ؛

Wimpern und Argwohn ruf' ich zum Kampf
Rings um das Bett aus Gras und aus Mahd
Ich sattle die Pferde
Zu dir, mein Land
O Heimat des Schnees auf den Lidern.

أَستنفرُ الأهدابَ والظنون
حول سَرير العشب والحصاد
وأسرجُ الأفراسْ
نحوكِ يا بلادي
يا وطن الثلج على الجفونْ.

TOTENKLAGE FÜR UMAR IBN AL-KHATTÂB

مرثية عُمَر بن الخطاب

Ohne Ausrede und Versprechung
Ruft, von der Sonne beschattet, eine Stimme:
Wann schlagen sie dich, o Djibilla?

صوتٌ بلا وعدٍ ولا تعلّه
يصرخ، والشَّمس له مظلّهْ،
متى متى تضربُ يا جبلهْ؟

O Freund von Hoffnung und Verzweiflung
Im Feuer liegt der grüne Stein
Und wir erwarten
Dein Versprechen, das vom Himmel kommt.

ويا صديق اليأس والرجاءْ
ألحجر الأخضر فوق النارْ
ونحن في انتظارْ
موعدك الآتي من السماءْ.

TOTENKLAGE FÜR ABU NUWÂS

مرثية أبي نواس

Du irrst umher, und der Tag ist um dich eine
    Ewigkeit
Aus den Überresten eines verlassenen Lagers
Du fühlst wie die Zeit
Auf deinem Antlitz erscheint
Und weißt, ich bin hinter dir, in der Prozession der
    Steine
Die unserer leblosen Geschichte folgt
Ich, die Dichtung und der Regen
Meine Feder ist die Brust junger Sklavinnen
Und meine Blätter sind das Leben.

تائهٌ والنهار حولك دهرٌ من الدِّمنْ
شاعرٌ كيف يَشربُ
على وجهكَ الزمنْ
عارفٌ أنني وراءك في موكب الحجرْ
خلف تاريخنا المواتْ
أنا والشعر والمطرْ
ريشتي ناهدُ الجواري وأوراقيَ الحياةْ.

خلّنا يا أبا نواسْ
أليالي تلفّنا بالعباءاتِ والدِّمنْ
وأحبّاؤنا طغاةٌ مراوؤون كالسماءْ
خلّنا للعذاب الجميل وللرّيح والشّرر

Laß uns, Abu Nuwâs –
In Mäntel und Reste von Lagern hüllen uns die Nächte
Tyrannen sind unsere Geliebten und wie der Himmel verlogen
Laß uns den Funken und dem Wind, der schönen Qual.

نقتلُ البعث والرجاء
ونغني ونستجير ونحيا مع الحجرْ
نحن والشعر والمطرْ.

Wir töten die Hoffnung und die Auferstehung
Wir singen, flehen um Hilfe und leben mit dem Stein
Wir, die Dichtung und der Regen.

خلّنا يا أبا نـواسْ.

Laß uns, Abu Nuwâs.

مرثية الحلاج

TOTENKLAGE FÜR AL-HALLÂDJ

ريشتك المسمومة الخضراءْ
ريشتك المنفوخةُ الأوداج باللهيبْ
بالكوكب الطالع من بغدادْ
تاريخنا وبعثنا القريب
في أرضنا – في موتنا المُعادْ.

Deine giftige grüne Feder
Deine Feder wie Adern angeschwollen
Mit Flammen und dem Stern, der aufsteigt von Bagdad
Unsere Geschichte und baldige Erweckung
Auf unserer Erde, in unserem wiederkehrenden Tod.

ألزمنُ استلقى على يديكْ
والنار في عينيكْ
مجتاحةً تمتدّ للسماءْ

Die Zeit legt sich auf deine Hände
Und das tosende Feuer in deinen Augen
Lodert zum Himmel auf.

يا كوكباً يطلعُ من بغدادْ
محمّلاً بالشعر والميلادْ،
يا ريشةً مسمومة خضراءْ.

O Stern, der aufsteigt von Bagdad
Befrachtet mit Dichtung und Geburt
O giftige grüne Feder.

لم يبق للآتين من بعيدْ
مع الصدى والموت والجليدْ
في هذه الأرض النشوريّة –
لم يبق إلا أنتَ والحضورْ
يا لغة الرّعد الجليليّةْ
في هذه الأرض القشوريه
يا شاعر الأسرار والجذورْ.

Denen, die von weither kommen
Mit Echo, Eis und Tod
Blieb nichts, auf dieser Auferstehungserde
Als die Gegenwart und du
O Sprache galiläischen Donners
Auf dieser Schalenerde
O Dichter der Geheimnisse und Wurzeln.

TOTENKLAGE FÜR BASHSHÂR

Beweine ihn nicht, überlaß ihn der Peitsche und
    dem irren Kalifen
Nenne ihn Teufel oder nenne ihn Pest
Er ist hier, dort ist er immer noch
Tobt in den tauben Straßen
Tobt in unseren stummen Tiefen
Tobt wie ein Erdstoß.

Er ist hier, dort ist er immer noch
Blind, ohne Land und ohne Stadt
Auf der Suche nach einer blauen Perle
Von seinen treuen Gedichten verwahrt
Für ein mageres Jahr.

TOTENKLAGE

Toter auf der Bahre
Freund
Dein Antlitz malten die Blumen des Wegs
Und deinen Schritten folgte die Schwelle.

TOTENKLAGE

Der Staub besingt dich, richtet an dich seine
    Gedichte
Reicht den Schluchten deine Schritte dar
Beweinend diese Reste
Deiner Lieder, deiner Träume.

Der Staub bedeckt die Scheibe der Jahreszeiten
Bedeckt die Spiegel
Bedeckt deine Hände.

مرثيتان ZWEI TOTENKLAGEN

(من: أوراق في الريح) (aus: Blätter im Wind)

Totenklage für die Gegenwart

I

Die Planwagen der Vertreibung
Überrollen die Mauer
Zwischen dem Gesang der Vertreibung
Und dem Stöhnen der Feuer.

Der Wind lastet schwer auf uns, die Asche unserer Tage bekleidet die Erde. Wir erblicken unseren Geist im Aufblitzen einer Klinge oder am Rand eines Helms, über unsere Wunden wird der Herbst der Salinen gestreut.

Die Tragödie zerrt das Antlitz unserer Geschichte weit fort – unsere Geschichte ist ein vom Schrecken durchlöchertes Gedächtnis und Ebenen wilder Dornen.

Vergebens wird an der verschlossenen Tür gerüttelt. Wir schreien, wir träumen zu weinen, doch keine Tränen sind in unseren Augen.

Mein Land ist eine Frau aus Fieber, eine Brücke für die Lust – Piraten, die von Sandhaufen begrüßt werden, überqueren sie. Und von ihren fernen Ausblicken sehen unsere Augen die Dinge der Menschen – Opfertiere für die Gräber der Kinder, Räuchergefäße für die Heiligen, Stelen aus schwarzem Stein. Die Felder sind voller Knochen und Geier, die Heldenstatuen sind weiche Kadaver.

Wir gehen fort, die Brust gen Meer gewandt, und in unseren Worten, die kein Erbe haben, liegt das Schluchzen eines anderen Zeitalters.

Wir umarmen die Inseln der Einsamkeit, wir wittern die jungfräuliche Fremdheit am Grund der Schlucht und hören, wie unsere Schiffe ihr verzweifeltes Getöse ausstoßen – die Verzweiflung ist ein aufgehender Sichelmond, und das Böse ist noch ganz kindlich.

Wir gehen fort, der Schrecken mäht die Knie an Hängen aus Schlamm und Schluchzen, die Erde vergießt Blut in unseren Taillen, und das Meer ist ein grüner Damm.

2

In welchem neuen Gott
Erstehen unsere Leiber?
Das Eisen wurde uns eng –
Unser Henker wurde zu eng
Im Namen glücklicher Trümmer
Verzweifelt unsere Geburt –

Unsere Tage sind engstirnig und die Jahre abgemagert, stockend.

Das Leben ist dünn in diesen Minuten des Alters. Der Tag hat keine Schleier, der Sonne Wimpern sind nicht lang. Kein Flüstern im Barada und Euphrat, kein Samen, kein Murren. In meinem Land herrscht eine unfruchtbare, schwerhörige Rasse, deren Reste die Geschichte auf einen fremden Boden überführt.

O mit Fellen ausgelegte Erde, o unbezähmbare Landkarte aus Weizen, Erdöl und Häfen, o Erde von der Farbe des Auszugs, von der Farbe des Windes.

– Wird ein neuer Wind sich gegen den Sand erheben?

Und du, Regen, Regen, der die Ruinen und Trümmer spült, Regen, der die Leichen wäscht, sei auch so gütig, diese Geschichte zu waschen.

Er weiß nicht, daß der verwundete Fels
Ein ersticktes Gedicht auf den Lippen ist
Doch er versteht die brüllende Büffelkuh
Eine Taube, eine Blume, oder auch einen Gott.

Eines Tages wird das Geröchel erstehen
In der Heimat der hungrigen Frösche
Und eine Heuschrecke oder verirrte Ameise
Wird uns bringen Brot und Gebet.

Er ist das Bekenntnis der verirrten Lanze
Er ist ich
Töte mich, o Wahrhaftigkeit.

3

Verflechte dich, o Jugend, mit grünenden Blättern. Die Dichtung ist immer noch bei uns, der Traum:

Für den Iaxarxes diese wiehernden Pferde, für Chorasan diese Lanzen. Unser Haus ist Gold auf den Hängen des Himalaya, Samarkand ist das Banner. Mit unseren Wimpern fegten wir der Erde Leib, mit unseren Adern banden wir die flüchtigen Blumen. Wir wuschen den Tag, und der Stein war Seide unter unseren Füßen, der Horizont war der Rücken unserer rassigen Pferde, und die vier Winde waren Sandalen.

Dies sind unsere Wege – wir heiraten den Blitz und erfüllen die Erde mit dem Geschrei der neuen Dinge.

Dies sind unsere Grenzen – wir sind grüner als das Meer, wir sind jugendlicher als der Tag, und die Sonne zwischen unseren Fingern ist ein grünes Tricktrackspiel.

Dies ist die Schwelle der Zukunft:

Braun steigt sie aus dem Meer, voll der Ekstase eines Geparden, und lehrt die Verweigerung. Sie verleiht neue Namen, und unter ihren Lidern hält sich der Adler der Zukunft bereit.

Braun steigt sie aus dem Meer, die Leichenfeiern verlocken sie nicht, voll von Welt, voll von Winden, die die Seuche wegfegen. Die schöpferische Brise ihrer Winde nötigt den Stein zur Liebe, zur Verweigerung und Liebe.

Die Götter des Sands werfen sich auf die Stirn, die Quelle schießt unter dem Bocksdorn hervor; und im Meer ist kein Tod.

… wir kommen in unser interniertes Land, wo die Lampe eine Kirche und die Biene eine Nonne ist.

4

– Aus welchem Land kommst du, aus welchem namenlosen Lager?
– Mein Vaterland ist noch nicht vollbracht. Meine Seele ist fern, und ich besitze nichts.

Wo die Piraten beginnen, endet das Wort. Ich nehme meine Bücher und gehe fort – ich hause im Schatten meines Herzens und webe aus der Seide der Gedichte einen neuen Himmel.

O Meer, Freund der Wunde, o Wunde, Freund des Salzes.
O weißes Meer
O Euphrat, Tage ohne Zahl
O Orontes, Bett ohne Kind
Und du, Barada –

Ich trank euch alle, und mein Durst ward nicht gestillt, doch ich lernte die Liebe kennen, allein die Verzweiflung ist der Liebe wert.

Verzweifelt, aber nicht über den Tod, ich irre umher, die göttliche Rechtleitung hassend.

Ich lasse meine Freunde hinter mir zurück – Eisenknüppel und Gefängnisse, und überlasse mein Land jenen irrsinnigen Ordensbrüdern.

Ich ziehe fort mit nichts als meinen Traurigkeiten und Distanzen. In meinem Gefolge ist meine Geliebte und meine Dichtung, in meinen Augen ruht mein untergegangenes Volk.

Ich ziehe fort und träume – von Herzen, die an Weinstöcken hängen, und Köpfen, die in Äcker gepflanzt werden, und ich entsinne mich, daß dies nur die Überreste meiner Liebsten sind.

Wenn der Geruch des Meeres in meine Adern dringt, die Küsse des Windes die Haare meiner Geliebten erfüllen und die Strände sterben und wiederauferstehen, dann werde ich nur an meine Mutter denken, dann werde ich ihr in meinem Gedächtnis eine weiche Matte weben, auf der sie sitzen und weinen kann.

Lebe wohl, du Epoche der Schmeißfliegen in meinem Land.

… ein Blatt und keine Tinte, kein Herz, das die Tinte erschauern lassen könnte, und die Verzweiflung ist ein Stern auf der Stirn, das Übel ist noch ganz kindlich, und das Schweigen ist fegender Sand, kein Papier.

– Aus welchem Land kommst du, aus welchem namenlosen Lager?
– Mein Vaterland ist noch nicht vollbracht. Meine Seele ist fern, und ich besitze nichts.

(Beirut 1958)

TOTENKLAGE FÜR DAS ERSTE JAHRHUNDERT

LIED

Das Regenfest erstarb
Auf den Gesichtern der Dichter
Wir tauschten es gegen das Fest der Steine
Ich, die Verweigerung und das Antlitz des Wortes
Wir ließen den Glocken auf unseren Wimpern
Ließen dem Himmel des gespaltenen Bundes
Ließen
Der Myrrhe und dem Becken der Tränen
Diese besiegte Totenklage zurück.

I

Wie betäubt unter der Bildfläche des Prophetentums, vom Sand ergriffen – O Mensch! Nenne uns ein kommendes Zeichen . . .

Im Gespräch mit den Ameisen rollt die Geschichte den Abhang hinab, in ihrem Staub sich wälzend, voll vom Schleim der Schnecke, voller Muscheln.

Der Mond hatte in seiner Blesse ein Auge. Der Himmel hatte die Stirn der Natter: Kein Weg, kein Wort, nur die Lepra, die nach einem Gesicht suchte, nur die Höhlen und Spalten.

Öffne dein Inneres, o Golf der Algen: Der Totenschädel einer Taube liegt auf der Schwelle, und das Fieber durchbohrt den Helm eines Ritters.

– Wie, was willst du, Byzantiner?

– Datteln, mein Herr, Brotsuppe. Der Weg ist ein umherirrender Halfter, und der Hunger ist ein Pferd, das zwischen meinen Zähnen wiehert.

(– Bringt Wasser, um die Durstigen zu empfangen, gebt dem Flüchtling sein Brot!)

Unter der Fahne des Staubs wurden wir besiegt. Wir füllten unsere Gesichter mit Friedhöfen und verfaßten das Testament des Hungers. Uns leuchtete kein Stern, es gab nur die Gespenster des Sandes und die Quellen von Tränen und Wind.

– »Wir fordern den Leib der Erde, o Vater unser«, so beteten wir.

– »O Fluß, reiß mich mit, dann raubt mich der Feind nicht«, sangen unsere jungen Mädchen.

Das Meer winkte uns, weinte unseretwegen. Wer schwimmt dort? Sag uns ein gutes Omen, o Schaum. Der Tod befleckt unsere Gliedmaßen, und in unseren Augen ist die Asche der letzten Sterne.

2

Ein Berg spricht mir seinen Namen vor. Ich halte ein Beglaubigungsschreiben in den Händen.

Wer kauft uns diese Massen ab – bringt sie weit, weit fort?

Wer nähme diese Menschenmengen zum Geschenk? Soll er Schwerter und Dolche auch noch nehmen, Fußreifen, Tätowierungen und Muscheln.

Auf Diamant- und Mahagonimärkten boten wir feil. Einem blinden Elefanten stellten wir den Kaufschein aus.

رجلٌ يتبرّكُ بخفّ الوالي، رجلٌ يسقط شِقّين مقطوعاً بالصراط، رجلٌ يمشي بساقين خيطين، رجلٌ مهروسٌ بالنذير، رجلٌ يتكلم ولا رأس له، رجلٌ لا إسم له، رجلٌ يرسم وجهه بحليب ناقته، رجلٌ يعرف أمه في ولائم الملك، رجلٌ يرقد مع زوجتهِ تحت عباءة الأمير في حرير التسرّي والرعب، رجلٌ يُحشى جلده بالقشّ ويُعرض في الشوارع، رجلٌ ميت يجلد ثمانين سوطاً، امرأة بنهدٍ واحدٍ تجرّ على الأرصفة، طفل يلبس رداء المشنقة.

أحمد أبو الفوارس، كافور أبو المسك، تيمورلنك – هؤلاء أسياد أرضنا. هم أمراؤنا وهم تيجاننا الفاتحة، هؤلاء حياتنا على الأرض.

والنجوم جيشٌ يبصقُ علينا باسم سيد الأعالي.

أعبري يا سنواتنا مكسورة الجناح. التصقي بجباهنا يا خشبة. السقوط بلادنا، و(لتنصر اللهمَّ السلطان بن السلطان مالك البرّين والبحرين).

وأنتم أيها الشيوخ ابحثوا لنا عن رجال وراء تخومنا، رجالٍ يسكن فيهم البرق. باسمهم نضرب نقودنا، باسمهم ترقد نساؤنا فوق وسائد الزئبق.

Ein Mann, der den Segen von dem Pantoffel eines Präfekten erlangt, ein Mann, der in zwei Hälften zerfällt, vom Weg durchschnitten, ein Mann, der auf zwei hauchdünnen Beinen läuft, ein Mann, der von der Warnung zerquetscht wird, ein sprechender Mann ohne Kopf, ein namenloser Mann, ein Mann, der sein Gesicht mit der Milch seiner Kamelstute malt, ein Mann, der seine Mutter auf den Banketten des Königs weiß, ein Mann, der mit seiner Frau unter dem Gewand des Prinzen in der Seide des Konkubinats und des Schreckens liegt, ein Mann, dessen Haut mit Stroh ausgestopft ist, der auf der Straße ausgestellt wird, ein toter Mann, der achtzig Peitschenhiebe erhält, eine Frau mit einer Brust, die auf dem Asphalt fortgezerrt wird, und ein Kind, welches das Hemd des Schafotts trägt.

Ahmad Abu al-Fawâris, Kâfûr Abu al-Misk, Timurlenk – dies sind die Herren unserer Erde. Sie sind unsere Fürsten, unsere siegreichen Kronen, sie sind unser Leben auf dieser Erde.

Und die Sterne sind eine Armee, die im Namen des Höchsten auf uns speit.

Geht dahin, o unsere Jahre mit den gebrochenen Flügeln. Hafte an unseren Stirnen, o Brett. Der Sturz ist unser Land »und möge Gott siegreich sein lassen den Sultan, Sohn des Sultans, den König der Heere und Meere«.

Und ihr Alten, sucht für uns nach Männern jenseits unserer Grenzen, nach Männern, in denen der Blitz wohnt. In ihrem Namen prägen wir unser Geld, in ihrem Namen ruhen unsere Frauen auf quecksilbernen Kissen.

3

هوذا شعبٌ يفرش وجهه للسنابك، هي ذي بلادٌ أجبن من ريشةٍ وأذلّ من عتبة.

من يرينا عصفوراً ما، شجراً ما؟ من يعلّمنا أبجديّة الهواء؟ وحدنا في المفارق ننتظر؛ الرملُ يمحو مناراتِنا، والشمس تهترىء في تجاعيد أيدينا.

آه يا بلادي يا جلدِ الحرباء، عطركِ مطّاط يحترق، فجرك وطواطٌ يبكي. غير الفاجعة لا تلدين، غير الحلزون لا ترضعين.

هوذا سيّدك يا خادمة. هاتي له قهوة عدن، هيّئي سريره. وأنا سيد الرفض – بعيداً عن النافذة أرتجف، وبالفتات أكتب هذه القصيدة.

في أهدابي دمع الرُّتيْلاء، في حنجرتي مزمار الموت. أتوّج بريشة قلبي وأتزوّج الرِّيح، وليس في طريقي غير الخرائط الممزقة وغير الرعد.

لا النهار يعرفني ولا الليل وفوق تراب بلون النسيان أترك خطواتي تنمو.

سلاماً أيتها الجثّة العائمة يا حياتي. واحترق يا جسدي أيها الرؤيا الكئيبة، يا حمامة الوداع!

3

Dies ist ein Volk, das sein Gesicht den Hufen hinbreitet, ein Land, das feiger ist als die Feder, niedriger als die Schwelle.

Wer kann uns einen Vogel, wer einen Baum uns zeigen? Das Alphabet der Luft, wer lehrt es uns? Alleine warten wir auf den Kreuzungen der Wege. Der Sand wischt unsere Leuchttürme aus, die Sonne verrottet in den Falten unserer Hände.

Ach, mein Land, Haut des Chamäleons, dein Duft ist verbrannter Gummi, dein Morgengrauen ist eine weinende Fledermaus. Nichts als das Unheil gebärst du, nichts als die Schnecke säugst du.

Dienerin, dies ist dein Herr. Reich ihm den Kaffee aus Aden, richte ihm das Bett. Ich bin der Herr der Verweigerung – weitab vom Fenster sitze ich zitternd, schreibe mit Krümeln dieses Gedicht.

In meinen Wimpern hängen die Tränen der Tarantel, in meiner Kehle steckt die Flöte des Todes. Ich kröne mein Herz mit einer Feder und heirate den Wind, auf meinem Weg sind nur der Donner und zerfetzte Landkarten.

Nicht Tag noch Nacht kennen mich, ich lasse meine Schritte auf einem Boden von der Farbe des Vergessens wachsen.

Gegrüßt seist du, treibender Leichnam, mein Leben. Verbrenne, mein Leib, schwermütige Vision, Taube des Abschieds!

Wörter ohne Mond dringen zu uns durch. Eine finstere Wolke bringt den Schnee der Geburt – hinfort mit dir, Magier-Gast. Vor der Zeit dringst du in unsere Grenzen ein, unser Antlitz ist ein Prinz der Leere, unsere Geschichte ist Schaum.

Hinfort, hinfort!
Der Schlamm wirft seine Netze über uns.
Der Schlamm wickelt uns in sein Gewebe ein. Der Schlamm ist Seide zwischen den Lidern und am Hals, nicht Wolken.

Und wo bist du, Donner, Gesandter der Sintflut? Erstürme unsere Heiligtümer, erstürme sie. Unsere Frauen warten auf dich hinter dem Zaun des Traums. In den Gemächern erwarten sie dich, auf dem Gras. Der Sexus versengt ihre Haut, und ihr einziger Liebhaber bist du.

O Vaterland, Brocken von Salz, mager wie Luft, du tönst deine Haut mit der Asche von Büchern, o Vaterland, greiser Soldat.

Ich gewähre es dir, in meinem Innern zu gehen, ich gestehe dir zu, mit meinen Schritten zu stöhnen. Seufze, der du einsam bist wie ich. Seufze mit gebrochener Hüfte. Verzweifelt seufze, verzweifelt.

Die Wurzeln der Pest werde ich nicht tarnen – unter dem Baum meiner Verzweiflung suche ich Schatten. Ich sitze auf meinen Wimpern und erwarte den Todesadler.

Die Hoffnung floh auf die Schultern einer Wolke. Sie zerbrach ihre Flöten in meiner Brust. Ich höre einen Weg, der Anemonen blutet, Leichentücher, ich höre in den Dornen ein Klagen.

أسميك أيها اليأس لكنك لا تُسمَّى. بعد الآن لن نفترق ولن نمشي معاً بعد الآن.

Ich gebe dir einen Namen, Verzweiflung, doch du wirst nicht benannt. Jetzt trennen wir uns nicht mehr, jetzt gehen wir nicht mehr gemeinsam.

٥

5

تحت بيارق الرفض أُسرج كلماتي – في غضون وجهي عرسٌ آخر والأرض بين يديَ امرأة.

Unter den Bannern der Verweigerung sattle ich meine Worte – in den Ästen meines Gesichts ist eine andere Hochzeit, die Erde in meinen Händen ist eine Frau.

أحارب لحميَ الممزق، أنحني لصداقة البرق، وبالرعد أمسح جراحي.

Ich bekriege mein zerfetztes Fleisch, ich verneige mich vor der Freundschaft des Blitzes, und mit dem Donner salbe ich meine Wunden.

قاتلُ القمر أنا، قاتل العنقاء المشعوذة. أركب صهوة السمندل وأتنشَّقُ الجمر.

Der Mörder des Mondes bin ich, der Mörder des trügerischen Greifen. Ich reite auf dem Rücken des Salamanders und fauche Glut.

العـقرب يرتسم وطناً. الضفدع يلبس قناع التـاريخ. المجد يكتبه سطيحٌ والرّخّ – لكن صراحي سيبقى: آه يا قفا العالم، آه يا عذوبة الأشياء المنكرة.

Der Skorpion wird als Heimat gemalt. Der Frosch trägt die Maske der Geschichte. Der Ruhm wird von Satîh und dem Vogel Roch verzeichnet – aber mein Schrei wird bleiben: Ach, Nacken der Welt, ach, Süße verbotener Dinge.

فـوق طفَولة الأرض أكتبُ تاريخنا. لأبجدية المطر أزوَج الحبر، ولْـتـخدشْ وجهي أظفار الشمس، وليفرح قايينُ بحفيده.

Ich schreibe unsere Geschichte auf die Kindheit der Erde. Das Alphabet des Regens vermähle ich mit der Tinte – mögen die Fingernägel der Sonne mein Gesicht zerkratzen, möge sich Kain über seinen Enkel freuen.

٦

6

حجرٌ تحتَ أقدامنا يعلو، يعلو. جرسٌ أخضر في خطوات النهار. نجمة جلست عند البحر، تركت لنا جلدها وغابت. ثمة حرذون يغازل السماء.

Ein Stein unter unseren Füßen steigt höher und höher. Eine grüne Glocke in den Schritten des Tags. Ein Stern setzte sich ans Meer, ließ uns seine Haut

ثمة جبلٌ ينبعُ
دخاناً وثلجاً. ثمة ساعةٌ لا تأتي.

من كهوف الحجر أيها الشاعر اخرجْ. مع الفأر
والسمندل والحباحب اخرجْ. واشهدْ لشعراءٍ
يسكنون وطناً لا اسم له، وطناً منفوخاً بالجثث.

لشعراء يقرأون قصائدهم للعشب.
– أخرجْ واشهدْ للشعراء –

بعد القناديل هاويةُ الأجنحة، بعد البحر موت
الفُجاءة.

٧

ذاهلٌ تحت شاشة الرؤيا، مأخوذٌ بالرفض – يا
رجل! قل لنا آيةً تأتي ...

أغنيـة

النواقيس على أهدابنا
واحتضارُ الكلماتْ
وأنا بين حقول الكلماتْ
فارسٌ فوق جوادٍ من ترابْ
رئتي شعري وعيناي كتابي.
وأنا تحت قشور الكلماتْ
في ضفاف الزبد المؤتلقه
شاعرٌ غنّى فماتْ
تاركاً تحت وجوه الشعراءْ
للعصافير لأطراف السماءْ
هذه المرثيةَ المحترقه.

zurück und ging unter. Eine Eidechse, die mit dem Himmel flirtet. Ein Berg, der als Schnee und Rauch hervorquillt. Eine Stunde, die nicht sein wird.

Heraus aus den Höhlen des Steins, Dichter! Mit der Maus, dem Salamander und dem Glühwurm geh hinaus! Und lege Zeugnis ab für die Dichter, deren Heimat namenlos ist, deren Heimat von toten Körpern aufgedunsen ist.

Für die Dichter, die ihre Gedichte dem Gras vortragen
Geh hinaus und lege Zeugnis ab für die Dichter –

Nach den Lampen kommt der Abgrund der Flügel, nach dem Meer kommt der plötzliche Tod.

7

Wie betäubt unter der Bildfläche der Vision, von der Verweigerung ergriffen – o Mensch! Nenne uns ein kommendes Zeichen ...

LIED

Die Glocken auf unseren Wimpern
Das Grünen der Worte
Und ich zwischen ihren Feldern
Bin ein Ritter auf einem Roß aus Staub
Meine Lungen sind meine Dichtung
Meine Augen sind mein Buch
Ich bin unter der Rinde der Worte
An den funkelnden Ufern des Schaums
Ein Dichter, der sang und dann starb
Der unter dem Antlitz der Dichter
Den Vögeln und Grenzen des Himmels
Diese verbrannte Totenklage hinterließ.

كتاب التحـولات والهجـرة في أقاليم النهار والليل

DAS BUCH DER VERWANDLUNGEN UND DES AUSZUGS IN DIE GEFILDE DES TAGES UND DER NACHT

زهرة الكيمياء

Die Blume der Alchimie

«كلما اتسعت الرؤية ضاقت العبارة»

»Je größer die Vision, desto schwieriger ist es, sie auszudrücken.«

«وقال لي اقعد في ثقب الإبرة ولا تبرح، وإذا دخل الخيط في الإبرة فلا تمسكه، وإذا خرج فلا تمده، وافرح فإني لا أحب إلا الفرحان».

»Er sagte mir: Nimm im Nadelöhr Platz und rühre dich nicht von der Stelle, und wenn der Faden in die Nadel hineingleitet, fasse ihn nicht an, und wenn er hinausgleitet, straffe ihn nicht; freue dich, denn ich liebe nur den Frohen.«

النِّفَّري

an-Niffarî

Die Blume der Alchimie

Ich sollte im Paradies der Asche reisen
Zwischen seinen geheimen Bäumen
In der Asche sind die Mythen, die Diamanten, das Goldene Vlies.

Ich sollte im Hunger reisen, in der Rose, der Ernte entgegen
Sollte reisen, mich ausruhen
Unter dem Bogen der verwaisten Lippen.

In den verwaisten Lippen, in ihrem verletzten Schatten
Blüht die alte Blume der Alchimie.

Das gefangene Staunen

Ich gehe fort, suche Schatten unter den Knospen und dem Gras
Ich baue eine Insel
Verbinde den Ast mit den Gestaden
Und wenn die Häfen untergehn und sich die Striche schwärzen
Ziehe ich das gefangene Staunen an
Im Flügel des Schmetterlings
Hinter der Festung der Ähren und des Lichts
In der Heimstatt der Fröhlichkeit.

Der Baum des Tages und der Nacht

Bevor der Tag kommt, komme ich
Bevor er nach seiner Sonne fragt, leuchte ich.

وتجيءُ الأشجارُ راكضةً خلفي، وتمشي في ظلِّي الأكمامُ	Und die Bäume laufen hinter mir her
	Die Blütenkelche wandeln in meinem Schatten
ثمَّ تبني في وجهيَ الأوهامُ	Dann baut in meinem Antlitz die Phantasie
جُزُراً وقلاعاً من الصَّمْتِ يجهل أبوابها الكلامُ	Inseln und Schlösser aus Schweigen
	Deren Tore die Rede nicht kennt
ويضيءُ الليلُ الصّديقَ، وتنسى نفسَها في فراشيَ الأيامُ	Und die freundliche Nacht leuchtet
	Sich selbst vergessen in meinem Bett die Tage.

ثمَّ، إذ تسقطُ الينابيعُ في صدري، وترخي أزرارَها وتنامْ	Wenn dann in meiner Brust die Quellen sinken
	Ihr Kleid aufknöpfen und schlafen gehen
أوقظُ الماءَ والمرايا، وأجلو مثلها، صَفْحةَ الرُّؤى، وأنامْ	Wecke ich das Wasser und die Spiegel, poliere
	Wie sie, die Fläche der Träume und gehe schlafen.

كنيسة النهار   DIE KIRCHE DES TAGES

صارتْ ليَ الكؤوسُ والأكمامْ وسادةْ	Mir wurden Stempel und Blütenkelche
	Ein Kissen
حُلْماً على الوسادةْ،	Ein Traum auf dem Kissen.

من زمَنِ الولادةْ	Seit der Zeit der Geburt
في غابةِ الرَّضاعِ والفطامْ	Im Wald von Brust und Entwöhnung
أنقلُ أجراسيَ في الليل إلى كنيسة النّهارْ:	Bringe ich nachts meine Glocken in die Kirche des Tags:
ألَنْسَغُ قداسي بين الطَّلْعِ والثِّمارْ	Der Saft ist meine Messe zwischen Blütenstaub und Früchten
والورقُ العمادةْ	Und meine Taufe ist das Laub.

شجرة الشرق   DER BAUM DES OSTENS

صرتُ أنا المرآةْ:	Ich wurde der Spiegel:
عكست كل شيءْ	Spiegelte alles
غيَّرتُ في نارِك طقسَ الماءِ والنَّباتْ	Verwandelte in deinem Feuer das Ritual des Wassers und der Pflanzen
غيَّرتُ شكلَ الصّوتِ والنداءْ	Verwandelte die Gestalt der Stimme und des Rufs.
صرتُ أراكَ اثنينْ:	Ich begann, dich als zwei zu sehen:
أنت وهذا اللؤلؤُ السّابحُ في عينيّ	Dich und diese schwimmende Perle im Augenpaar.

صِرتُ أنا والماء عاشقَين:
أُولَدُ باسْمِ الماءِ
يُولَدُ في الماءِ

Ich und das Wasser wurden zwei Liebende:
Ich werde im Namen des Wassers geboren
Das Wasser wird in mir geboren.

صِرتُ أنا والماء تَوْأمَين.

Ich und das Wasser wurden ein Zwillingspaar.

الإشـارة

DAS ZEICHEN

مَزَجتُ بينَ النَّارِ والثُّلوجْ –
لن تَفهمَ النِّيرانُ غاباتي ولا الثُّلوجْ

Ich habe das Feuer mit dem Eis gemischt –
Weder Brände noch Eis werden meine Wälder
  verstehen.

وسوف أبقى غامضاً أليفاً
أسكنُ في الأزهار والحجاره
أغيبُ
أستقصي
أرى
أموجُ
كالضَّوءِ بين السِّحرِ والإشارهْ.

Ich werde unbegreiflich bleiben, zahm
In Blumen und Steinen wohnen –
Entweichen
Forschen
Sehen
Wogen
Wie das Licht zwischen Zauber und Zeichen.

شجرة الحنايا

DER BAUM DES INNERSTEN

في حقولِ الكآبةِ، في العشبِ أرسمُ أيامي
الحَجَريةْ
كاسراً صفحةَ المرايا
بين شمسِ الظهيرةِ والماءِ في البرْكةِ الآدميَّةْ

Auf den Feldern der Schwermut, auf dem Gras
Zeichne ich meine steinernen Tage
Und zerschlage der Spiegel Glas.
Zwischen der Sonne des Mittags
Und dem Wasser im menschlichen Weiher.

سنواتي تهاجرُ كالجوعِ تنهارُ في غابة الحنايا
سَنَواتٌ ...
رأيتُ مناقيرها تَتَشابكُ، تنهارُ في غابةِ الحنايا
بين أعشاشِها الأبديَّةْ.

Meine Jahre wandern aus wie der Hunger
Brechen zusammen in des Innersten Wald.
Meine Jahre ...
Ich sah ihre Schnäbel sich verschwistern
Zusammenbrechen in des Innersten Wald
Zwischen ihren ewigen Nestern.

Der Feuerbaum

شجرة النار

عائلةٌ من ورَقِ الأشجارْ
تجلس قرب النَّبعْ
تجرحُ أرضَ الدَّمعْ
تقرأُ للماء كتابَ النَّارْ

Eine Familie aus Laub
Sitzt bei einer Quelle
Und verletzt
Die Erde der Tränen
Liest dem Wasser aus dem Buch des Feuers vor.

عائلتي لم تنتظر مجيئي
راحَتْ
فلا نارٌ ولا آثارْ.

Meine Familie wartete nicht, bis ich kam
Sie zog fort
Feuer- und spurlos.

Der Baum des Morgens

شجرة الصباح

لاقني يا صباحُ إلى حقلنا اليائس
في الطريق الى حقلنا اليائس
شجرٌ يابسٌ كم وعدْنا
أن نظلَّ سَريرَيْن، طِفلين، في ظلِّهِ اليابس

Begegne mir, o Morgen, auf unserem verzweifelten
 Feld
Ein vertrockneter Baum steht am Weg
Zu unserem verzweifelten Feld, o wie oft verspra-
 chen wir
Zwei Betten zu bleiben, zwei Kinder, in seinem
 trockenen Schatten.

لاقني، هل رأيت الغُصون سمعتَ نداءَ الغُصون
تركت نسغها كلاماً

Begegne mir, hast du die Zweige gesehen
Das Rufen der Zweige gehört?
Sie ließen ihren Saft Wort sein.

كلماتٌ تشدُّ العيونْ
كلماتٌ تشقُّ الحجارهْ

Worte, die Augen fesseln
Worte, die Steine spalten.

لاقني، لاقني ...
كأنّا التقينا، ونسجْنا الظلاما
ولبسنا – وجئنا – قرعْنا على بابه، رفعنا الستاره
وفَتحنا شبابيكَه وانزوَيْنا في حنايا الجذوع

Begegne mir, begegne mir ...
Als hätten wir uns nun getroffen und die Finsternis
 gewebt
Uns angekleidet und, angekommen, an ihre Tür ge-
 klopft
Ihren Schleier gelüftet, ihre Fenster geöffnet und uns
 zurückgezogen

In das Innerste der Stämme
Und bei unseren Lidern um Hilfe gebeten
Und die Flasche ausgegossen, die Traum und Tränen mischt.

Und so, als könnten wir im Land der Zweige bleiben
Verwirkten wir den Weg zurück.

DER ZAUBERWALD

Also möge es sein:
Die Vögel sind gekommen und die Steine
Schlossen sich den Steinen an
Also:
Ich wecke die Straßen und die Nacht
Und wir gehen in der Prozession der Bäume.

Die Äste sind grüne Koffer und die Träume ein Kissen
Auf den Urlaubsreisen
Wo der Morgen seltsam bleibt
Wo sein Gesicht
Ein Siegel auf meinen Geheimnissen bleibt.

Also:
Ein Strahl wies mir den Weg, mich rief eine Stimme
Vom äußersten Ende der Mauer …

DER WIMPERNBAUM

… und als ich mich ergab auf der Insel der Augenlider
Zu Gast bei Muscheln und Krügen
Sah ich, das Schicksal ist eine Karaffe
Mischt Wasser und Funken
Und gesteht dem Menschen zu
Ein Mythos zu sein oder das Feuer eines Mythos.

وكنتُ محمولاً على الغصونْ
في غابةٍ بيضاءَ مسحورهْ
نهارُها المنذورُ للجنونْ
مدينتي، والليلُ مقصورهْ.

Ich wurde auf Zweigen getragen
In einem weißen, verwunschenen Wald
Dessen Tag, dem Wahn geweiht
Meine Stadt ist, und mein Gemach die Nacht.

شجرة الكآبة

DER BAUM DES KUMMERS

ورقٌ يتقدمُ يرتاحُ في حفْرةِ الكتابَهْ
حاملاً زهرةَ الكآبَهْ
قبل أن يُصبحَ الكلامُ
صَدَأً
يتناسلُ في قشْره الظلامُ

Blätter schreiten voran
Ruhen aus in der Kerbe der Schrift
Die Blume des Kummers tragend
Bevor das Wort Rost wird
Vermehrt sich in ihrer Hülle die Finsternis.

ورقٌ سائحٌ يتقدمُ يرتادُ أرض الغرابْ
غابةً بعد غابْ
حاملاً زهْرةَ الكآبةْ ...

Zugblätter schreiten voran
Erkunden die Seltsamerde
Wald um Wald
Die Blume des Kummers tragend ...

إقليم البراعم

DAS GEFILDE DER KNOSPEN

مرَّ هنا إيكارْ
خيَّمَ تحت الورق الشاحب شمَّ النَّارْ
في غرفِ الخضرة في البراعم الوديعهْ

Hier kam Ikaros vorbei
Zeltete unter dem blassen Laub, roch das Feuer
In den Zimmern des Grüns, in den zarten Knospen.

وهزَّ،
هزَّ الجِذْع، واستجارْ
والتفَّ كالوشيعهْ
ثمَ انتشى وطارْ ...

Und er schüttelte
Schüttelte den Stamm, und er bat um Hilfe
Kreiselte spindelgleich
Wurde berauscht, flog ...

لم يحتَرقْ – لمَّا يعُدْ إيكَارْ

Er ist nicht verbrannt – Ikaros kommt noch nicht wieder.

(١٩٦٣) (1963)

Der Falke الصقر

»وأقبلت الخيل فصاحوا علينا من الشط: ارجعا لا بأس عليكما، فسبحت، وسبح الغلام أخي، فالتفتُ اليه لأقوي من قلبه، فلم يسمعني واغترّ بأمانهم وخشي الغرق، فاستعجل الانقلاب نحوهم، وقطعتُ أنا الفرات، ثم قدموا الصبي أخي الذي صار اليهم بالأمان فضربوا عنقه ومضوا برأسه، وأنا أنظر اليه وهو ابن ثلاث عشرة سنة، ومضيت الى وجهي: أحسب أني طائر وأنا ساع على قدمي«.

»Die Pferde kamen näher, und vom Ufer riefen sie uns zu: Kommt zurück ihr beiden, euch soll nichts geschehen. Aber ich schwamm, und mein kleiner Bruder schwamm auch. Ich wollte ihn ermutigen und drehte mich zu ihm um, doch er hörte mich nicht, und vor lauter Angst, zu ertrinken, ließ er sich von ihren Versicherungen blenden und kehrte schnell zu ihnen zurück, während ich den Euphrat durchschwamm. Da liefen sie auf meinen kleinen Bruder zu, der ihnen gutgläubig entgegenkam, und als ich zu ihm hinblickte, schlugen sie diesem dreizehnjährigen Jungen den Kopf ab und trugen ihn fort. Ich aber rannte geradewegs weiter und fühlte mich wie ein Vogel, so schnell liefen meine Beine.«

عبد الرحمن الداخل
(صقر قريش)

Abd ar-Rahmân ad-Dâkhil
(Der Falke der Koraish)

Die Tage des Falken

أيام الصقر

Zwischen Beute und Reiter, über meinem Gesicht
Kamen die Lanzen zur Ruhe
Mein Leib wälzt sich hinab
Der Tod ist sein Treiber und die Winde
Baumelnde Leichen und ein Totengesang –
Als wäre der Tag
Ein Stein, der das Leben durchdrang
Als wäre der Tag
Eine Prozession aus Tränen.

Stimme, wechsle den Klang
Ich höre das Rauschen des Euphrat:

– »Koraish ...
Karawane, die nach Indien zieht
Die Flamme des Ruhmes bringend.«

... und der Himmel ist auf die Wunde gebreitet, die Ufer
Flüstern einander zu, dehnen sich aus:
Das Ufer und ich
Wir haben eine gemeinsame Sprache
Zwischen uns lebt ein Gespräch
Die Kraniche haben es ausgebrütet
Und ziehen damit wie ein Segel zwischen uns hin und her –

(O Euphrat, sei mir Brücke, sei mir Maske)

Ich sank auf den Grund

Stimme, wechsle den Klang
Ich höre das Rauschen des Euphrat:

– »Koraish ...
Perle, die von Damaskus strahlt
Versteckt in Sandelholz und Olibanum
Die Feinste im Libanon
Und Schönste, die der Orient hat...«

… und ich, in den Weiten der Grillen
Unter verwundeten Wolken
Ein Stein mit lahmen Flügeln
Ein Stein mit abgestorbenen Federn
Der Tod sattelt seine Pferde
Und das Blutopfer stellen
Flatternde Pelikane.

Stimme, wechsle den Klang
Ich höre das Rauschen des Euphrat:

– »Koraish …
Nichts bleibt von den Koraish
Als das Blut, das wie ein Speer hervorschießt
Nichts als die Wunde bleibt.«

O Steppen, öffnet die Flügel eurer rostigen Tore:
Ich bin ein König, mein Zehnt sind die Weiten
Meine Schritte sind mein Reich
Ein König, rücke ich vor, gründe meine
    Eroberungen
Auf dieses ewige Eis, auf den Widerstand.

Ich weiß, den Sand zu verwunden
Und eine Palme in seine Wunde zu pflanzen
Ich weiß, die getöteten Weiten zu erwecken
Und der Weg wälzt seine Schrecken und wird eng
Und der Weg, das sind Spiegel
Bücher und Spiegel
Ich durchsuche seine Ecken
Durchforsche sie genau
Ertaste in ihnen die Reste
Eines Ritters, der die Schritte liebte
Und lese das Gras, die Palmen, die Schritte
Den Horizont, den ein kurzes Seufzen webte
Dort wo der Brand sich nicht legte
Und die Schritte des Prinzen nicht enden.

In den Klüften suchte ich Schatten
Ertastete die Minuten
Schüttelte die Brust der Wüsten

سرتُ أمضي من السَّهم أمضي
عَقَرْتُ الحصى والغبار
كانت الأرضُ أضيقَ من ظلِّ رمحي – متُّ
سمعتُ العقاربَ كيف تصيحُ، هديتُ القطا في المجاهل –
متُّ، انحنيتُ على الأرض أكثر صبراً من الأرض – متُّ
انكببْتُ على كاهلِ الريحِ
صلَّيتُ
وشوشت حتَّى الحجارْ
وقرأتُ النجومَ، كتبت عناوينَها ومحوتُ
راسماً شهْوتي خريطةْ
ودمي حِبْرُها وأعماقيَ البسيطة.

Lief schneller als die Pfeile flogen, schärfer
Und verwundete die Kiesel und den Staub.
Die Erde war schmaler als der Schatten meiner Lanze – ich starb
Ich hörte die Skorpione rasseln
Führte Wachteln durch fremde Gefilde, geduldiger als die Erde, über sie geneigt –
Ich starb und stürzte auf des Windes Rücken
Vollzog das Gebet
Flüsterte selbst zu den Steinen
Las in den Sternen
Schrieb ihre Namen nieder und löschte sie
Zeichnete als Landkarte meine Begierde
Mit meinem Blut als Tusche und meinen Tiefen als Erde.

ساهرٌ بين جذري وأغصانهِ والمياهِ نضبتْ،
والتَّوابعُ مملوءةُ الجباهْ
زهراً يابساً وقبوراً وديعة،
صاعدٌ لبروج التحوُّل حيث الفجيعة
حيث يسَّاقط الرَّمادْ
حيث يستيقظُ النشيجُ وينطَفىءُ السَّندبادْ.

Schlaflos zwischen meiner Wurzel und den Ästen
Die Wasser sind versickert
Und meine Feen tragen auf den Stirnen
Vertrocknete Blumen und sanfte Gräber
Ich ersteige die Türme der Verwandlung, des Unheils Haus
Wo die Asche niederregnet
Wo das Schluchzen losbricht
Wo Sindbad erlischt.

لو أنَّني أعرفُ كالشَّاعر أن أُغيِّرَ الفصولْ
لو أنَّني أعرف أن أكلِّمَ الأشياءْ،
سحرتُ قبر الفارس الطفل على الفراتْ
قبر أخي في شاطىء الفرات
(مات بلا غسل ولا قبر ولا صلاة)
وقلتُ للأشياء والفصولْ
تواصَلي كهذه الأجواءْ
مُدِّي ليَ الفراتْ
خلِّيهِ ماءً دافقاً أخضرَ كالزيتونْ
في دمي العاشق في تاريخي المسنون.

Verstünde ich wie ein Dichter, die Jahreszeiten zu ändern
Verstünde ich wie ein Dichter, zu den Dingen zu sprechen
Ich verzauberte das Grab des kindlichen Ritters auf dem Euphrat
Das Grab meines Bruders am Ufer des Euphrat
(Er starb ohne Waschung, ohne Grab und Gebet)
Und sagte zu Dingen und Jahreszeiten
Verbindet euch wie diese Sphären
Breitet mir hin den Euphrat
Laßt ihn grün wie Oliven, als reißendes Wasser
In meinem liebenden Blut
In der Schärfe meiner Geschichte strömen.

لو أنَّني أعرف كالشاعر أن أشارك النَّبات أعراسَهْ،
قَنَّعْتُ هذا الشجر العاري بالأطفالْ،
لو أنَّني أعرف كالشاعر أن أدجِّنَ الغرابَهْ
سَويتُ كلَّ حجرٍ سحابة
تمطر فوق الشَّام والفرات،
لو أنَّني أعرف كالشاعر أن أُغَيِّرَ الآجالْ
لو أنَّني أعرفُ أن أكون
نبوءة تُنذر أو علامةْ،
لصحتُ يا غمامَهْ
تكاثفي وأمطري
باسمي فوق الشَّام والفرات
باللهِ يا غمامَهْ ...

ألسماءُ انفَتحتْ
صار التُّرابْ
كتباً، واللهِ في كل كتابْ
ساهرْ
لم يبق في وجهي صخرٌ نائمْ، لم يبق في عيني
سرابْ،-
علامةٌ تأتي من الفرات:
أنا هو الساكنُ في طوقكِ يا حمامَهْ
في سِرْبكَ الرَّاحل يا خطَّافْ
أنا هو الواضعُ كالعَرَّافْ
رؤياهُ والعلامةْ
في الأفق في لغاتهِ الكثيرهْ
أنا هو الفراتُ والجزيرة.

علامةٌ ...
مهلكَ يا حَنيني ...
ألصَّقرُ في باديةِ العروقِ في مدائنِ السَّريرهْ
ألصَّقرُ كالهالةِ مرسومٌ على بوابةِ الجزيرهْ
والصقرُ تطريزٌ على عباءةِ الصحراءْ
والصقرُ في الحنينِ في الحيرةِ بين الحلمِ والبكاءْ
والصقرُ في متاههِ، في يأسهِ الخلَّاقْ
يبني على الذروةِ في نهايةِ الأعماقْ
أندلسَ الأعمـاقْ

Verstünde ich wie ein Dichter, an der Pflanzen Hochzeit teilzuhaben
Ich verhüllte diesen nackten Baum mit Kindern
Verstünde ich wie ein Dichter, die Fremdheit zu zähmen
Ich würde alle Steine zu Wolken erweichen
Um Syrien und den Euphrat zu laben
Verstünde ich wie ein Dichter, die letzte Frist zu verbrämen
Verstünde ich, eine warnende Prophezeiung zu sein, ein Zeichen
Ich riefe, o Wolke
Balle dich und regne
In meinem Namen über Syrien und dem Euphrat
Bei Gott, o Wolke ...

Der Himmel tat sich auf
Der Boden wurde zu Büchern
In jedem Buch wacht Gott
In meinem Antlitz schläft kein Felsen mehr
In meinen Augen blieb kein Trugbild mehr
Ein Zeichen kommt vom Euphrat:
Ich bin es, Taube, der in deinem Halsband wohnt
In deinem Schwarm, der fortzieht, o Schwalbe
Ich bin es, der wie ein Seher
Seinen Traum und das Zeichen
In den Horizont
In seine zahlreichen Sprachen legt
Ich bin der Euphrat und die Djazîra.

Ein Zeichen ...
Sachte, meine Sehnsucht ...
Der Falke in der Steppe der Adern
In des Mysteriums Städten
Der Falke als Glorienschein am Portal der Djazîra
Der Falke als Stickerei auf dem Umhang der Wüste
Der Falke in der Sehnsucht, schwankend zwischen Traum und Tränen
Im Labyrinth, im schöpferischen Verzweifeln
Der Falke baut auf dem Gipfel, in der Tiefen Grund

أندلسَ الطّالعِ من دمشقْ
يحمل للغربِ حصادَ الشّرقْ.

يكتبُ الصقرُ للفضاءِ لمجهولهِ السّخيّ
سائلاً عن مكانٍ، كشريانِهِ نقيّ
يومىءُ الصّقرُ للصقورْ –
مُتعَبٌ، حملَتهُ متاهاتُهُ، حملتهُ الصخورْ
فحنا فوقها، يُغذّي متاهاتهِ ويغذي الصخورْ
وجهُهُ يتقدمُ والشمسُ حُوذيّهُ،
والفضاءُ
موقدٌ،
والرياحُ عجوزٌ تقصُّ حكاياتها،
والصّقورْ
موكبٌ يفتحُ السماءْ:

يرفعُ كالعاشقِ في تفجّرٍ مَريدْ
في ولهِ الصّبْوةِ والإشراقْ
أندلسَ الأعماقْ
يرفعُها للكونِ – هذا الهيكلُ الجديدْ
كلُّ فضاءٍ باسمهِ كتابْ
وكلُّ ريحٍ باسمهِ نشيدْ.

(ربيع ١٩٦٢)

Das Andalusien der Tiefen
Ein Andalusien, das von Damaskus aufsteigt
Und dem Westen die Ernte des Ostens bringt.

Der Falke schreibt den Weiten, dem großzügigen
    Unbekannten
Und fragt nach einem Ort, der so rein ist wie sein
    Blut
Der Falke winkt den Falken –
Erschöpft ist er, von seinen Labyrinthen, von den
    Felsen getragen
Darüber geneigt, nährt er sie, seine Labyrinthe und
    Felsen
Sein Antlitz rückt vor, die Sonne ist sein Treiber
Und die Weiten
Sind sein Lagerfeuer
Die Winde sind eine Alte
Die ihre Geschichten erzählt
Und die Falken –
Eine Prozession, die den Himmel erobert.

Wie ein Liebender, im rebellischen Bersten
In der Leidenschaft von Jugend und Erleuchtung
Errichtet er das Andalusien der Tiefen
Erbaut er für die Welt diesen neuen Tempel
Und alle Weiten sind ein Buch in seinem Namen
Und alle Winde sind in seinem Namen Sang.

(Frühjahr 1962)

فصـل الأشجار   Das Kapitel der Bäume

(مرثيات الصقر وشواهد قبره)   (Totenklagen und Grabsteine für den Falken)

Ein Baum

Die Hungernden pflanzten
Einen Wald für die Hoffnung.
Darin wurde das Weinen
Baum und die Äste
Heimat für die schwangeren Frauen,
Heimat für die Ernte.

Jeder Zweig ein Fötus
Schlafend unter dem Himmelszelt
Grün, ein Zauberer des Wehklagens
Floh er aus dem Aschenwald
Aus den Unglückstürmen
Das Stöhnen der Hungernden tragend
Bei der Natur sich beklagend.

Ein Baum

Jeden Tag
Stirbt abseits der Gemächer ein Kind, stirbt
Sein Gesicht in die Ecken säend
Als ein Gespenst, vor dem die Häuser herlaufen.

Jeden Tag
Steigt aus dem Grab ein trauriges Phantom
Heimkehrend aus dem Gallenland, den fernsten
  Fernen
Und besucht die Stadt – Plätze, Hospizen –
Zerschmelzend wie Blei.

Jeden Tag
Kommt aus der Wüste die Fee der Hungernden
Ein Zeichen ist auf ihrem Gesicht –
Eine Blume oder eine Taube.

شجرة	EIN BAUM

يجهلُ أن يزيّنَ السيوفَ بالأشلاءْ	Er weiß nicht, wie man die Schwerter mit Gliedern schmückt
يجهل كيف تبرقُ الأنيابْ.	Er weiß nicht, wie Zähne blecken.

يأتون في نهرٍ من الرؤوس والدّماءْ	Sie aber kommen auf einem Fluß aus Köpfen und Blut
ويصعدون الحائط القصيرْ	Erklettern die kleine Mauer
وهو وراءَ البابْ	Während er hinterm Tor steht
(يحلمُ أن يظلَّ كالأطفال خلف البابْ)	(Träumend wie die Kinder hinter den Toren zu bleiben)
يقرأ فصل الجائع الأخيرْ.	Und das Kapitel vom letzten Hungernden liest.

شجرة	EIN BAUM

سقطت نَجمتانْ	Zwei Sterne fielen
فوق رأس الغريب المسافر، مَرّت سحابةْ	Über dem Haupt des reisenden Fremden
فهوَى، يأَخذ التحيّةْ	Eine Wolke kam vorbei
نخلةً تتقصفُ والدّمع ينقِشُ أوراقها الذهبيّةْ.	Sank und nahm den Gruß entgegen
	Wie eine knickende Palme
	Deren goldene Blätter von Tränen bemalt sind:

نَخلةٌ علّمتها الكآبةْ	Eine Palme, von der Schwermut belehrt
أنّها تُرجمانْ	Ein Mittler zu sein
أنها دفتر عربيُّ الكتابة	Ein Heft in arabischer Schrift
علّمتهُ الكآبةْ	Von der Schwermut belehrt
في سياج الحدود الخفيّةْ	Im Schutzwall der geheimen Grenzen
أنّهُ أول المكانْ	Der erste Ort zu sein
والرياحُ البقيّةْ.	Und die restlichen Winde.

شجرة	EIN BAUM

قلتُ لكَ: استيقظْ رأيتُ الماءْ	Ich sagte dir: Wach auf, ich habe das Wasser gesehen
طفلاً يسوقُ الريحَ والحِجارْ	Ein Kind, das den Wind treibt und die Steine.
وقلتُ: تحتَ الماء والثّمارْ	Ich sagte: Unter dem Wasser und den Früchten

تحت غشاء القمحْ	In der Hülse des Weizens
وسوسةٌ تحلمُ أنْ تكونْ	Träumt ein Flüstern, es sei
أنشودةً للجرحْ	Eine Hymne für die Wunde
في ملكوتِ الجوع والبكاءْ ...	Im Reich des Hungerns und Weinens ...
انهضْ، أناديكَ، عرفتَ الصوت؟	Steh auf, ich rufe dich, kennst du die Stimme?
أنا أخوك الخضرْ	Ich bin dein Bruder, der Khidr
أسرج مُهْرَ الموتْ	Ich sattle das Fohlen des Todes
أخلع باب الدهرْ.	Und reiße die Tür des Schicksals auf.

شجـرة   EIN BAUM

لم أحمل الرمحَ ولم أُجَوِّفْ رأساً،	Ich trug die Lanze nicht und höhlte keinen Kopf
وفي الصّيفِ، وفي الشتاءْ	Und im Sommer und Winter
أرحلُ كالعصفورْ	Ziehe ich fort wie ein Vogel
في نهر الجوع ... إلى مَصبّهِ المسْحورْ؛	Auf des Hungers Fluß ... zu seiner magischen Mündung.
مملكتي تلبسُ وَجهَ الماءْ:	Das Antlitz des Wassers kleidet mein Reich:
أملكُ في الغيابْ	Ich herrsche in der Abwesenheit
أملك في الدهشة والعذابْ	In der Verblüffung und der Qual
في الصحو أو في النّوْءْ	Bei klarem Himmel und im Orkan
لا فرق إن دنوتُ أو نأيتْ –	Gleich, ob ich nah bin oder fern –
مملكتي في الضوءْ	Mein Reich ist im Licht
والأرضُ بابُ البيتْ.	Und die Erde meines Hauses Tür.

شجـرة   EIN BAUM

كان ينادي، يجمعُ الهواءْ	Er rief die Lüfte zusammen
يحمل من كل فضاءٍ عِرْقْ	Brachte aus allen Sphären einen Sproß
ينسجُ للغرب رداء الشرقْ؛	Wob für den Westen den Mantel des Ostens.
(ينزلُ عيسى حانياً عليه	(Jesus kommt herab, sich vor ihm neigend
أخضر كالجمانْ	Grün wie Perlen
ينزلُ في المنارة البيضاءْ	Kommt er herab zum weißen Minarett
في الجانب الأيمن من دمشقْ	Auf der rechten Seite von Damaskus

Und tötet den Teufel
Auf der rechten Seite von Damaskus.)

Und als auf seinem Weg das Schwarz erstrahlte
Änderte er die Namen
Liebte, die starben und die kommen
Und ließ die Lebenden allein.

Ein Baum

Der Morgen eilte mir entgegen
Und die Winde trugen mich
Nachdem mein Grab gegangen war
Ich es verabschiedet hatte und heimgekehrt war.

Alles kehrt wieder:
In den Blumen sind die Richter
Und im Wasser versammeln sich die Abgesandten
(Unter den Zeugen war
    ein Baum, in dem sich Föten und Tote
    vermehrten
Das Unheil war unter den Anwesenden.)

Und ich hörte, wie die Äste
Ihre Gesetze verlasen – da unterwarf ich mich
Und kleidete mich in die Natur.

Ein Baum

Djairûn hat ein Tor aus Rosen
In dessen Duft die Passanten baden
Es hat ein Zelt für die Wunden
Und einen Wald für den Morgen
All seine Äste sind Brücken
Denen die Augen bis zur Überfahrt der Winde
Zu einem anderen Morgen folgen ...
Und die Nächte sind Häuser aus Traum

Besucht von Erschöpften
Die ihre Psalmen verwunden
Das Buch des Wassers und des Staubes lesen
Und die treuen Tränen in Perlen
Lorbeerkränze und Kolliers verwandeln
In eine Wunde aus Rosen
In deren traurigen Quellen
Die Passanten baden.

Ein Baum

Er wurde in Myrrhe gehüllt
In transparente Angst, in ein tiefes Geheimnis
In Schweigen und helles Zerreißen.
Es hieß: Nach dem Grab spaltete er das Grab
Warf seinen Tod fort und flog
Um nach einer Mutterschaft zu suchen
In der Heimat des Menschen.

Es hieß: Eine arme Ehefrau
Hier hinter dem kleinen Hügel
War schwanger
Und zwischen Tag und Nacht
Im Schweigen, im hellen Zerreißen
Wartete sie auf das Kind, das kommen soll.

(April 1963 – April 1964)

تحولات العاشق DIE VERWANDLUNGEN DES LIEBENDEN

... هن لباس لكم وأنتم لباس لهن. »Die Frauen sind wie ein Kleid für euch, und ihr seid wie ein Kleid für die Frauen.«
قرآن كريم Der Heilige Koran (2:187)

الجسدُ قبةُ الروح. »Der Leib ist das Mausoleum des Geistes.«
القديس غريغوار بالاماس St. Gregor Palamas

1

Ihr Name lief schweigend in den Wäldern der
   Buchstaben
Und die Buchstaben sind Bögen und Tiere wie Samt
Ein Heer, das mit Flügeln und Tränen schlägt
Die Luft hatte sich niedergekniet
Und der Himmel war ausgestreckt wie Hände.
Plötzlich
Grünte eine seltsame Pflanze
Und es nahte der Teich, der hinter den Wäldern war.
Ich sah Früchte Arm in Arm wie Kettenglieder
Und die Blumen begannen zu tanzen
Ihre Füße und Fasern vergessend
Und mit dem Schweißtuch verstärkt.
Die Ellenbogen, die Muskeln, die Gesichter waren
   Reste eines Banketts für einen Tag, der siechte
   und starb
Und Geladene, deren Namen noch nicht geboren
   waren ...

(Ich sah, wie ein Zug weißer Pferde durch den Him-
mel galoppierte – und lief schreiend fort: »Eine
Schlange läuft hinter mir.« Ich schrie wieder und
wieder: »Eine Schlange, so lang wie eine Palme.«

Aber die Pferde waren sehr schnell und hörten mich
   nicht.
Ich sagte mir:
Ich nehme ein Pferd und rette mich.
Ich flehte, doch ich stellte fest: Ich habe keine
   Stimme.
Ich band meine Taille an den Wind der Angst und
   flog mit ihm davon.

Da! Ein Alter, der gut riecht, auf meinem Weg
– »Kannst du mich vor dieser Schlange retten?«

– »Ich bin schwach, und sie ist stärker als ich. Doch auf dem Weg ist jemand, der dich rettet, beeile dich.«
Ich eilte, bis ich zur Luft gelangte.
Der Himmel starrte mich an
Wie ich auftauchte und im Dunkeln verschwand
Während der Wind mich aussprach und wiederholte
Ich hörte die Stimme des Alten von fern:
»Vor dir ist ein Berg voller Schätze des Lebens
Für dich ist darin etwas, das dir hilft und dich rettet.«
Und aus dem Berg hörte ich eine Stimme:
»Lüftet die Schleier und schaut hervor.«
Ich wandte mich um, und auf einmal war der Berg Fenster
Und die Fenster waren Kinder und Mütter. Und ich sah verdutzt: Ein kleines Mädchen, das weinte und sagte, dies ist mein Vater, dann zeigte es auf die Schlange, die die Flucht ergriff.)

Eine Hand langte nach mir
Zog mich und brachte mich an einen Ort
Dessen Alter ich nicht kannte.

Dort erwartete mich ein Bett. An seinem Kopfende saß ein Gespenst, das sich wie ein Busen hervorwölbte, einen Frauenhintern anhatte, eine Brust und was es sonst noch gibt.

Mein Leib erwachte und geriet in Gefangenschaft der Poren, der Augenwinkel, des Nabels und einer zweiten Natur, in der sich zweite Gattungen des Mohns und der Mandragora und anderer Pflanzen der Männlichkeit und Weiblichkeit vermehren.

Und meine Haut begann sich zu wappnen für den Sturz eines anderen Sterns in ihren Falten.

2

Du wächst in alle Richtungen
Wächst in die Tiefen
Du tust dich für mich auf wie eine Quelle
Gibst dich hin wie ein Baum
Und ich
Ich hing an den Türmen des Traums
Zog rings um sie meine Figuren
Ersann Geheimnisse und füllte mit ihnen die
    Löcher der Tage
Ich malte auf deine Glieder die Glut meiner Glieder
Ich schrieb dich auf meine Lippen und meine Finger
Ich ritzte dich auf meine Stirn, wandelte die Buchstaben und das Buchstabieren und vermehrte die Lesarten.

Mein Seufzen war eine Wolke, die den Horizont
    stützt
Ein mit Sonne getünchtes Kleid, das ich webe und
    du trägst
Und die Nacht war ein Licht, das mich zu dir führt
Ich verbarg mich in den Falten deines Kleides
Ich begleitete dich in die Schule
Unsere Schritte stahlen die Glocken der Schwelle
Und wir stahlen uns fort
Ich saß zu deiner Linken in der Klasse
Ich schlief zwischen deinen Wimpern
Und sah dich nicht.

Auf einer Reise warst du, die nicht zu uns führte
Deine Kleider sind Länder
Und die Jahreszeiten sind dein Weg zu mir.

Auf den Stämmen lasen wir unsere Namen
Mit den Steinen purzelten wir hinab
Die Bäume sind Stimmen wie wir
Und der Erdboden ist eine Frucht unter unserer
    Glut
Wir begleiten eine Wolke

نتحدث مع البيوت
والنهار يسير خلفنا مكسوّاً بالعشب
ثم تصعدين بَخوراً صوبَ قاسيون
وفي دَخانكِ أترنح
طيّعاً، أليفاً، ولي طعمكِ الخجول.

Wir unterhalten uns mit den Häusern
Und der Tag läuft in Gras gekleidet hinter uns her
Dann läßt du Weihrauch aufsteigen zum Kâsiyûn
Und ich taumle in deinem Rauch
Gehorsam, zahm, und dein schüchterner
Geschmack gehört mir.

٣ 3

ليبير، ليبيرا، فالّوس ...
خيطٌ من الفجر حامضٌ على العين يوقظنا
أحكمي عقدةَ الجفون.
في جسدينا يرفعُ الضّوءُ تلاله وراياته
واللهبُ يمتدّ وسائدَ وسائدَ
أحكمي عقدةَ الجفون.
النهار يعلن الليل – استيقظي.

Liber, Libera, Phallus ...
Ein Frühlichtfaden, sauer auf dem Auge, weckt uns
Straffe den Knoten der Augenlider
Auf unseren Körpern hißt das Licht seine Hügel
 und Fahnen
Und die Flamme springt über von Kissen zu Kissen
Straffe den Knoten der Augenlider
Der Tag verkündet die Nacht – wach auf!

أخترق سفينةَ جسدي إليك
أستطلع الأرض الغامضة في خريطة الجنس
أتقدّم
أكسو ممرّاتي بالطلاسم والإشارات
أبخّرها بهذياني الأدغاليّ، بالنار والوشم،
أحسبُ نفسي موجة وأظنّكِ الشاطيءَ:
ظهركِ نصفُ قارّةٍ، وتحت ثدييكِ جهاتي الأربع.
أتشجّرُ حولكِ
وأهوي، بينكِ وبيني، نسراً بالآف الأجنحة.
أسمع أطرافكِ الهاذية
أسمع شهقة الخاصرة وسلام الأوراك
يغلبني الحالُ
أدخل صحراء الجزع هاتفاً باسمكِ

Ich durchbreche das Schiff meines Körpers zu dir
Ich erkunde die verborgene Erde auf der Landkarte
 des Geschlechts
Ich schreite voran
Meinen Durchgang kleide ich mit Talismanen und
 Zeichen aus
Ich räuchere ihn mit meinem dickichten Gestammel
Mit Feuer und Tätowierung
Ich halte mich für eine Welle und glaube, du seist
 der Strand:
Dein Rücken ist ein halber Kontinent
Meine vier Himmelsrichtungen sind unter deinen
 Brüsten
Ich bin um dich Baum
Und stürze herab zwischen dir und mir
Als Adler mit abertausend Flügeln
Ich höre deine stammelnden Glieder
Höre das Keuchen der Hüfte und den Gruß der
 Schenkel
Mich überwältigt die Ekstase
Ich betrete die Wüste der Angst, deinen Namen
 rufend

نازلاً إلى الأطباق السفلى
في حضرة العالم الأضيق –
أُشاهدُ النَارَ والدمعَ في صحنٍ واحد
أُشاهدُ مدينة العجب
وتسكر أحوالي
هكذا يقول السيد الجسد.

أيّتها المرأة المكتوبةُ بقلم العاشق
سيري حيثُ تشائين بين أطرافي
قفي وتكلمي:
ينشقّ جسدي وتخرج كنوزي
زحزحي نجومِيَ الثابتة
واستلقي تحت سحابي وفوقه
في أغوار الينابيع وذرى الجبال.
تجتمع حولي أيّام السَّنة
أجعلها بيوتًا وأسَّرة وأدخل كلّ سريرٍ وبيت
أجمع بين القمر والشمس
وتقوم ساعة الحب
أنغمس في نهرٍ يخرجُ منك إلى أرضٍ ثانية
أسمعُ كلاماً
يصير جنائنَ وأحجاراً أمواجاً أمواجاً
وزهراً سماويّ الشوك
هكذا يقول السيد الجسد.

عاليةً عاليةً عالية
صيري وجهِيَ الطالع من كل وجه
شمساً لا تطلع من الشَّرق لا تغيب في الغرب
ولا تستيقظي ولا تنامي ...
أصعد اليكِ هابطاً إليك
أجمع أقاصي همومي وأطرافَها
وأهجم عليك بقلبي
وأقول للوسوسة أن تطوف بي على كل خليّةٍ
فيك.

Hinabsteigend in die unteren Schichten, zur engsten Welt –
Ich betrachte das Feuer und die Tränen auf einem Teller
Ich betrachte die Stadt der Wunder
Und meine Ekstasen sind trunken
So spricht der Herr Körper.

O Frau mit dem Stift des Verliebten geschrieben
Lauf, wohin du willst, zwischen meinen Gliedern
Bleib stehen und sprich:
Mein Körper bricht auf, und meine Schätze quillen hervor
Reiß meine Fixsterne los
Leg dich unter meine Wolken und über sie
In die Tiefen der Quellen, auf die Gipfel der Berge
Um mich versammeln sich die Tage des Jahres
Ich mache sie zu Häusern und Betten
Und gehe in jedes Bett und jedes Haus
Ich verbinde Mond und Sonne
Und die Stunde der Liebe bricht an
Ich tauche in einen Fluß, der aus dir in eine zweite Erde strömt
Ich höre, wie die Rede
Welle für Welle zu kleinen Gärten und Steinen wird
Zu Blumen mit himmlischen Dornen
So spricht der Herr Körper.

Hohe, hohe, hohe
Werde mein Gesicht, das aus jedem Gesicht aufgeht
Eine Sonne, die nicht im Osten aufgeht, die nicht im Westen sinkt
Und erwach nicht und schlaf nicht ...
Zu dir herabkommend, steige ich zu dir hinauf
Ich verbinde die Ränder und Enden meiner Sorgen
Und erstürme dich mit meinem Herzen
Ich sage der Versuchung
Sie solle mich durch jede Zelle in dir führen.

Du stellst dein Bett auf
Oder bereitest ein Lager auf der Erde
Wir pflanzen die Bäume des Körpers
Wir decken uns mit unseren Stimmen zu
Bis die Stunde der Erscheinung schlägt
Der Körper wird sich fremd
Verwandlung hat ihn berührt
Der Schmerz der Gelenke, das Pulsieren der Glieder, die Mechanik der Muskeln und die Pracht der Aktion
Das Sichzusammenziehen, das Schrumpfen, das Ausdehnen
Senkung/Anstieg des Körpers, seine Ebenheit, seine Stufigkeit, seine Krümmungen
Hüft-Erde voll von Sternen und ihren Splittern, von weißglühenden Vulkanen, von Sturzbächen der Widerspenstigkeit und des Verlangens.

Hernach suchen wir Schatten im Pavillon des Beckens
Wo sich der Planet des Geschlechts dreht
Sich die Verwandlung vollzieht
Und deine Brüste Tag und Nacht werden.
So spricht der Herr Körper.

4

Liber, Libera, Phallus ...
(Auf See die Liebe, an Bord des Windes die See, und im Buch des Körpers ist die ganze Welt ein Buchstabe.
– Was hast du gesehen?
– Ein edler Reiter, der sprach: »Alles, was du willst, geschieht.«
Ich nahm den Weizen, säte ihn und sagte, wachse empor, und er wuchs empor. Ich sagte, sei geerntet, und er wurde geerntet. Ich sagte, sei gedroschen, und er wurde gedroschen. Ich sagte, sei gemahlen, und er wurde gemahlen. Ich sagte, sei gebacken, und er wurde gebacken.

Als ich dann sah, daß alles geschah, was ich wollte, fürchtete ich mich, wachte auf, und du warst auf meinem Kissen.
Und du, was hast du gesehen?
– Einen Wind mit Feuerschweifen und dahinter Kinder, die ihn lenken.
– Was noch?
– Einen Hügel, der sich bewegt und aus dem eine trächtige Gazelle hervorbricht.
– Was noch?
– Wir waren zusammen auf einem Schiff, und du warst schwanger. Während wir uns zärtlich umarmten, brach das Schiff entzwei, und wir retteten uns auf eine der Planken, auf der du dein Kind zur Welt brachtest.
Und du riefst: Ich bin durstig, und ich entgegnete: Woher Wasser in unserer Lage? Darauf blickte ich hoch zum Himmel, und plötzlich war eine Gestalt in der Luft, die mir einen Krug Wasser hinhielt. Den nahm ich, gab dir zu trinken und trank Wasser, süßer und besser als Honig.
Und ich sah die Gestalt verschwinden, indem sie sagte: »Ich gab meine Leidenschaft für seine auf, dafür ließ er mich in der Luft wohnen.«)

Aufstrebend wie der Horizont ist mein Körper
Meine Glieder sind Palmen
Du trägst Früchte in mir
Ich werde unter deiner Brust gepflückt, trockne
Und du bist meine Myrrhe und mein Wasser
Jede Frucht ist eine Wunde und ein Weg zu dir
Ich durchquere dich – du bist meine Wohnung
Ich bewohne dich – du bist meine Wellen
Dein Körper ist ein Meer, jede Welle ein Segel
Dein Körper ist ein Frühling, jede Falte eine Taube,
   die meinen Namen gurrt
Du drängst an ihn meine Glieder
In einem Labyrinth, in Trunkenheiten verläuft mein
   Weg.

أرتعبُ أتجاسَرُ	Ich bin ängstlich, ich bin kühn
أستنجدُ بالغابات والبراري	Erbitte Hilfe bei Wäldern und Steppen
بالطّينة الأولى	Beim ersten Lehm.

أتمزّق أنفطر نازلاً إلى أغواره
مليئاً بخلائقَ تشتعل تنطفيءُ تشهق وتزفر
تَخْطفني هاويةٌ منه

Ich werde zerrissen, ich zerbreche beim Abstieg in des Körpers Senken
Voller Kreaturen, die entflammen, verlöschen, stöhnen, keuchen
Ein Abgrund reißt mich von ihnen fort.

أصعد
ألملمُ قلبي المتناثرَ في نهاياتي
أرفعُ بصري إليكِ تنادينني:
»أبطأتَ يا حبيبي أبطأت
جسدي خيمةٌ أنت حبالها وأوتادها،
أبطأتَ يا حبيبي ....«

Ich steige auf
Sammle mein Herz ein, das verstreut ist in meinen Enden
Richte den Blick auf dich, die mir zuruft:
»Du kommst spät, mein Geliebter, spät
Mein Körper ist ein Zelt, du bist seine Pflöcke und Seile
Du bist spät, mein Geliebter ...«

طفلٌ تحت ثيابي يصرخُ الحبّ الحبّ
الشّجرُ مصابيحهُ والهواءُ برجهُ وأجراسه
راكضٌ حبّهُ في قوادم الرّيح
طائرٌ حيث لا حدّ
في اتجاهِ السّماءِ السّماءِ السّماءِ

Ein Kind unter meinem Kleid schreit: die Liebe, die Liebe
Die Bäume sind seine Lampen, und die Luft ist sein Turm und seine Glocken
Seine Liebe fliegt auf den Fittichen des Windes
Dorthin, wo keine Grenzen sind
Himmelwärts Himmelwärts Himmelwärts.

تذكرين
بيتنا واقفٌ على حدةٍ في نسيج الزيتون والتّين
والنبعُ يرة. حوله صغيراً كالبؤبؤ
تذكرين
الخشبُ يرفرف كالفراشات
واللّيل أول الأرض ...

Erinnerst du dich –
Unser Haus stand abseits im Geflecht von Öl- und Feigenbäumen
Wo die Quelle schlummerte, wie ein Augapfel klein
Erinnerst du dich –
Das Holz flatterte wie Schmetterlinge
Und die Nacht war der Anfang der Erde ...

اللّيل ...
عَمّقي فوهةَ الصّدر صيري متاهةً واحضنيني
يكون لي تاريخٌ من الرّعد
سهولٌ يحرثها الرحيل
جزيرةٌ من محابر الجسد

Die Nacht ...
Vertiefe den Krater der Brust
Werde ein Labyrinth und umarme mich
Ich werde eine Geschichte aus Donner haben
Ebenen, die der Aufbruch durchpflügt
Eine Insel aus den Tintenfässern des Körpers

أصِلُ أطرافَها بموتي وأسكن في أوائل الحروف
الليل ...
بين الزَّغب أنصب خيامي
أختلج
أهيِّء عدّة السفر
كلّ خلجة بلادٌ والطُرق مضيئةٌ كأحشائي
ننحني نتوتر نتقابل نتقاطعُ نتحاذى
(أنا لبَاسٌ لكِ وأنتِ لبَاسٌ لي)
تتخمَّر العضلة
وتأخذ البشرة لونَ البنفسج وطعمَ البحر
حيث تومىء اللجّة وتبحر أطرافنا
نسمعُ أنينَ السرائر
نلمحُ عروقَنا تتزيَّا بالموت
نتقوَّسُ ونكبو
آه الماءُ المخلّص الحبُّ
لماذا التَّعبُ الراحةُ يا نسيجاً أكثر تلاصقاً من الماء يا حبّ؟

Ihre Ränder verbinde ich mit meinem Tod und
    bewohne die Anfänge der Buchstaben
Die Nacht ...
In den Daunen errichte ich meine Zelte
Ich erbebe
Ich treffe Vorbereitungen zur Reise
Jede Regung ist ein Land, und die Wege sind hell
    wie mein Innerstes
Wir krümmen uns, wir straffen uns, gegenüber
    stehen wir uns
Wir kreuzen uns, wir laufen parallel
»Ich bin dir ein Kleid, und du bist mir ein Kleid«
Es gärt der Muskel
Und die äußere Haut nimmt die Farbe des Veilchens
    an und den Geschmack des Meeres
Wo seine Tiefe winkt und unsere Glieder in See
    stechen
Wir hören das Stöhnen intimster Gedanken
Wir merken, unsere Adern kleiden sich in den Tod
Wir biegen uns, wir fallen vornüber
Ach das erlösende Wasser, die Liebe
Weshalb die Mühe, die Ruhe, o Gewebe
Das besser aneinanderklebt als das Wasser, o Liebe?

أعراسٌ أعراس
سحرٌ آخر يُضيئنا لا الشَّمس
أعراسٌ أعراس
تفتح وَجهَنا على مدائن السِّحر
تفتح تخومَنا على الجنس
والحلم أرضٌ تدور تحت أهدابنا
يَا للْحُبُّ الآخر في الحبّ
أيُّها البعدُ الذي يبدأ بعد الأبعاد

Hochzeiten, Hochzeiten
Ein anderer Zauber leuchtet uns, nicht die Sonne
Hochzeiten, Hochzeiten
Öffnen unser Antlitz den Zauberstädten
Öffnen unsere Grenzen dem Geschlecht
Und der Traum ist eine Erde, die sich unter unseren
    Wimpern dreht
O der anderen Liebe in der Liebe
O Ferne, die nach den Fernen beginnt.

كمـا خلقتكِ اشتهيتني
كمـا شئتكِ انسكبتِ فيَّ
تدخلينَ في إيقاعي
تدهنين ثدييكِ بكلماتي وتغرقين في قرارة الحب
حيث أرفع مدينتي وأحيا

So, wie ich dich schuf, begehrtest du mich
So, wie ich dich wollte, ergossest du dich in mir
Du trittst in meinen Rhythmus ein
Du ölst deine Brüste mit meinen Worten
Und versinkst in der Liebe Grund
Wo ich meine Stadt errichte und lebe –

Wir leben, und aus den Tiefen der Dinge, die den Haß hegen
Verkünden wir die Liebe.

Wir träumen, daß unsere Wimpern Tintenfässer sind
Und der Tag ein offenes Buch
Wir gingen weiter als der Traum
Wir liebten weiter als das Herz
Dem, der Namen nennt, sagten wir, nenne uns nicht, und wachten auf.
Du bist ein See
Und ich die Wurzel einer Mandragora und voller Erde
Ich ankere an deinen Küsten, und deine Hüfte ist mein Anker.

Welche Flut wartet auf uns?
Mein Atemhauch ist verschlossen wie eine Muschel, und du bist meine Perle und mein Perlentaucher
Dein Gesicht trägt mein Segel, der Raum zwischen unserer Liebe und dem Himmel reicht nicht aus
Ich entdecke das zweite Gesicht des Tages
Ich erblicke die zweite Seite der Nacht

Ich rufe zum Meer: Störrisches, brich wie ein Rohr
Und zum Donner: Höre!
Ich frage:
Ist die Liebe allein der Ort, zu dem der Tod nicht gelangt?
Kann Vergängliches die Liebe lernen?
Und wie benenne ich dich, o Tod?

Zwischen mir und meiner Seele liegt eine Strecke
Auf der mich die Liebe belauert, der Tod belauert
Und der Leib ist meine Taufe.

Aus den Tiefen der vergänglichen Dinge verkünde ich die Liebe
Liber, Libera, Phallus ...
– »Wie hast du mich geheiratet?«

– »Ich lief wild umher und hatte nichts, wo ich wohnen und mich ausruhen konnte. Einmal schlief ich, und als ich aufwachte
War plötzlich auf meinem Kissen eine Frau
Ich erinnerte mich an Eva und die Adamsrippe und wußte, du bist meine Frau.

An jenem Tag träumte ich, daß Wolken aufzögen um meinetwillen
Und eine Stimme mich riefe: Wähle, was du willst!
Ich wählte eine schwarze Wolke und gab dir zu trinken
Dann sagte ich
O Körper, ziehe dich zusammen und strecke dich aus und erscheine und verbirg dich
Darauf schrumpfte er und streckte sich und erschien und verbarg sich
Und ich sah, wie mein Kleid sich von mir neigte
Und die Finsternis mich umhüllte
Die Welt schoß aus mir hervor wie eine Lanze
Schreiend: ›Falle tief, tief ins Dunkel!‹

Ich fiel ins Dunkel
Sah Stein als Licht und Sand als fließendes Wasser
Ich traf dich und sah mich selbst
Sagte, ich werde im Dunkeln bleiben, nicht mehr herauskommen
Doch die Sonne kam und verhalf mir zur Flucht
Und ich sah alles in die Sonne eingehen ...
Und wie hast du mich geheiratet?«
– »Mein Körper brauste als Wind zu dir
Mit den Farben der Erde brauste er hin zu dir.«

5

Gestern
Schloß ich die Tür meines Zimmers mit dem ersten Stern

Ließ ich den einzigen Vorhang herab und schlief mit ihren Briefen
Und siehe, mein Kissen ist feucht, und die Worte sind schwanger.

Ich träume –
Ich poliere die Erde, bis sie ein Spiegel wird
Ich errichte auf ihr eine Mauer aus Wolken, eine Hecke aus Feuer
Und mit meinen Händen knete ich ein Kuppelgrab aus Tränen.

– Was hast du mir als letztes Geschenk zugedacht?
– Mein Gewand, das uns am Tag unserer Heirat umhüllte.
Und ich werde mit dir herabsteigen
Ins Grab, um dir den Tod der Liebe zu erleichtern
Ich mische dich mit meinem Wasser und gebe dich dem Tod zu trinken
Ich gebe dir meinen Besitz: das Grab und den kostenlosen Tod.

Einmal sah ich sie als aufgewühltes Meer
Ich verliebte mich in den Schaum
Und schwor, daß die Wellen meine Nachbarin seien
Ich läutere in ihrem Salz meine Sorgen
Und sie, sie liest mir ihre Echos vor.

(Du siehst, was unter der Haut ist. Willst du also den Kontinent der Tiefen entdecken? Überlaße es anderen, den Kontinent der Höhen zu entdecken!)
Die Tiefen ...

(Wir waren eine große Schar, Männer und Frauen, und zogen auf dem Weg der Frauen. Plötzlich trat uns ein Gepard entgegen und schnitt den Weg ab. Ich sagte zu einem Mann neben mir:
– Ist kein Ritter hier, der diesen Gepard von uns abwehrt?
– Ich weiß nicht, aber ich kenne eine Frau, die ihn abwehrt.

– Wo ist sie?
Er ging mit mir zu einer nahen Kamelsänfte und rief:
– Nada, steig ab und schlag diesen Gepard zurück.

Sie entgegnete: – Würde es dir gefallen, daß er mich sieht, wo er doch ein Mann ist und ich eine Frau? Sag dem Gepard: Nada grüßt dich und befiehlt dir, den Weg freizugeben.
Da neigte der Gepard sein Haupt und verschwand.)

Die Tiefen ...
Warum beschleunigt ihr meinen Tod, Freundinnen?
Laßt mich
Ich höre in meiner Erinnerung Glocken
Ich höre in den Glocken eine zweite Erde
Mir fehlt eine zweite Erde, um meiner Sprache neue Worte hinzuzufügen
Mir fehlt
Der Tod
Laßt mich
Eine Muschel rief mich, las mir ihre Gedichte vor
Sie las auch Seiten aus einem Buch, das sie schrieb und »Das Zimmer der Muschel« nannte
Beim Lesen enthüllte sie ihre Geheimnisse:
Ich sah einen Elefanten, der aus dem Horn einer Schnecke kroch, sah in Muscheln Kamele und Pferde von der Größe eines Schmetterlings. Vor meinen Augen wurde ein Wesen geboren, halb Stein und halb Tier. Sie zeigte darauf, flüsternd: Dies ist die Frau.

Dann wisperte sie mir zu:
»Leg deine Ohren zwischen meine Blätter!« –
Ich hörte den Rhythmus der Jahreszeiten, hörte die Musik eines Hauses, das zerstört wird, das entsteht, während es zerstört wird, und als sie meinen Aufbruch verkündete, hörte ich Stimmen, die wiederholten:

»Einen Gruß den Muscheln, den spiraligen Eingängen

Einen Gruß dem schlafenden König der Berge dort
Einen Gruß den sirrenden Haken.«

Schließ zu
Mein Körper ist ein verschlossenes Zimmer
Mein Körper ist ein Wald und Dämme und gesperrte Kanäle
Schließ zu
Unsere Körper sind Ecken und enge Decken
Unsere Körper sind ein Tor
Eine Klinke und ein Durchgang, der zu uns führt
Liebesrausch in einer Pflanze mit Spalier, in einem engen Raum
Zwischen unseren Schenkeln und den Augen
Ein Liebesrausch, der den Wahn aussondert
Schließ zu
Alle unsere Muscheln bleiben geschlossen, selbst wenn sie aufgebrochen sind
Schließ zu
Straffe den Knoten der Augenlider
Die Farbe unserer Wimpern, wenn wir nackt sind
Unsere Träume anziehen und flüstern –
Eine geschlossene Landkarte ...

6

Die Sonne des Liebenden sinkt herab, der Schlaf neigt sie
Die Abwesenheit muß die Ferien der Erntezeit nehmen
Mein Gesicht muß in der Seele der Welt umherziehen.
Zerreiße ich das Buch Exodus
Neige ich mich über mein Bild und lese seinen Sand, der gestrickt ist wie ein Kettenhemd?
Flüstere ich meinen Kleidern zu:
Geht am Stock, wie jemand, der stehend träumt
Hängt euch als Zeichen und Fahnen auf
In den Wäldern der Finger und des Halses, wo ich trunken bin

Und mir schwindlig wird wie der Sonnenblume?
Sage ich zu diesem Stuhl:
Folg mir und bleib der Anstrengung treu, die du Regung für
Regung aufgesogen hast?
Erinnere ich den Tod an seine Papiere, die er bei seinem letzten Besuch bei mir vergaß?
Zwischen meinen Muscheln und mir ist ein Bogen aus Farben und Entfernungen
Die Städte können sich darunter ausruhen und hindurchgehen
Meine Muscheln haben auch ihre Straßen und Bäume
Sie haben Schlafzimmer und Feste
Spräche der Krebs, so würde ich ihn fragen, wo er die Nacht verbringt
Schliefe das Meer, so würde ich ihm ein Bett hinbreiten bei mir ...

1 Stimme

»Wir lassen unsere beiden Köpfe aus dem Vertrag
Und geben jedem seine Drogen und Geister
Dein Kopf ist ein Kissen, mein Kopf ist ein flammender Vulkan.

Dann schreiben wir ein Dokument:
»Die Frau ist eine provisorische Behausung dem Mann, dieser provisorischen Behausung.«
»Der Mann ist das Morgen des Mannes, die Frau ist die Zukunft der Frau.«
Und trotzdem beginnen wir die nächste Seite
Führen das Gespräch mit den Beinen fort
Mit der Tinte und den Wörtern der Poren
Und vergnügen uns in ihren maskierten Gängen.

Plötzlich
Kommt die Lava, winkt der Blitz
Erwachen wir und laufen jeder seinem Kopf hinterher

في حنين السكَن والإقامة وأمواج الرَّكض
وراء الوطن الآخر
الضّائع الدائم ...»

Aus Sehnsucht nach Wohnung und Bleibe und den Wellen des Laufs
Hinter der anderen Heimat her
Der ewigen verlorenen ...«

٢. حوار:

2 Gespräch

– بيني وبينكِ حجابٌ ولن تريني
أنِّي لكِ المفاتحة والكشف؟
وقعَ في قلبكِ الموتُ فاستنيري بالموت
ومن أين تخرقين العادة؟
تخبطين، تخلطين ...
أحوالي لم تستحكمْ فيكِ ...
– أنا قراركَ
طبختكَ شمسي
لبستكَ خاتماً ختمتُ به على الدهر.

– Zwischen dir und mir ist ein Schleier, du wirst mich nicht sehen
Wie kommt dir Anfang und Enthüllung zu?
In dein Herz fiel der Tod, so suche beim Tod Erleuchtung
Und weshalb übertrittst du den Brauch?
Zerstampfst, vermischst ...
Meine Befindlichkeiten schlugen keine Wurzeln in dir
– Ich bin dein Grund
Meine Sonne kochte dich
Als Siegelring trug ich dich, mit dem ich die Ewigkeit besiegelte.

٣. أغنية:

3 Lied

جَسَدُ الشاعر
جَسَدُ الطّفل والغراب
جسدٌ في الكتاب
في هشيم الستائر في الباب في الحجر السّاهرِ
بين عينيَّ والكتابْ
جَسَدٌ في الزوايا
في السَّراب الذي يتناسل تحت المرايا
جَسَدٌ يتناءى
حجراً طائراً يتلقّفُ أو يضربُ السَّماء
جَسَدٌ يتفتَّحُ في الحلم، يُغلَقُ في اللَّيل،
يمتد بين الحروف
جَسَدٌ كالحروفِ
جَسَدٌ يتقهقر في أوَّل الصفوفِ
جَسَدٌ يتراءى
كالطَّريق المعلّق، يفتح أوراقَهُ

Der Leib des Dichters
Kindesleib, Krähenleib
Ein Leib im Buch
In den Fetzen des Vorhangs, im Tor, im wachenden Stein
Zwischen meinen Augen und dem Buch
Ein Leib in den Ecken
Im Trugbild, das sich unter den Spiegeln vermehrt
Ein Leib, der sich entfernt
Als fliegender Stein, der den Himmel greift oder schlägt
Ein Leib, der sich im Traum entfaltet, der in der Nacht sich schließt
Und zwischen den Buchstaben sich dehnt
Ein Leib wie Buchstaben
Ein Leib, der sich in die erste Reihe zurückzieht
Ein Leib, der erscheint

ويستنطِقُ الفضاءَ	Wie ein Weg in der Schwebe, seine Blätter entfaltend, die Weite verhörend
حيثُ لا يعرفَ الصَّدى أدوارهْ	Wo das Echo seine Rollen nicht kennt
حيث لا شيء فوق مسرحي المقبل غيرُ الصَّدى	Wo auf meiner künftigen Bühne nur Echo und Vorhang sind ...
وغيرُ السَّتارهْ ...	

٤ـ أغنيـة   *4 Lied*

أدعوك يا نهايةَ الليلِ انتشي وطولي	O Ende der Nacht, ich fordere dich auf
صيري على فراشي	Sei fröhlich und währe
ساحرةً،	Werde auf meinem Bett
أدعوكِ أن تقولي	Eine Zauberin
ماذا يقولُ الحبُّ للعاشق،	Ich fordere dich auf, zu sagen
في نهاية الفصولِ؟	Was die Liebe dem Liebenden sagt
	Am Ende der Jahreszeiten!

٥ـ أغنيـة   *5 Lied*

لم يزلْ شهريارْ	Immer noch liegt Schahrijar
في السَّريرِ المسالمِ، في الغرفةِ الوديعهْ	In dem friedlichen Bett, im ruhigen Zimmer
في مرايا النَّهارْ	Und in den Spiegeln des Tags
ساهراً يحرسُ الفجيعهْ	Schlaflos bewacht er das Unheil
سرقت وجهَهُ الكلماتُ الخفيفهْ	Sein Antlitz stahlen die leichten Worte
علَّمتهُ السُّباتْ	Und lehrten ihn Schlummer
في سواد البحيرةِ في زرقةِ الحصاةْ	Im Schwarz des Sees, im Blau des Kiesels
بين أنقاضِهِ الأليفةْ.	Inmitten seiner vertrauten Trümmer.

لم يزل شَهْرَيارْ	Immer noch trägt Schahrijar
حاملاً سيفه للحصادْ	Sein Schwert zur Mahd
حاضناً جرَّةَ الرِّياح وقارورةَ الرمادْ	Den Krug der Winde, die Urne der Asche umarmend
نَسِيتْ شهرزادْ	Scheherazade vergaß
أن تضيء الدّروب الخفيّةْ	In der Kreisbahn der Adern
في مدارِ العُروقْ	Die geheimen Pfade zu erleuchten
نسيت أن تضيء الشُّقوقْ	Sie vergaß, die Spalten zu beleuchten
بين وجهِ الضحيهْ	Zwischen dem Gesicht des Opfers
وخُطى شَهْرَيارْ	Und den Schritten Schahrijars.

(١٩٦٢)   (1962)

Band 2
Ein Grab für New York
1965–1971

Das Theater und die Spiegel (1965–1967)

المسرح والمرايا (١٩٦٥ - ١٩٦٧)

Die Farbe des Wassers لون الماء

كَلِمَاتٌ لها أَرْجُلٌ وبيرتٌ	Wörter, die Beine und Häuser haben
كَلِمَاتٌ تموتُ	Wörter, die sterben
وَهْيَ حُبلى،	Wenn sie schwanger sind –
… سكنّا	Wir bewohnten ein Land
وطنًا راودتْهُ، شَردْنا	Das sie umgarnten
في تقاطيعهِ	In seinen Falten
ارْتسمْنا	Wurden wir zerstreut
حول آفاقه غُصونَا	Wir malten
وارْتسمَنا رؤًى وعيونَا…	Über seine Horizonte Zweige
	Wir malten
	Augen, Visionen …

كلماتٌ رمت قشرها، رافقتني	Wörter, die ihre Schale abwarfen
في طقوس المدينةْ	Die mich geleiteten
ودخلنا مقاماتِها احترقْنا	Zu den Ritualen der Stadt
حُلُمًا	Wir gingen zu ihren Treffen
ها هنا دفنّا	Und entflammten als Traum
جُثّةَ العالم اقتسمنا	Wir begruben dort
إرثَه واستعدْنا	Den Leichnam der Welt
لهب الفطرة الدَّفينةْ	Deren Erbe wir teilten
	Und stiegen auf als Flamme
	Der bestatteten Zeit.

كلماتٌ تسافر في صَرْخة الطفولةْ	Wörter, die im Schrei der Kindheit reisen
كم حملنا خُطانا مزجنا البطولةْ	Oft brachten wir unsere Schritte
بالجنون، احتمينا براكينهِ…	Mischten Heldentum mit Wahn
كَلِماتٌ	Und suchten Zuflucht
حضَنَتْ صمتَها وماتْ	In seinen Vulkanen …
… وحرقنا مناديلنا وقرأنا	Wörter
سورةً،	Die ihr Schweigen umarmten und starben
وذَبحْنا	… wir zerrissen unsere Tücher
حُلمًا كالخروفِ	Und lasen eine Sure
بين إيقاعها والحُروفِ.	Wir schlachteten
… وامتزجنا بها ورقدْنا	Als Hammel den Traum
فوقَها	Zwischen Buchstabe und Wörterklang
ونهضْنا	Wir mischten uns unter sie
وبَدأنا، وعدنا	Und schliefen auf ihnen ein
والمدى جامحٌ،	Erwachten wieder

Begannen
Und kehrten heim
Durch widerspenstige Weiten.

كَلِماتٌ،	Wörter
كَلِماتٌ هي الثَّورةُ –	Wörter wie die Revolution –
... اجترحْنا	... wir taten alles
كلُّ ما يهدمُ المدينة أو يخلقُ المَدينَهْ	Um die Stadt zu zerstören, zu erbauen
كلماتُ الحنين وأقواسه الشريده	Wörter der Sehnsucht mit vertriebenen Bögen
كلماتٌ تهاجر بين الغصون	Wörter, zwischen Zweigen wandernd
كلماتٌ تموت مع الحلم في آخر العيون	Wörter mit einem Traum im verlöschenden Auge
كلماتُ الحدود البَعيده	Wörter ferner Grenzen
كلماتُ الأفولْ	Wörter des Untergangs
والصّعودِ ومعراجه،	Des Aufstiegs und der Himmelfahrt
الحلولْ	Wörter verkörpert
في الجذور وغاباتها،	In Wurzeln und Wäldern.
كلماتٌ	

شهدت جثّة الحسينْ	Ich sah den Leichnam Husseins
وهْي تبكي وتجري مع الرّافدينْ	Er weinte, er trieb in beiden Strömen
مُتُّ في حضنها وعشقتُ	Ich starb in seinen Armen und lebte wieder auf
وطَمرْتُ شَرايينها ونبشْتُ	Ich bestattete seine Adern und grub sie wieder aus
كلماتُ المَجيءْ –	Wörter der Ankunft
سَفَرٌ مُعتِمٌ خُطواتٌ تُضيءْ	Sind eine finstere Reise, leuchtende Schritte
في الزَّمان المهرول في وجهِهِ البَطيءْ	In einer hastigen Zeit, ihrem langsamen Gesicht
كلماتٌ سفينةْ	Wörter sind Schiffe auf Meeren, begraben
في البحار الدفينةْ	Zwischen dem Feuer der Dunkelheit und der Flöte
بينَ نار الغموض ومزمارهِ، الدَّفينةْ	Begraben unter dem Tanz der begrabenen Wurzeln
تحت رقص الجذور	Wo du fortgehst, fortgehst, fortgehst
الدَّفينةْ	Wie das Stammeln des Regens
حيث تمضي وتمضي وتمضي	Wo du fortgehst
مَطرًا هاذِيًا	Wie die stammelnde Flamme
وتمضي	Und fortgehst.
لَهَبًا هاذِيًا	
وتمضي ...	

Der Fluss der Worte

نهر الكلام

Deine Farbe ist die Farbe des Wassers
O Leib des Wortes
Wenn das Wasser
Der Gärstoff ist, der Blitz und das Feuer –

Das Wasser entflammte und wurde zum Blitz
Zur Hefe, zum Feuer
Seerose, die nach ihrem Kissen fragt
Und einschläft …
O Fluß der Worte
Ziehe zwei Tage mit mir, zwei Freitage
Im Gärstoff des Mysteriums
Wir lesen die Meere auf oder öffnen die Muscheln
Wir regnen Rubine und Ebenholz
Wir wissen, das Morgenrot
Ist eine schwarze Fee
Die sich weigert, anderes zu lieben als das Meer
Ziehe mit mir, erscheine hier
Fehle dort, frage mit mir
O Fluß der Worte, nach einer Muschel, die stirbt
Und rote Wolke wird
Um zu regnen
Frage nach einer Insel
Die fortgegangen
Frage gemeinsam mit mir
O Fluß der Worte, nach einem Stern, gefangen
Zwischen den Fenstern des Wassers
Einem Stern, in dessen Brust
Die letzten meiner Tage ruhen
Frage mit mir, o Fluß der Worte
Nach dem Stein, entsprungen der Quelle
Nach dieser Felsen gebärenden Welle
Nach dem Moschustier
Nach der Taube aus Feuer
Falle mit mir ins Netz der Dunkelheit
Sink auf den Grund
Wo zerbrochen die Zeit
Und mögen die Worte Gedichte sein
Mit dem Antlitz des Wassers als Kleid.

الزمان المكسور   DIE ZERBROCHENE ZEIT

MANN UND FRAU

Frau: Wer bist du?
Mann: Ein heimatloser Narr
Aus Meteoritengestein
Aus der Rasse des Teufels.
Und wer bist du?
Hast du meinen Körper bereist?
Frau: Immer wieder.
Mann: Was sahst du?
Frau: Ich sah meinen Tod.
Mann: Trugst du mein Antlitz als Kleid
Und sahst meine Sonne als Schatten
Und sahst meinen Schatten als Sonne
Und stiegst hinab in mein Innerstes, entdecktest mich?
Frau: Und du, entdecktest du mich?
Mann: Entdecktest du mich, überzeugtest du mich?
Frau: Nein.
Mann: Tat ich dir wohl, und bliebst du furchtsam?
Frau: Gewiß doch!
Mann: Hast du mich erkannt?
Frau: Und du, hast du mich erkannt?

امرأة ورجل

- مَن أنتَ؟
- بهلولٌ بلا مكانْ
من حجَرِ الفضاء من سُلالة الشيطانْ
- من أنتِ؟
- هل سافرتِ في جسَدي؟
- مرارًا؟
- ما رأيتِ؟
- رأيتُ موتي
- هرْولتِ فوق دمي، جلستِ، نزعتِ ثوبكِ، واغتسلتِ، لبستِ وجهي؟
ورأيتِ شمسيَ مثلَ ظلٍّ
ورأيتِ ظلّيَ مثلَ شمسٍ
ونزلتِ تحت سريرتي، وكشفتِني؟
- أكشفتِني؟
- كَاشَفتِني؟ أيقنْتِ؟
- لا
- أشُفيتِ بي، وبقيتِ خائفةً؟
- بَلى
- أعرفتِني؟
- أعرفتَني؟

Das Lied des Mannes

Von der Seite
Sah ich dein Gesicht auf den Stamm der Palme
    gemalt
Die schwarze Sonne auf deinen Händen
Da sattelte ich meine Sehnsucht nach der Palme
Brachte die Nacht in einem Korb, trug die Stadt
Und verstreute mich um deine Augen, erkundete
    mein Gesicht –
Ich sah dein Gesicht, es war hungrig wie ein Kind
Ich ummauerte es mit Zaubersprüchen
Und verstreute darüber Jasmin.

Das Lied der Frau

Von der Seite
Hattest du das Gesicht eines alten Mannes
Der, von Tagen und Kummer bestohlen
Mir brachte seine grünen Phiolen
Und drängte zum letzten Mahl
Jede Phiole ist eine Bucht
Hochzeit einer Bucht und ein Schiff
In dem Tage und Strände versinken
Wo Möwen die Geschichte entdecken
Und der Kapitän seine Zukunft erahnt
Er kam hungrig zu mir, ich gab ihm meine Liebe
Wie ein Brot, wie einen Krug und ein Bett
Ich öffnete die Türen dem Wind und der Sonne
Und teilte mit ihm das letzte Mahl.

أغنية للرجل

جانبيًّا،
رأيتُ وجهكِ مرسومًا على جذْعِ نخلةٍ
ورأيتُ الشَّمسَ سوداءَ في يديكِ،
فأسرجتُ حنيني إلى النَّخيل، حملتُ اللَّيلَ في
سلَّةٍ، حملتُ المدينةْ
وتَناثرتُ حول عينيكِ، أستطْلِعُ وجهي –
رأيتُ وجهكِ جوعانًا كطفلٍ،
حوّطْتُه بالتَّعاويذ
وفتَّتُّ فوقه ياسمينَهْ.

أغنية للمرأة

جانبيًّا
رأيتُ وجهكَ شيخًا
سرقته الأيَّامُ والأحزانُ
جاءَني حاضنًا قواريرَه الخضراء يستعجل العشاءَ
الأخيرًا
كلّ قارورةٍ خليجٌ وأعراسُ خليجٍ ومركَبٌ
تغرق الأيام فيه وتغرق الشطآن
حيثُ تَسْتَكْشِفُ النَّوارسُ ماضيها وَيَسْتَشْعِرُ
الغَدَ الرُّبَّانْ
جاءَني جائعًا، مددتُ له حبِّي
رغيفًا ودورقًا وسريرًا
وفتحتُ الأبوابَ للريح والشَّمسِ، وشاركته
العشاء الأخيرًا.

Die Magier

المجوس

كان في وجهكِ المسافرِ، في وجهيَ
نَجْمٌ، وكان ليلٌ يجوسُ
وتَلاقَتْ يدانا
تَلاقَتْ خُطانا
وتَلاقَتْ رؤانا
وهَبَطْنا، رأينا وغِبنا
وظهرنا وغِبنا
وأتى بعدنا المَجوسُ.

In meinem, in deinem Antlitz auf Reisen
War ein Stern
Die Nacht spionierte
Und begegnete unseren Händen
Und begegnete unseren Schritten
Und begegnete unseren Träumen
Wir fielen hinab, wir sahen und fehlten
Wir erschienen und fehlten
Und nach uns kamen die Magier.

Das Gesicht einer Frau

وجه امرأة

سَكنتُ وجهَ امرأةٍ
تَسكُنُ في موجةٍ
يقذفها المَدُّ إلى شاطىءٍ
ضيَّعَ في أصدافِه مرفأه.
سكنتُ وجهَ امرأةٍ
تُميتني، تحبُّ أن تكونَ
في دميَ المُبحِر حتى آخر الجنونْ
مَنارةً مطفأه.

Ich wohnte im Gesicht einer Frau
Die in der Welle wohnt
Die Flut spült sie an einen Strand
Wo unter Muscheln der Hafen entschwand
Ich wohnte im Gesicht einer Frau
Die mich tötet, die in meinem Seefahrerblut
Bis zum Ende des Liebeswahns
Ein Leuchtturm sein will, der erlosch.

Der Weg

الطريق

ألطَّريقُ امرأه
وضعَتْ راحَةَ المسافرِ في راحةِ العشيقْ
مَلأَتْ راحةَ العشيقْ
بالحنين وأصدافِه،
امرأه
حُلْمٌ صيَّرَتْهُ امرأه
مركَبًا ضيِّقًا كالجناحْ
لابسًا وردةَ الرِّياحْ
ناسيًا مَرفأه.

Der Weg ist eine Frau
Sie hat die Hand des Reisenden in die des Geliebten gelegt
Die Hand des Geliebten
Mit Sehnsucht und Muscheln gefüllt
Eine Frau
Ein Traum, den die Frau
In ein Boot verwandelt
Das schmal ist wie ein Flügel
Das die Windrose trägt wie ein Kleid
Und den Hafen vergißt.

Spiegel eines Augenblicks

Dich aufschwingen? Aber wie?
Deine Berge sind nicht Feuer
Und deine Gletscher haben keine Stufen
In meinem schweigsamen Antlitz
Sind Botschaften der Sehnsucht für dich
Und in meinem Blut sind Türme für dich
Stets wenn ich sage: Schwing dich auf
Zerbricht die Nacht
Und eng werden Sehnsucht und Himmelfahrt.

Spiegel des Throns

Dein alternder Thron war ein Kind
Dem ich meine Hände gab
Zwei Halsbänder und zwei Puppen
(Ach, wie sie baumelten)
Es hungerte, ließ sich gehen vor mir
Wie kreiste es, wie ruhte es in meinen Augen
Wenn der Thron abgeschafft würde, wenn er
Ein Reisender würde oder ein schüchterner Blick
Dann sagte ich, ich sähe jede Nacht
In deinen schüchternen Wimpern
Die Kindheit des Throns, jede Nacht
Die ich wachte
Sähe ich die Kindheit.

SPIEGEL FÜR DIE ZEIT   مرآة للوقت

Ich lade dich ein, denn meine Tage sind ohne Wächter	أدعوكَ، أيامي بلا حارسٍ
Und diese öde Weite	وهذه المسافة المقفرهْ
Ist ein Gastmahl für den Traum	وليمةٌ للحلم، عيدٌ من الحنينِ من أشجارِهِ
Das Fest seiner fruchtbaren Bäume	المثمرهْ
Der Sehnsucht Fest	أدعوكَ أن تحضرهْ.
Ich lade dich ein, daran teilzunehmen	ساريةُ الأحزانِ مرفوعةٌ
Der Mast der Sorgen ist errichtet	يا ليتَ لو ترتاحُ، لو تنحني
Ach, würde er doch ruhen, würde er sich beugen	كالغُصنِ في رياحِها المضمرهْ
Wie der Zweig in den versteckten Winden	وها هو الإبريقُ مرثيّةٌ
Hier ist der Krug eine Klage	أو زهرةٌ،
Oder eine Blume	والشّايُ نافورةٌ
Und der Tee ist eine Fontäne	أدعوكَ أن تصغيَ، هذا الصّدَى
Ich lade dich ein, zuzuhören, dies Echo	يجيئنا بالعُشْبةِ المُسكرهْ.
Bringt uns einen zerknickten Grashalm:	... وغرّبَ الوقتُ، الحَنينُ ارتدى
... die Zeit ging unter, die Sehnsucht trug	ثيابَنا
Unsere Kleider	صارَ البخورَ الذي
Der Rauch,	يلفُّ أهدابَنا
Der unsere Wimpern umhüllte	يخرجُ من قبّةٍ
Stieg auf aus einem alten Kuppelgrab	قديمة
Aus einem Edelstein.	تخرجُ من جوهرهْ

أربع أغنيات لحزمة القصب VIER LIEDER FÜR EINE
GARBE SCHILF

Der Hungrige
الجائع

يَرسمُ الجُوعَ على دفترهِ
أنجمًا أو طُرُقا
ويُغطّي الوَرقا
بمناديلَ من الحلمْ –
لَمَحْنا
شمسَ حبٍّ حرّكَتْ أهْدابها
ورأينا شَفَقا

Er malt den Hunger in sein Heft
Als Wege und Sterne
Und bedeckt das Papier
Mit seinen Schleiern aus Traum –
Wir sahen
Die Sonne der Liebe mit den Wimpern zucken
Wir sahen das Abendrot.

Der aus dem Schlaf erwachte Schlaf
النوم والنهوض من النوم

يصنع في نومهِ
نموذجًا لثورةٍ جامحهْ
تعانق المستقبلِ الطالعا
يَنهضُ من نَومهِ –
تصير أيّامُهُ
بغاءً ...
تبكي اللّيلة البارحهْ
حلمه الضّائعا

Er macht aus seinem Traum
Das Vorbild für eine unbezähmbare Revolution
Die die Zukunft umarmt
Er erwacht aus seinem Schlaf
Seine Tage
Sind ein Papagei geworden
Sie beweinen die vergangne Nacht
Sie beweinen den verlornen Traum.

DAS VOLK
الشعب

تجمَّعَ الشَّجَرْ
أثقله الصّراخُ والحَنينُ كالثَّمر
وهبَّ في مسيرهْ
حولَ ضفاف النَّهر. كان رعدٌ
يَرجّه كأنه الشَّررْ
وصعقَ الشَّجَرْ
حزْنًا على طيوره الأسيرهْ
في الجانب الآخر من خاصرةِ النَّهَرْ.

Die Bäume rotteten sich zusammen
Die Schreie und das Sehnen der Früchte lasteten auf ihnen
Der Fluß toste in seinem Lauf zwischen den Ufern
Der Donner ließ ihn in Funken zerstieben
Die Bäume wurden vom Blitz getroffen
Vor lauter Trauer über die gefangenen Vögel
Auf der anderen Seite des Flusses.

DER ZORN
الغضب

غضب الفراتُ –
في ضِفتيه حناجرٌ
أبراجُ زلزلةٍ، ورعدٌ،
والموجُ أحصنة …
رأيتُ الفجرَ مقصوصَ الذوَّابهْ
والماءَ مسنونُ الهدير يسيلُ محتضنًا حِرابَهْ.
غضب الفراتُ
لا النَّارُ تطفئ ذلك الغضب الجريحَ ولا الصَّلاةُ.

Der Euphrat zürnte –
Zwischen seinen beiden Ufern sind Kehlen
Türme eines Erdbebens, Donner
Die Wellen sind Hengste …
Ich sah das Morgenrot mit seiner abgeschnittenen Stirnlocke
Und das Wasser mit gewetzter Brandung
Wie es die Lanze umklammert
Der Euphrat zürnte –
Kein Feuer löscht diesen verwundeten Zorn
Kein Gebet.

VIER LIEDER FÜR TIMUR   أربع أغنيات لتيمور

مرآة للشرع   SPIEGEL FÜR DAS GESETZ

فَاجِئْ   Brich herein
جسدَ العذراءْ   Über den Körper des Mädchens
جَسَدَ الحُبلى ...   Über den Leib der Schwangeren
فَاجِئْ وافتكْ   Brich herein und morde
لا تتركْ شيخًا أو طِفلا ...   Verschone keinen, weder jung noch alt …

هذا شرعي.   So lautet mein Gesetz.

الغزو   DER RAUBZUG

يَحْترقُ العُصفور   Der Vogel entflammt
والخيلُ والنّساءُ والأرصفه   Pferde, Frauen, Straßen
تُقَسَمُ كالأرغفهْ   Werden zerrissen wie Brot
بَين يَديْ تيمورْ.   Vor Timurs Augen.

هم   SIE

جَاؤوا   Sie kamen
دخلوا البيت عراةً   Nackt betraten sie das Haus
حفروا   Sie gruben
طمروا الأطفالَ، وعَادوا ...   Verscharrten die Kinder
    Und zogen fort.

السيل   DIE FLUT

مهيار غنّى حَنَا، برًّا صلّى ودان   Mihyâr sang, verneigte sich, betete, sprach von den Sünden frei und bekannte seinen Glauben
بارك وجهَ الجنون   Segnete das Antlitz des Wahns
ذَوَّبَ في صوته   Schmolz in seiner Stimme
جرحَ العصور، اشتهى   Den Vogel, wünschte
لصوته أن يكون   Daß seine Stimme
سيلًا، وكالسّيل كان ...   Flut sei – und sie wurde Flut.

مرايا وأحلام حول الزمان المكسور S<small>PIEGEL UND</small> T<small>RÄUME UM EINE</small> <small>ZERBROCHENE</small> Z<small>EIT</small>

DIE VERGANGENHEIT الماضي

كم حملتُ الحجرْ	Wie oft schleppte ich Steine
من تلال سمرقندَ، صُغْتُ الحجرَ	Von den Hügeln bei Samarkand
حربةً،	Und brach einen Speer
أو قلادَه	Aus dem Stein
لعشيقاتيَ الجواري،	Ein Halsband
كم نسجْتُ البشرْ	Für meine Geliebten, die Konkubinen
خيمةً،	Wie oft verwob ich die Menschheit
أو وسادَهْ ...	Zu einem Zelt
	Zu einem Kissen ...

DIE GEGENWART الحاضر

زَمَنٌ يجري، زمنٌ يهرب مثلَ الماءِ
Die Zeit fließt, die Zeit enteilt wie das Wasser
وأنا أجري ...
Und ich fließe ...
كلُّ نهارٍ سكّينٌ في أحشائي
Jeder Tag ist ein Messer in meinen Eingeweiden
والليلُ حرابٌ
Und eine Lanze ist die Nacht.

أشعرُ أنَّ الشّمسَ
Ich sehe die Sonne
تَعْرى
Sich entkleiden
ترقدُ فوق سريري مثلَ امرأةٍ،
Sie liegt auf meinem Bett wie eine Frau
حين يقال: «قطعنا رأسْ» ...
Wenn es heißt: Wir haben einen Kopf abgetrennt ...

DIE KUGEL الرصاصة

رصاصةٌ تدورْ
Die Kugel dreht sich, durchbohrt
مدهونةٌ بألق الحضاره
(Gesalbt vom Glanz der Kultur)
تَثقبُ وجهَ الفجرِ – كلُّ لحظةٍ
Das Antlitz des neuen Tags
يُعاد هذا المشهدُ –
Jeden Moment
الحُضورْ
Wiederholt sich das Schauspiel Gegenwart
يُجدّدون جرْعةَ الحياةِ، يَنشطونَ، لا سِتاره
Sie erneuern die Dosis des Lebens, unentwegt
لا ظِلَّ، لا استراحةٌ:
Kein Vorhang, kein Schatten, keine Pause:
ألمشهدُ التّاريخُ،
Das Schauspiel ist die Geschichte
والمُمثّلُ الحضاره.
Und der Schauspieler ist die Kultur.

Spiegel eines Tyrannen

Ähre für Ähre
Laß die Ähre nicht los
Diese Ernte
Ist das zurückerlangte Paradies
Unser zukünftiges Land.

Zerfetzt die Herzen in den Brüsten
Reißt die Wurzeln aus
Wechselt diese Erde, die sie barg
Wischt eine Zeit aus, die ihre Geschichte erzählte
Wischt einen Himmel aus, der sich über sie beugte
Ähre für Ähre …
Damit die Erde wieder wird, wie sie war
Ähre für Ähre …

Spiegel des Scharfrichters

Sagtest du, du seiest Dichter?
Woher bist du gekommen?
Deine Haut fühlt sich zart an …
Scharfrichter, hörst du mich?
Ich gab dir seinen Kopf
Nimm ihn, laß mir die Haut
Die möglichst unversehrte
Sie ist mir lieb und teuer
Sie dient mir als Teppich
Sie ist weicher als Samt.

Sagtest du, du seiest Dichter?

Die beiden Dichter

Zwischen Stimme und Echo zwei Dichter
Der eine spricht, als wäre er
Ein zerbrochener Mond
Der andre ist still wie ein Kind
Das jede Nacht
Im Schoß des Vulkans schläft.

Damaskus

Damaskus
Sternenkarawane auf grünem Grund
Zwei Brüste aus Glut und Orange
Damaskus
Der Körper des Liebenden im Bett
Wie ein Regenbogen, wie ein Sichelmond
Im Namen des Wassers
Öffnet er
Die Karaffe der Tage
Dreht sich jeden Tag
In deiner nächtlichen Kreisbahn
Fällt als Opfer
In deinen begehrten Vulkan
Die Bäume schlummern rings um mein Zimmer
Und mein Antlitz
Ist ein Apfel
Meine Liebe
Ist ein Kissen, eine Insel …
Wenn sie nur käme
Wenn sie nur käme
Damaskus
Frucht der Nacht, o Ruhestatt.

| | BEIRUT |

1

Er lebt in Beirut
Und die Erde ist ein Alphabet in seinen Augen
Fünf Universitäten
Und der Fels ist ein Lied und ein Apfel
Doch er stirbt
Er stirbt stammelnd
Als wohnte er in einem Schädel
Ohne Tage und Identität.

2

Der Tisch war ein Zimmer
An dem sich die Gäste gegenseitig anschrien
Der Hammel schien ihnen wie ein Berg
Und die Getränke waren ein Zauberer, der ihn umkreiste
Auf dem goldenen Balkon, auf der Kuppel des Tisches
Ging ein Gesicht mit den zerstörten Gesichtern zugrunde
Es war das Gesicht des Buches.

3

Aischa ging vorüber, jede Nacht
War ein Bett und jede Kamelstute eine Lampe
Für den blinden Leib oder die blinde Zeit
Stürmende Aischa – die Farbe der Begierde ist der Sturm
Der Prinz, der die Kappe eines Bettlers trug
Oder ein Bettler, der die Kappe des Prinzen trug
Tanzte mit ihr
Er unterhielt sie und sang für sie, bis die Worte schliefen
Dann schlang er seinen Arm um sie
Legte seine Hand auf ihren Nabel
Und schlief ein.

Spiegel für den König des Harems

Komm her, wer bist du, mein Stamm?
Du brachtest dem großen König
Kein Gold und keine Seide
Kein Pferd, kein Weihrauchharz und keinen edlen
    Stein
Auch sehe ich keinen Zopf:
Warum und für wen dann die Reise?
Diene dich also dem Prinzen an
Oder der Prinzessin.

Spiegel eines Erzählers

Wenn ich als Hofmeister in einem Schloß geboren
    wäre
Oder als Kammerherr der Gattin des Monarchen
So wäre ich wie Regenbögen auf den Wegen
So wäre ich verantwortlich für alle Köpfe
Und machte daraus Salzgebäck und Zechgenossen
Wein und Kelche
Ich machte daraus das Aroma der Völker.

Spiegel für Zaryab

Alles singt, wie Zaryab –
Das Schwert des Emirats und die Schuhe des
    Prinzen, das Öl
(Zeitalter der arabischen Lieder)
Das Amulett der Hölle
Und das Gebet, die Einfriedung für den Kalifen
Und Blut, das den Vorhang herabläßt.

Mann und Frau

(– Ich sah, wie ein Ritter
Aus dem Himmel eine Flasche brachte, voller Staub
Er war rot und reichte sie mir
Er blutete dein Blut
Ich wurde aus meinem Bett gerissen wie ein
    Grashalm
– Beruhige dich, Frau
Die Verwirrung läßt nach, die meine Seele
    erschüttert hat
Das Licht erstrahlt, jeder Hunger
Ist mein Hunger
Jede Wunde
Ist meine Wunde
Und jeder Tod …

In meinem Buch ruft dein Traum
Seine Buchstaben zum Kampf, ruft das Feuer und
    die Glut zum Kampf
Dein Traum führt mich in Versuchung
Auf dieser Handvoll Erde zu reisen …)

Spiegel des Blutzeugen

Als die Lanzen steckenblieben im Herzen von
    Hussein
Und sich schmückten mit dem Körper von Hussein
Und die Pferde jeden Fleck zertrampelten
Auf dem Körper von Hussein
Und geraubt und zerteilt wurden die Kleider von
    Hussein
Sah ich, wie jeder Stein sich verneigte vor dem Körper
    von Hussein
Sah ich, wie jede Blume schlief auf dem Körper von
    Hussein
Sah ich jeden Fluß
Marschieren im Leichenzug für Hussein.

Spiegel des Traums

مرآة الحلم

Dies ist mein Traum –
Nimm ihn
Nähe ihn und trage ihn
Als Kleid.

خُذيهِ، هذا حُلمي
خيطيهِ والبسيهِ
غِلالةً.

Du machtest, daß das Gestern
In meinen Armen schläft
Daß es mich umkreist
Und sich im Sonnenwagen
Wie ein Rauschen dreht
In der Möwe, die davonfliegt
Als flöge sie aus meinen Augen.

أنتِ جعلتِ الأمسْ
ينامُ في يديّ
يطوفُ بي، يدورُ كالهديرْ
في عربات الشّمسْ
في نَوْرسٍ يطيرْ
كأنّه يطيرُ من عينيّ.

Spiegel der Erde

مرآة للأرض

Der mich in meinem Bett bedrängt
Der Palmen ausreißt, Kuppelgräber und Glocken
Der die Erde ohrfeigt –
Dieses störrische Blut, diese Verweigerung
Ist ein andres Sehnen, ein Entflammen
Im Namen des Morgens, der im Namen der Erde
    kommt –
Das Königreich der Geschichte, der Gegenwart und
    der Hochzeiten
Ist ein anderes Sehnen, ein Entflammen
Der siegreichen Zeit, deren Hände
Wie meine sind, voll mit Lehm und dem Licht der
    Erde.

مرآة لمسجد الحسين	**Spiegel für die Moschee Husseins**
ألا ترى الأشجارَ وهْي تمشي حدباءَ، في سُكْرٍ وفي أناةْ كي تشهدَ الصّلاةْ؟	Siehst du nicht, wie die Bäume Vor Langmut und Trunkenheit Mit krummen Rücken laufen Um dem Gebet beizuwohnen?
ألا ترى سيفًا بغيرِ غِمدٍ يبكي، وسيّافًا بلا يَدينْ يطوف حول مسجدِ الحسينْ؟	Siehst du nicht das Schwert Das außerhalb der Scheide weint Und den Henker ohne Hände Husseins Moschee umkreisen?

تعويذات لمدائن الغزالي   ZAUBERSPRÜCHE FÜR DIE
STÄDTE AL-GHAZALIS

Der Körper des Kiesels

جسد الحصاة

Was ich Geschichte nannte und Beginn
Ist glatt, beschränkt und ohne Leben
Wie des Kiesels Leib
Und was uns hütet
Ist ein Lager für die Spinne
Das Wasser des Asi und des Euphrat
Ist Tinte,
Und die Wüste der Schritte
Ist Wort oder Blätter, einerlei, die Zitadelle
Ist eine angekettete Sklavin, und die Nacht ist ohne
    Kleid:
Keine Strahlen, kein Traum, nein
Du bist keine Kamille, keine Blume der
    Brüderlichkeit
Nichts das offenbart und nichts das prophezeit
Kein Stern, der an der Brücke wacht
Und dem Wasser des Flusses die Stimme leiht.

Nichts in dir fragt
Nichts in dir liest
Du bist ein Satrap
Der aus Trauer für das Opfer sein Brot macht
Kein junges Mädchen, dessen Brüste schwellen
Auf dem Liebesfest.

Du bist ein Stück Leder, nichts als ein Stück Leder
Selbst wenn du dich vermehrst und einen Gatten
    leihst
Und vor die Leute trittst, mit menschlicher Miene,
    im Seidenkleid
Ich bin das Schicksal und der Weg
Ich mach das Meer erbeben – mein Tod ist ein Schiff,
    und meine Trümmer
Werden sein: Explosion, Alphabet …

هذا الذي سمّيتُهُ التّاريخَ والبدايةْ
أملسُ مسدودٌ بلا حياةٍ
كجسدِ الحصاةْ
هذا الذي يمنحنا الرّعايةْ
سريرُ عنكبوتٍ
والماءُ في العاصي وفي الفراتِ
حبرٌ، وصحراءُ الخُطى كلامْ
أو ورقٌ، لا فرق، والقلاعُ
جاريةٌ مربوطةٌ، وليلْ
أجردُ: لا حلمٌ، ولا شعاعْ.
لا، لَستْ أقحوانْ
أو باقةً من زهَرِ الأخوّةْ
ولستِ إيحاءً ولا نبوّةْ
أو نجمةً تسهرُ عندَ الجسرْ
تقرأُ ماءَ النّهرْ ...

وليس فيك سائلٌ
وليس فيك قارئٌ
فأنتِ مرزبانْ
يَصنعُ من جنازةِ الضحيّةْ
خبزًا، ولستِ ناهدَ الصبيّةْ
حينَ يكونُ الحبُّ مهرجانْ.

... – جلدةٌ أنتِ، لستِ أكثر من جلدةِ معْزى
وإنْ تناسلتْ
واستأجرتْ زوجًا وجئتِ للنّاسِ في ثوبٍ
دمقسٍ، وسحنةٍ
آدميّةْ
وأنا الدّهرُ والطّريقُ،
أخضُّ البحرَ – موتي سفينةٌ، وبقاياي
انفجارٌ يجيءُ أو أبجديّةْ ...

Wenn du wohntest

Wenn du, wie ich sagte, meine Stimme bewohntest
So wärst du auf den rechten Weg und seine Höhen
    geleitet
Und trügst die Kleidung Reisender
Die die Ferne der Sonnen trinken
Dann wäre dein Durst gestillt.
Wenn du, wie ich sagte, meine Stimme bewohntest
Wärst du die Seherin
Mit einem Leuchtturm wie ein Regenbogen
Zwischen unseren papiernen Tagen
Und dem Schnee der Entfernung –
So wärst du auf den rechten Weg geleitet …

Die Grundlage

Um aufrecht zu sein, um zu sein
Nimm ihre Hand
Nimm ihr Gesicht, schlage
Einen Funken, lös ihr den Gürtel
Und die steife Schulter
Drück
Ihr widerspenstiges Zentrum
Nach links
Stoß den Eckpfeiler um
Ändere
Die Steine und den Grund
Ändere
Das Fundament.

مرايا للممثل المستور   DAS KAPITEL DER SPIEGEL

Spiegel für den Schlaf

Der Held, der wachsam ist wie eine Welle
Schläft ein
Während unsere junge Erde
Ohne Kopf und ohne Kissen schlummert
Der Gedanke des roten Ritters
War ein entschlafener Leichnam
O grauer Star der Glieder, o Wege der Feuchtigkeit
In meinem Körper, im Körper des Arabertums
Wie – und wo – weck ich die Schlafenden?

Spiegel für den Ritter der Verweigerung

1

Ein Traum mit drei Monden
Wird zerschmettert
Die Wände sind Zeichnungen
Von denen die Tinte tropft
Und die Bäume …

2

Alle Quellen der Dörfer
Füllten ihre Krüge
Um sie über ihm zu zerschlagen.

3

Hinter dem Felsen
Von Verweigerung bestäubt
Von der Sonne des Qasiyun beschattet
Und von einer Wolke getragen
Tauchte er
In die Falten der Erde
Der Ritter dieser gekneteten Zeit
Geknetet von Sonne und Traurigkeit.

SPIEGEL FÜR DIE FRAGE

Ich fragte, da wurde gesagt: Der Zweig, vom Feuer
    umlodert
Ist Vogel
Es wurde gesagt: Mein Antlitz
Ist Welle, und das Antlitz der Welt
Spiegel, Kummer des Seemanns und Leuchtturm
Ich kam, und die Welt auf meinem Weg
War Tinte, jedes Zittern war Satz
Ich ahnte nicht, daß wir verbunden sind
Durch eine Brücke aus Brüderlichkeit
Aus den Schritten von Feuer und Prophetentum
Ich ahnte nicht, daß mein Antlitz
Ein Schiff ist, das im Funken reist.

SPIEGEL FÜR DAS ZWANZIGSTE JAHRHUNDERT

Ein Sarg
In das Antlitz eines Kindes gekleidet
Ein Buch
In die Eingeweide eines Raben geschrieben
Eine Bestie
Die eine Blume bringt
Ein Felsen
Der in den Lungen eines Verrückten atmet.

Das
Das ist das zwanzigste Jahrhundert.

SPIEGEL FÜR DIE WOLKEN

Flügel
Aber wächsern wie Kerzen
Und der Regen ist kein Regen
Sondern ein Schiff für die Schmerzen.

Spiegel für Muawiya

مرآة لمعاوية

Ein Haar, das Winde liest
Und sein Reich errichtet
Im ausbrechenden Vulkan
Im Tosen der Wellen
In der Zeit, die umherstreift
Zwischen Kapitän und Orkan.

شَعرةٌ تقرأ الرّياح وتبني
ملكَها في تفجّر البركانِ
في زفير الأمواج
والزّمنِ الهائمِ بين الإعصار والرّبانِ.

مرآة لخالدة   Spiegel für Khalida

DIE WELLE

الموجة

Khalida
Kummer
Den die Zweige umranken
Khalida
Eine Reise, die den Tag
Im Wasser der Augen ertränkt
Wellen, die das Licht der Sterne
Das Antlitz der Wolken
Und das Stöhnen des Staubs
Eine einzige Blume sein ließen.

خالده
شَجَنٌ تُورِقُ الغصونْ
حولَه،
خالده
سَفَرٌ يُغرِقُ النَّهارْ
في مياه العيونْ
موجةٌ علَّمتْني
أنَّ ضَوءَ النّجومْ
أنَّ وجهَ الغيومْ
وأنينَ الغُبارْ
زهرةٌ واحده ...

UNTER WASSER

تحت الماء

Wir schliefen in einem Kleid, gewebt
Aus dem Judendorn der Nacht
Die Nacht ist Staub
Die Eingeweide singen Blutes Pracht
Der Rhythmus von Zimbal
Und der Glanz von Sonnen unter Wasser:
Schwanger ist die Nacht.

نَمنا في ثوبٍ منسوجْ
من عُنّابِ الليلِ — الليلُ هَباءْ، والأحشاءْ
تهليلُ دمٍ، إيقاعُ صنوجْ
وبريقُ شموسٍ تحت الماءْ.
والليلةُ حبلى ...

DER TOD

الموت

Nach diesen Sekunden kommt die junge Zeit
Kommen die Schritte und die Wege, die
    zurückführen
Nach ihnen werden die Häuser morsch
Nach ihnen löscht das Bett
Das Feuer seiner Tage und stirbt
Das Kissen stirbt.

بَعد هذي الثواني يجيءُ الزّمانُ الصّغيرْ
وتجيءُ الخطى والدروبُ المعادَهْ
بَعدَها تهرم البيوتُ
بَعدَها يُطفئُ السريرْ
نارَ أيّامِه ويموتُ
وتموتُ الوسادهْ.

Die Verirrung

Einmal verirrte ich mich in deinen Händen
Meine Lippen waren eine Zitadelle, die sich
Nach einer fremden Eroberung sehnt
Und die Umzingelung liebt
Du rücktest vor
Deine Taille war der Herrscher
Deine Hände waren des Heeres erste Sure,
Deine Augen waren Zuflucht und Freund
Wir waren verschlungen, verirrten uns gemeinsam, betraten
Den Wald aus Feuer – ich plane den ersten Schritt
Und du bahnst den Weg ...

Müdigkeit

Die alte Müdigkeit um das Haus
Verwandelte sich in Krüge
Und Balkone für ihn
Er schläft in ihren Hütten, er fehlt
Ach wie oft machten wir uns Sorgen um ihn, wenn er verreiste
Wir liefen um das Haus
Fragten jeden Grashalm, beteten
Schauten umher, riefen:
Wie, was, wo?
Alle Winde kamen
Alle Zweige kamen
Doch du kamst nicht ...

Spiegel für einen schwarzen Schlitten

مرآة الزلاجة السوداء

Sagtest du, Mann: Mein Gesicht ist ein Schiff, mein
    Körper eine Insel
Und das Wasser Glieder, die sich sehnen?
Sagtest du, Frau: Dein Busen ist eine Welle
Eine Nacht, die unter meiner Brust sich regt
Die Sonne ist mein altes, ist mein neues Gefängnis
Und der Tod ein Fest und ein Lied
Hörst du mich?
Ich bin nicht diese Nacht
Nicht ihr weiches, nicht ihr leuchtendes Bett.

هل قلتَ: وجهيَ مركبٌ، جسدي جزيرَهْ
والماء أعضاءٌ تحنُّ؟
وقلت: صدركَ موجةٌ
ليلٌ يهرولُ تحت نهدي ...
والشَّمسُ محبسيَ القديمُ الشَّمسُ محبسيَ
الجديدُ
والموتُ أغنيةٌ وعيدٌ؟
أسمعتِني؟ أنا غير هذا اللّيل، غيرُ سريره اللّزِج
المُضاءِ

Mein Körper ist meine Decke
Ein Gewebe, dessen Fäden ich flocht
Mit meinem Blut, dann verirrte ich mich
Im Labyrinth meines Körpers
Ich gab den Blättern die Winde
Ließ meine Wimpern hinter mir
Gab meinem Gott, aus Zorn, ein Rätsel auf
Und bewohnte das Evangelium des Stillens
Um den Stein zu finden
Der in meinen Kleidern reist.

جسدي غطائي —
نَسْجٌ حبكتُ خيوطَهُ
بدمي وتهتُ، وكان في جسدي متاهي
أعطيتُ للورق الرّياحَ، تركتُ أهدابي ورائي
حاجيْتُ، من غضبٍ، إلهي
وسكنْتُ إنجيلَ الرَّضاعَهْ،
كي أكشفَ الحجر المسافر في ردائي ...

Erkanntest du mich? Mein Körper ist meine Decke
Der Tod ist mein Lied und das Schloß meiner Hefte
Die Tinte ist mir Kronsaal und Grab
Eine Erdkugel, von der Wüste geteilt
Und wo der Himmel alterte
Ein schwarzer Schlitten, den der Schrecken und die
    Tränen ziehen.

أعرفتِني؟ جسدي غطائي
الموتُ أغنيتي وقصرُ دفاتري
والحبرُ لي دفترٌ وقاعَه
كرةٌ تقاسمَها اليَبابُ وشيَّخَتْ فيها السماءُ
زلّاجةٌ سوداءُ يسحبها التفجُّعُ والبُكاءُ.

Bist du mir gefolgt?
Mein Körper ist der Himmel
Ich spannte die Zelte der Weite auf
Und malte hinter mir meine Wimpern
Als Wege zu alten Götzen.

أتَبِعتِني؟ جسدي سمائي.
أشرعْتُ أروقةَ المدى
ورسمت أهدابي ورائي
طرقاً إلى وثنٍ عتيقٍ

Bist du mir gefolgt?
Mein Körper ist der Weg.

أتبِعتِني؟
جسدي طريقي.

Spiegel für den liebenden Körper

مرآة لجسد عاشق

Ein Körper, der liebt
Zergeht im Wind, jeden Tag
Wird zu Duft
Wirbelt, verkörpert alle Düfte
Geht zu Bett
Deckt seine Träume zu
Verteilt sich wie Weihrauch
Und kehrt, wie Weihrauch, zurück.

ألجَسَدُ العاشقُ، كلَّ يوم،
يذوبُ في الهواءِ – صارَ عِطْرًا
يدورُ، يَسْتحْضِرُ كلَّ عِطْرٍ
يأتي إلى سريرِهِ
يُغطّي
أحلامَه، يَنحلُّ كالبخور
يعودُ كالبخورْ.

Seine erste Dichtung ist der Schmerz eines Kindes
Es versinkt im Strudel der Brücken
Es weiß sich nicht über Wasser zu halten
Es weiß nicht zu gehen über Brücken.

أشعارُه الأولى عذابُ طِفْلٍ
يضيعُ في دوّامةِ الجُسورْ
يجهلُ أنْ يظلَّ في مياهِها، ويجهلُ العُبورْ.

Spiegel für den Leichnam des Herbstes

مرآة لجثة الخريف

Hast du die Frau gesehen
Die die Leiche des Herbstes trug?
Sie mischte ihr Antlitz mit dem Pflaster der Straße
Und wob aus den Fäden des Regens ihr Kleid
Die Menschheit
In der Asche der Straße
War ein erloschener Scheit.

هل رأيتَ امرأهْ
حَمَلَت جثَّةَ الخريفْ؟
مزجت وجهَها بالرَّصيفْ
نَسَجَتْ من خيوطِ المطرْ
ثوبَها
والبَشرْ
في رمادِ الرَّصيفْ
جمرةٌ مُطفأهْ.

Spiegel für Abu Ala

Ich entsinne mich, ich besuchte
In Maara deine Augen, lauschte deinen Schritten
Ich entsinne mich, das Grab
Ahmte deine Schritte nach
Und in seiner Nähe schlief
Deine bebende Stimme
Im Körper der Tage, im Wort
Im Bett der Poesie.

Deine Eltern waren nicht mehr dort
Und selbst Maara gab es nicht.

Spiegel für das Auge und die Zeit

Ich sang und sagte zu meinen Tagen:
Ich habe mein Blut zu Städten aufgetürmt, die den Rhythmus gebären
Ich sagte ihnen, ich strecke es hin als Zweig, der sich sehnt
Der mich in seinem Saft fortträgt, den Tod erleuchtet und das Leichentuch
Ich sang und sagte zu meinen Tagen: Ich verriet mein Blut
(Gott wäre die Essenz der Welt, wenn ich ihn verriete
Mir wurde gesagt: Du gehörst zu denen, die Götzen anbeten)
Ich sang und ich sagte …
Ich trennte den Traum von den Wimpern
Die ihn nähen, und mischte das Auge und die Zeit.

Spiegel für Orpheus

Deine klagende Leier, Orpheus
Kann das Ferment nicht ändern
Für die Geliebte, bei den Toten gefangen
Baut sie kein Lager für das Verlangen
Hat keine Arme oder bloß einen Zopf.

Wer stirbt, Orpheus, der stirbt
Und die Zeit, die in deinen Augen rennt
strauchelt, in deinen Händen
Bricht die Leier entzwei.

Ich sehe dich nun am Ufer als Kopf
Und jede Blume ist Klang
Das Wasser ist ein Gesang –
Ich höre dich nun, ich sehe dich, ein Schatten
Der seine Bahn verläßt
Und die Wanderschaft aufnimmt.

Spiegel für den Rundgang

Nach dem Feuer des Rundgangs
Nach dem Nektar der Wunde und des Traums
Im Bett der Lese
Erstrahlte das Begehren nach den Höhen
Erklomm ich meine Sehnsucht und ihr Feuer
Und wir verließen das Land des Mooses und der Nässe
Auf dem transparenten Teppich der Schöpfung
Heute bin ich Sternenduft
Und schmelze das Schicksal für mein Sehergesicht zum Spiegel des Raubes ein
Für den Tag, geschliffen wie ein Herz, für die Eroberung
Für den Zauber der Entfernungen und Ränder.

مرآة الطريق وتاريخ الغصون   S̲ᴘɪᴇɢᴇʟ ғüʀ ᴅᴇɴ W̲ᴇɢ ᴜɴᴅ ᴅɪᴇ
G̲ᴇsᴄʜɪᴄʜᴛᴇ ᴅᴇʀ Z̲ᴡᴇɪɢᴇ

— ١ —

لا خليجُ المرايا ولا وردةُ الرياحْ:
كلُّ شيءٍ جناحْ
طالعٌ في دمي، في الحقولْ
سابحٌ في مدار الفصولْ

حيث آخيتُ وجهي مع العشب واستسلمتْ
خطايا
لحنين المرايا
ورأيتُ العناصرَ تبكي وتفتحُ جرحَ الأخوّهْ
بيننا، وعرفت الإشارهْ
أنّني أول البشارهْ
أنّني نبتةٌ من الشرق في روضة النبوّهْ.

لا خليجُ المرايا ولا وردةُ الرياحْ
كلُّ شيءٍ طريقْ
ألحدودُ وراياتُها والحريقْ
والسّدودُ، واللّقاءُ ومعراجهُ
الصّوتُ، صوتي في راحتي،
العصافيرُ تنأى وتتركُ أسماءَها في الغصونِ
الغصونُ وتاريخُها —

— فتحنا
وطنًا آخرًا وسرنا
في وداع العصافير، كنّا
لتبريجها فضاءً،
رحلنا
مثلها...
كلُّ شيءٍ طريقْ،

حضنّا مراراتنا، صعدنا
في بكوريّة الأعالي
لابسين الرّموز، اصطبغنا، صبغنا غلالاتِها بالأ
عالي

Nicht die Bucht der Spiegel, noch die Rose der Winde
Alles ist Flügel
Flügel, der sich aus meinem Blut, aus Feldern
    emporschwingt
Flügel, der im Kreislauf der Jahreszeiten schwimmt.

Ich verbrüderte mein Antlitz mit dem Gras und
    lieferte meine Schritte
Der Sehnsucht der Spiegel aus
Ich sah die Elemente weinen und die Wunde der
    Brüderschaft aufreißen zwischen uns
Das Zeichen lehrte mich
Daß ich der Anfang der Frohbotschaft bin
Daß ich eine Pflanze des Orients im Garten des
    Prophetentums bin.

Nicht die Bucht der Spiegel, noch die Rose der Winde
Alles ist Weg
Die Grenzen und ihre Fahnen, die Brände
Und Barrikaden, die Begegnung und die
    Himmelfahrt
Die Stimme, meine Stimme in meiner Hand
Die Vögel, die fortziehen und ihre Namen in den
    Zweigen lassen
Die Zweige und ihre Geschichte.

Wir eroberten
Ein anderes Vaterland
Nahmen Abschied von den Vögeln, waren
Der Raum für ihre Leidenschaften.
Und zogen fort
Wie sie ...
Alles ist Weg.

Wir umarmten unsere Bitternisse
Stiegen zur Jungfräulichkeit der Höhen auf
Gewandet in Symbole, wurden wir getauft
Und tauften mit den Höhen das Gewand

والحَمامُ الذي يتناسلُ في وجهنا طَريقُ
والسَّرابُ ومِزمارهُ طَريقْ
كلّ شيءٍ طَريقْ
والوجوهُ التي تتناسخُ في غُبْرةِ الطَّريق
والوداعُ المُرابطُ في وحشةِ الطَّريقْ –

Die Tauben, die sich vor unseren Augen vermehren, sind Weg
Die Fata Morgana und ihre Flöten sind Weg
Alles ist Weg
Die Gesichter, die aufeinander folgen im Staub des Wegs
Und der Abschied, der lagert in der Verlassenheit des Wegs.

– يا زمانَ المطرْ
أعْطِنا، وابتكرْ للشَّجر
غيمةً – حلّةً من هوانا
واسْقِ من حنَّ، من سقانا
يا زمانَ المطرْ ...

– O Zeit des Regens
Gib uns, gib dem Baum
Aus unserer Liebe
Eine Wolke, ein Gewand
Und tränke den, der sich sehnt
Die, die uns labten
O Zeit des Regens ...

بغتةً، صار بيني وبين الطَّبيعهْ
لُغةٌ ورسائلُ، صارَ الهواءُ
دَرَجًا، صرتُ أمشي
بين عينيَّ والفضاءْ
سائحًا في ثيابِ الطَّبيعهْ:

Zwischen mir und der Natur gab es
Unverhofft
Eine Sprache und Briefe, wurde die Luft
Zur Treppe, begann ich
Zwischen meinen Augen und dem Raum
Umherzustreifen in den Kleidern der Natur:

– إنْ تكنْ يا بريدَ المسافهْ
فارسًا، فحنيني
فَرَسٌ، إنْ تكنْ صحارى
فِداي القوافلُ، إنْ كنتَ نارا
فأنا عاشقٌ غريبٌ تيمَّمتُها، والعِرافهْ
كوكبي، يا بريدَ المسافهْ ...

– O Post der Weite, bist du Ritter
So ist meine Sehnsucht
Dein Pferd, bist du Wüste
So sind meine Hände Karawanen, bist du Feuer
So bin ich der Liebende, der ihm naht
So ist mein Stern
Hellseherei, o Post der Weite ...

– ٢ –

2

رافقَتْني الرِّياحُ وأحجارُها النبويّهْ:
حجرٌ سيّدُ المدينهْ
حجرٌ خادمُ المدينهْ
حجرٌ واسعٌ يتدحرجُ في خاتمِ الخليفهْ

Winde geleiteten mich, prophetische Steine:
Ein Stein ist der Herr der Stadt
Ein Stein ist der Diener der Stadt
Ein riesiger Stein wälzt sich im Siegelring des Kalifen

حَجَرٌ نجمَةٌ خفيفه	Ein Stein – leichter Stern
علّقته الصّبايا	Von jungen Mädchen aufgehängt
بين أحلامهنّ الأليفَهْ	Zwischen zahmen Träumen
وعيون المرايا.	Und den Augen der Spiegel.

– أَستودِعُ الحجَرْ
ما يتركُ النّهارُ من حطامهِ
في سفري، ما يتركُ السّفَرْ
فللحجَرْ
خيطٌ من الرّاحةِ، في نسيجهِ
عيناي والغاباتُ والمطَرْ
وللحجَرْ
مدينةٌ تولَدُ كلّ ليلَهْ
أبحثُ في شقوقها، أركض – كلّ ساحرٍ
يضيعُ في مدينةِ الحجَرْ

Ich überlasse dem Stein
Die Trümmer des Tags auf meiner Reise
Das, was von meiner Reise bleibt
Dem Stein
Bleibt ein Seil aus Ruhe
In seinen Strängen sind meine Augen
Sind Wälder und Regen
Dem Stein
Bleibt eine Stadt, die jeden Tag entsteht
Ich durchsuche ihre Schluchten, laufe umher –
Jeder Zauberer verirrt sich in der Stadt aus Stein.

لكنّني أستودِعُ الحجَرْ
ما يتركُ النّهارُ من حُطامهِ
في سفري، ما يتركُ السّفَرْ ...
رافقتْني الرّياحُ وأحجارُها النّبويهْ
والذين يسيرون في النار، يسْتَنْبِتونْ
شجرَ الحلمِ، يفتحونْ
في رمادِ العصافيرِ بوّابةً ...

Ich überlasse dem Stein
Die Trümmer des Tags auf meiner Reise
Das, was von meiner Reise bleibt
Winde geleiteten mich, und prophetische Steine
Die im Feuer reisen
Pflanzen den Baum des Traums, öffnen eine Tür
In der Asche der Vögel.

– ... وسِرنا
خطواتٍ من القمحِ، سرنا ...

... und wir gehen
Mit Schritten aus Weizen, wir schreiten ...

يرونَ الطريق أغاني
وخطاهم ينابيعُها ...

Sie halten den Weg für Lieder
Deren Quellen ihre Schritte sind.

– التقينا
بين عنْقِ الطريقِ وأردافِها ...

... wir trafen uns auf dem Weg
Zwischen seiner Kruppe und dem Hals...

الطّالعونْ
من قِلاعِ الهجومِ
يمدّونَ سلطانهم في تخومِ الغرابَةِ في أوّلِ النّباتِ ...

Die aus der Zitadelle der Attacke kommen
Dehnen ihre Herrschaft zu der Fremdheit Grenzen aus
Zum Anfang der Pflanzen.

– انحنينا ...

... wir verbeugten uns

للطريق وأعشاشِها	Vor dem Weg und seinen Nestern
رأينا	Wir sahen
سحرَ أبعادِها	Den Zauber seiner Ferne
سمعنا	Wir hörten
صوتَها ...	Seine Stimme.
العاصفونْ	... wir Stürmenden
ألذين يجيئونَ كالوقت ...	Die kommen wie das Ende der Zeiten ...
— عينُ الغرابَهْ	Das Auge der Fremdheit
مطرٌ أو سحابَهْ	Regen oder Wolken
تحت أهدابِنا	Unter unseren Wimpern
عجبنا	Wunderten wir uns:
كيف لم يفتْح الجُنونْ	Warum öffnet der Wahn nicht seine Fenster
لخطانا شبابيكَه، عجبنا ...	Unseren Schritten, wunderten wir uns.
والذين يرجّون ماء العصورِ ...	Die das Meer der Epochen peitschen
— انتشلْنا	... wir retteten
وطنًا عائمًا ...	Ein schiffbrüchiges Vaterland ...
يسمّون ما لا يُسمّى	Die benennen, was nicht benannt werden kann
يكسرونَ الحدودَ وأقفالَها، يُنْشئونْ	Die die Grenzen durchbrechen, Schlösser sprengen
طُرقًا في الطّريق، يَسيرون قدّامها ...	Die auf dem Weg Wege gründen und sie verlassen.
... — استمعنا	... wir hörten unser Echo
لصدانا يسافر في العشب،	Reisen im Gras, unser Echo
يقبل من آخر البحرِ ...	Zu uns kommen vom Meer ...
يهوون في لجّة الحلْم	Die tauchen in den Graben des Traums
... — كنّا	... wir waren
ذهبَ اللّيل والصّحارى	Das Gold der Nacht und der Wüsten
فوق غرناطةٍ، في بخارى ...	In Granada, in Buchara ...
والذين يسيرونَ بين التحوّل والنّارِ	Die schreiten zwischen Verwandlung und Feuer
— سرْنا،	... wir schritten ...
كلهم رافقوني ...	Sie alle geleiteten mich dorthin.

... حيثُ تقصُّ الشمس، بعدَ النّوم عليَّ كلَّ يومْ:	... wo die Sonne, sobald sie aufwacht Mir jeden Tag erzählt:
... – ونادرُ الأسوَدْ يقرأ باسم الله والشقاءْ أسطورة الخبز وشعرَ الماءْ ونادرُ الأسودْ تحمله الأشجارْ وكلُّ غصنٍ قبضةٌ وسيفْ ينضج قبل الصَّيفْ ينضج بعد الصَّيفْ ونادر الأسود هاجَرَ كي يرجعَ في تشرينْ في أول الأمطارْ ...	Und Nadir, der Schwarze Rezitiert im Namen Allahs und des Elends Die Legende vom Brot und die Gedichte vom Wasser Nadir, den Schwarzen Tragen die Bäume Jeder Ast ist ein Schwert, eine Faust Vor dem Sommer gereift Nach dem Sommer gereift Nadir, der Schwarze Wandert aus, um zurückzukehren Im Oktober, wenn der Regen beginnt
... حيث رأى مهيار كيفَ تجيءُ الشَّمسُ كلَّ يوم إليَّ، بعدَ النَّومْ حيثُ يصير الماءْ من لهفةٍ، نافورةَ الحريقْ حيثُ يكونُ الحجرُ الضّائعُ في الطريق أجرأَ من مدينَهْ.	Mihyar sah Wie jeden Tag nach dem Schlaf die Sonne zu mir kommt Und das Wasser vom Schluchzen Zur Fontäne aus Feuer sich wandelt Mutiger noch als die Stadt.

–٣–	3
تَفْتحُ الأرضُ بيتَها تبدأ الأرضُ خطاها معي،	Die Erde öffnet ihr Haus Die Erde beginnt, mit mir zu gehen.

– معي غَضَبُ الأرضِ، هواها، سطوحُها
الوحشيّة
والدّمُ السيّد، الدّمُ الآمرُ، الطالعُ من بؤرةِ
الزّمان القصيّة
	Mein ist der Zorn der Erde, mein ist die Liebe der
	    Erde
	Die verwilderte Oberfläche, das herrschende Blut,
	    das befehlende Blut
	Das aufsteigt aus dem Brunnen der fernen Zeit.

تفتح الأرض بيتها،	Die Erde öffnet ihr Haus.

– سرّةُ الأرضِ سريرٌ	Der Nabel der Erde ist ein Bett
كلُّ التواريخِ عقدٌ يتدلَّى حولي ...	Und die Geschichte eine Kette, die mich umschlingt.
وتاريخُنا ينضحُ:	Unsere Geschichte schwitzt:
... فينا الجَمرُ، الضحايا	... in uns sind die Glut, die Opfer
وفينا	Die Lust des Salzes
شهوةُ الملحِ، شهوةُ الكوكبِ الجامحِ فينا،	Die Lust der trotzigen Sterne
وصحوةُ الجنسِ في الليلِ، وقربانهُ	Die Wachheit des Geschlechts in der Nacht und seine Gabe
وتسبيحةُ المرأةِ انهارَتْ على صدرِ فاتحٍ يُغلقُ التّاريخَ،	Die Lobpreisung der Frau
فينا الدّمُ الغيورُ الغرابيُّ الغريبُ المقدّسُ المسفوكُ	Die auf der Brust des Eroberers zerschellt
والرّقيقُ: المليكُ والمملوكُ.	Der die Geschichte verschließt
	In uns fließt das eifersüchtige, heilige, vergossene Blut
	Das Blut eines Raben, versklavtes Blut: besitzergreifend und besessen.
... – كلُّ شيءٍ كما كان والثّائرونْ	Alles wie immer, die Rebellen
أصدقاءُ الرياحْ	Die Freunde der Winde
يجرحونَ النّهارَ يسيرونَ بين الجراحْ ...	Verwunden den Tag und wandern zwischen Wunden.
غيرَ أنّي أسيرُ، أسمّي، أردُّ إلى كلماتي	Ich jedoch gehe, gebe Namen, gebe den Wörtern
سحرَ تكوينها، أسمّي	Den Zauber ihres Anfangs zurück, benenne
بالجذورِ وإيقاعها، أسمّي	Die Wurzeln und ihren Rhythmus, benenne
شجرَ الخَلجَةِ النبيّةِ في أولِ الفصولْ	Den Baum des prophetischen Zitterns an der Jahreszeiten Beginn
حيثُ لا يعرفُ الدّخانْ	Wenn der Rauch noch nicht weiß
أنّ بين الحقولْ	Daß zwischen den Feldern
وينابيعيَ الخفيّهْ	Und meinen verborgenen Quellen
سقطَتْ جثّةُ المكانْ	Der Leichnam des Ortes fiel.
في دهاليزها الأبديّهْ.	
... وأسمّي، وطفحَت أنهاريَ البشريّه	Ich benenne, und der Menschenfluß
غضبًا ينسجُ الخيوطْ	Läuft über vor Zorn, einem Zorn, der die Fäden webt
بين صوتي وأمواجه، والشّطوطْ	Zwischen meiner Stimme und der Welle, während die Ufer
قوسُ نارٍ – حضيتُ الحريقْ	Bögen aus Feuer sind – ich umarme den Brand
وقشرتُ المكانَ، جعلتُ المكانْ	Und schäle den Ort, mache ihn
زهرًا يقرأُ الطّريقْ	Zu einer Blume, die den Weg entziffert
والخطى تُرجمانْ.	Während die Schritte der Dolmetsch sind.

Ich sah die Lieder gehen und die Füße
Netze weben, um die Vögel der Schwermut zu fangen
Ich sah die Lieder scherzen, und Staubkorn für
    Staubkorn
Die Erde zählen, sah die Qualen
In der Schwärze am Ufer der Fremdheit schlafen.
Der Wind war wie zwei geschärfte Augen
Sie durchdrangen die Dunkelheit und ihre Bräuche
Sie verletzten den Körper der Nacht, sie tranken
Ihr schwarzes, geläutertes Blut
Wenn die Gräber sich heben oder die Engel fallen
Der Wind war eine Fee, und die Lieder
Waren sein Gesicht und seine Hände.

Und Nadir, der Schwarze
War das Echo
Er saß zwischen dem hungrigen Mond und dem
    Garten
Er enthüllte den Schatten und verschleierte seinen
    Hunger
Er war wie die Zeit
Ein Bauer vom Euphrat
Der die Wunde des Wassers näht –
Er geht, und der Himmel geht hinter ihm her.

Dorthin, wo jeden Tag, sobald sie aufwacht, die
    Sonne zu mir kommt
Und das Wasser sich vom Schluchzen
Zur brennenden Fontäne wandelt
Mutiger noch als die Stadt.

4

– Woher kommst du?
– Aus dem Land der Toten, aus dem Becken der Tränen
Ich bewohnte kein Haus.

وحينما نزلتُ في مقبره	Und als ich ins Grab hinabstieg
والشّمسُ تلتفّ على كاحلي	Und wie ein Grashalm die Sonne sich
كالعشبة المسكره	Unter meiner Ferse krümmte
حملتُ للجوع قرابينه	Brachte ich dem Hunger seine Opfergaben
كان دمي أضحية هاجرت	Mein Blut war das Brandopfer
إلى غدٍ آخر	(Es wanderte zu einem anderen Morgen aus)
كانت يدي مجمره ...	Und meine Hand war die Räucherschale
ولم أجد في أول المقبره	Am Anfang des Grabs fand ich nichts
ولم أجد في آخر المقبره	Am Ende des Grabs fand ich nichts
غيرَ الأطفالْ	Außer Kindern
كانوا وعد الأرض الحبلى	Sie waren das Versprechen der trächtigen Erde
كانوا المدّ العاليَ والأمواجَ الحُبلى والشّلّالْ ...	Die hohe Flut, die schwangeren Wellen, der Wasserfall.
ـ من أين أتيتْ؟	– Woher kommst du?
ـ كنتُ أغامر في الغاباتْ	– Ich streunte in den Wäldern umher
أركض خلف الجنّياتْ	Lief den Feen nach
أحلم أنّ الجنيّات	Ich träumte, die Feen seien
خبزٌ ...	Brot.
... ومرّ عصفورٌ بلا هويّة	Ein namenloser Vogel flog vorüber
من فلواتِ الطّيرْ	Er kam aus der Weite der Vögel
والتمّت الأرضُ كمزهريّة	Und die Erde war ein Krug
للّيلِ، للبقيّة	Für die Nacht
من زهر الصّبيرْ.	Für einen Blumenstrauß aus Wolken.
ـ من أينَ أتيتْ؟	– Woher kommst du?
ـ كنتُ حطّابًا عبدتُ الشّجرَهْ	– Ich war ein Holzfäller, ich betete den Baum an
وغرزتُ الفأس في أهدابها ...	Und pfropfte die Axt auf seine Wimpern ...
ـ كيف أتيتْ؟	– Wie kamst du her?
ـ جئتُ في قافلةِ الرّعب وراياتِ الجنونْ	– Ich kam mit der Karawane des Schreckens, mit den Fahnen des Wahns
في بقايا فأسيَ المنكسرَهْ	In den Trümmern meiner zerbrochenen Axt
مرهقًا يحمل تاريخَ الغصونْ ...	Gleich einem, der mit seinen Kräften am Ende ist
	Und die Geschichte der Zweige trägt.

5

مِهْيارْ	Mihyâr
يهبِطُ في محيطِ قاسْيونْ	Kommt herab am Fuß des Qasiyun
في برَدى، في فجوةِ السَّقيفَهْ	Im Barada, durch die Pforte des Laubengangs
في الغُوطةِ المفكوكةِ الأزرارْ	In der Ghuta, die nachts ihr Kleid aufknöpft
في الليلِ، – محمولاً على قطيفَهْ:	Mihyar kommt, getragen auf Samt:

– شقائقُ النّعمانْ
والحجرُ الماسيّ والقنّبُ والرّمانْ
حشدٌ من الفرسانِ في إيوانِ قاسيونْ.

– Anemone, Hanf, Granatapfel, Diamant
Versammeln sich zur Tafelrunde
Im Rittersaal des Qasiyun.

حيث تصيرُ النّارْ
بحيرةً، ويُولَدُ العصفورْ
في ورقِ اللّوتسِ، حيث الماءْ
سفينةٌ تقلّ للأبناءِ من مقابرِ الآباءْ
مجامرَ البخّورْ:

Das Feuer wird zu einem See
Und der Vogel wird in Lotosblättern geboren
Das Wasser ist ein Schiff, das für die Söhne
Die Räuchergefäße aus den Gräbern der Väter bringt:

... – تحتَ وجهِ الفسيفساءِ تربّعنا ...
وغلغلتْ في ضبابِ الأريكَهْ
في دُوارٍ، في حضنِ غيبوبةٍ خَضْراءَ
في طعمِ جنّةْ
وسمعتُ البحرَ يبكي أمواجَهُ المنهوكَهْ ...

– Wir hockten uns hin vors Mosaik
Ich tauchte in die Wolken des Sofas
In den Schwindel, in die Arme grüner Ohnmacht
In den Geschmack des Paradieses
Ich hörte, wie das Meer seine abgekämpften Wellen beweint.

ساطعٌ
لهبيَ التحوّلِ هذا الزّقاقُ – الحجارُ مرايا:

Strahlend
Und flammend vor Verwandlung.
Diese Gassen – ihre Steine sind Spiegel

حجرٌ سيّدُ المدينَهْ
حجرٌ فارسُ المدينَهْ

Der Stein ist der Herr der Stadt
Der Stein ist der Ritter der Stadt

قاطعٌ يتقدّمُ يجتاحُ يدخلُ في مقتلِ المدينه ...
عجلاتُ النهارِ ارتختْ، والمدينةُ
أسلمتْ وجهَها المدينةُ
حيث تقصُّ الشّمسُ بعدَ النّومِ
عليَّ، كلَّ يومٍ:

Unerbittlich rückt er vor, fegt fort, begeht Mord an der Stadt ...
Die Räder des Tags geben nach, und die Stadt
Liefert aus ihr Gesicht
Wo die Sonne, sobald sie aufwacht, mir jeden Tag erzählt:

... – ونادرُ الأسودْ

Und Nadir, der Schwarze

كالدّهرِ، فلاّحٌ من الفراتْ
يخيطُ جرحَ الماءْ
يمشي وتمشي خلفَه السّماءْ ...

مهيارْ
جسرٌ إلى الهبوطِ حتّى السّحرِ والشّقاءْ
في الجسدِ الأرضيّ أو جسدِ السّماءْ –

... – جسدي هنا، جسدي هنالك ساحرٌ
صوتٌ يئنُّ بلا صدَى
يرتاد يفتتحُ المدَى
هو والمدى ...

فصلَه جارحةُ البروقِ عن الدّمِ اللّزجِ الهزيلْ
جسدي قبابُ الأرزِ، والنّهرُ المسافرْ،
والنّخيلْ ...

كلُّ شيءٍ كما كان، والثائرون
أصدقاءُ الرّياحْ
فقراءُ الزوايا وأطفالُها والنساء البقايا
يجرحون النّهارَ يسيرون بين الجراحْ
كلُّ شيءٍ كما كان: كفّايَ مثقوبتانْ
والصّدى يشربُ النّزيفْ
كلُّ شيءٍ كما كانَ: عينايَ معصوبتانْ
والطريقُ الرّغيفْ،

... – سقطَتْ حربةٌ، فلملمتُ أيامي
وأسلمتُها إلى كلماتي
في جذورِ التّفتحاتْ
ودفءِ الموتِ، في موتِ الصّديقِ المؤاتي
في الغدِ النّافرِ المُهاجرْ،
في البرقِ الصّديق، البرقِ البعيدِ الآتي
لستُ إلاّ إيقاعَها، لستُ إلاّ
نَسَمًا طائفًا

Dem Schicksal gleichend, ein Bauer vom Euphrat
Näht die Wunde des Wassers
Schreitet voran, und der Himmel schreitet hinter ihm her.

Mihyar
Eine Brücke hinüber zum Sündenfall
Zu Elend und Zauber
Im Leib der Erde
Im Leib des Himmels.

Mein Leib ist hier, mein Leib ist dort, ein Magier
Eine Stimme, die ohne Echo stöhnt
Die kommt und geht, sich die Weiten erschließt
Meinen Leib sich erschließt und die Weiten ...

Der Blitz, der die Wunde schlug, befreite ihn von seinem klebrigen, dünnen Blut
Mein Leib ist die Krone der Zeder, der verreiste Fluß und die Palmen.

Alles ist, wie es war, die Rebellen
Sind die Freunde des Windes
Und die Armen am Heiligengrab, ihre Kinder, ihre Frauen
Verwunden den Tag, schreiten zwischen den Wunden
Alles ist, wie es war: Meine Handflächen sind durchbohrt
Und das Blut wird vom Echo getrunken
Alles ist, wie es war: Meine Augen sind verbunden
Und der Weg ist ein Laib Brot.

Ein Lanze fiel herab, da sammelte ich meine Tage
Und lieferte sie meinen Worten aus
In den Wurzeln, die sich entfalten
Und der Wärme des Todes
Im Tod, der mein Freund ist
Im blutenden, emigrierenden Morgen
Im befreundeten Blitz, im entfernten, im kommenden Blitz

يفتِّت روحُ الماءِ بين الأنقاضِ والأشتاتِ ...

Ich bin Rhythmus, sonst nichts
Eine Brise, die umherzieht
Und des Wassers Geist zwischen Trümmern und
    Fetzen zerstreut ...

مهيار
وجهُكَ برجُ اللّيلِ في سفينةِ البخّورْ
والحلمُ في أجنحةِ اليمامِ واليمامُ في التنّورْ
والكناريُّ الذي غنّى وغنّى:

Mihyar
Dein Gesicht ist ein Turm aus Nacht im Schiff des
    Weihrauchs
Der Traum ist im Taubenflügel, die Taube ist im
    Ofen
Und es sang und sang der Kanarienvogel:

– لم يعد حولي مكانٌ غير ظلّي
لم يعد حولي طريقٌ غير ظلي ...

– Um mich herum gibt es keinen Ort außer meinem
    Schatten
Um mich herum gibt es keinen Weg außer meinem
    Schatten ...

والذي غنّى وغنّى:

Und er sang und sang:

– كان لي أرضٌ منحتُ الأرضَ، كانْ
شجرٌ ماتَ،

– Ich hatte ein Land, das ich der Erde vermachte
Einen Baum, der starb

الكناريُّ الذي غنّى وغنّى:
– أنتَ يا وجهَ المكانْ
نصفكَ الأول ماتْ
نصفكَ الآخرُ لم يُولدْ ...

Und er sang und sang:
    O Antlitz des Worts
    Deine erste Hälfte ist gestorben
    Deine andre Hälfte ungeboren ...

وغنّى:
– كان لي ظلٌّ منحتُ الظلَّ. كان
شجرٌ ماتَ ...

Und er sang und sang:
    Ich hatte einen Schatten, den vermachte ich Dem
    Schatten
    Ich hatte Bäume, die starben

الكناريُّ الذي غنّى وصلّى للحياةْ
طار من شوقٍ إلى الموتِ وماتْ ...

Der Kanarienvogel, der für das Leben betete, der das
    Leben besang
Flog aus Sehnsucht nach dem Tod davon und starb.

مهيار
وجهُكَ برجُ الضّوءِ في سفينةِ الظّلامْ
والحلمُ في أجنحةِ اليمامِ واليمامْ

Mihyar
Dein Gesicht ist ein Turm aus Licht in der
    Dunkelheit Schiff
Der Traum ist in den Flügeln einer Taube

جسدٌ هنا جسدٌ هنالكَ ساحرٌ	Und die Taube ist hier ein Leib, dort ein Leib
يرتادُ يفتتحُ المدَى	Ein Zauberer, der kommt und geht, sich die Weiten erschließt
هو والمدى ...	Er und die Weiten ...

حيثُ تقصّ الشَّمسُ، بعدَ النَّومِ
عليَّ، كلَّ يومٍ:

... – وسمعتُ أساطيرَهم، وخبزنا، أكلنا
وقفنا أمامَ المرايا
ورأيتُ الوجوهَ الطَّريدَهْ
وتجاعيدها، ورأيتُ الجنونْ
وهو يستنفرُ العصورَ يسوقُ العصورْ
نحوها. ورأيتُ الرِّماحْ
تنحني فوقنا كالغصونِ، رأيتُ الغصونْ
في تقاطيعنا ...
رأيتُ المراكبَ في فجوةِ الخليجِ
تحملُ النَّارَ والرِّياحْ
وغسلتُ المرايا وحرَّرتُ إعصارها، مَزجْتُ المرايا
والطَّريقَ وتاريخها، وجعلتُ المزيجَ
كيمياءَ العُصورِ الجديدَهْ ...

ويجيءُ الصّباحْ
من تخوم خفيّةٍ
لابسًا حُمرَةَ القطيفه
لهيبًا وديعًا يطهِّر، يزرع جَذْرَ الرِّياحْ
في بلاد الخليفه
وأقاليمها الورقيّة ...

حيثُ رأى مهيارٌ
ونادرُ الأسودْ
كيف تجيءُ الشمسُ بعدَ النَّومِ
إليَّ كلَّ يومْ
حيثُ يصيرُ الماءْ

Wo die Sonne, sobald sie wach ist
Mir jeden Tag erzählt:

Wie ich in ihren Märchen lauschte
Wie wir buken und aßen
Vor den Spiegeln standen
Und ich die gejagten Gesichter sah
Ihre Falten und den Wahn sah, wie er
Die Epochen herbeirief, sie gegen die Gesichter hetzte
Ich sah, wie die Lanzen
Sich über uns beugten, Zweigen gleich, ich sah die Zweige
In unseren Falten.
Ich sah die Schiffe im Schlund des Golfs
Sie brachten die Winde und das Feuer
Ich putzte die Spiegel und befreite den Orkan, ich vermischte
Die Spiegel mit dem Weg und der Geschichte, ich machte die Mischung
Zur Alchemie der neuen Epoche ...

Der Morgen kommt
Aus verborgenen Grenzen
In roten Samt gekleidet
Flammend, Abschied nehmend, läuternd
Sät er die Wurzeln der Winde
In das Land des Kalifen
Die papiernen Provinzen ...

Mihyar
Und Nadir, der Schwarze
Sehen, wie jeden Tag, sobald sie aufwacht
Die Sonne zu mir kommt
Und wie das Wasser

Aus einem Seufzer
Zur Fontäne des Feuers sich wandelt
Wie das verlorene Blatt auf dem Weg
Mutiger ist als die Stadt.

6

Der Schleier des Weltraums fiel
Als frohe Botschaft hinab
Und außer einem, der vorüberging, ist nichts
    geblieben
Einer, dessen Züge die Brücken aufsogen
Mal ist er ein Stern, der strahlt
Mal ist er ein Stern, der untergeht –
Nichts ist geblieben von der Irrsal der Wege
Außer dem Weg, außer dem Funken
Das Wasser ist ein Zimmermann auf Wanderschaft
Einer, der gibt, einer, der zeigt, der die Hand
    ausstreckt
Und uns durchwinkt.

وجه البحر   DAS ANTLITZ DES MEERES

Die Alchemie des Narziss

كيمياء النرجس

Spiegel versöhnen
Mittag und Mitternacht
Hinter ihnen
Bahnt ein Körper den Weg
Durch der Jahrhunderte Trümmer
Zu neuen Gefilden
Den Stern des Weges tilgend
Überschreitet er
Die letzte Brücke
Zwischen Rhythmus und Gedicht.

ألمرايا تُصالِحُ بين الظهيرةِ والليّل،
خلفَ المرايا
جَسَدٌ يفتحُ الطّريقْ
لأقاليمِهِ الجديده
في ركامِ العصورْ
ماحيًا نجمةَ الطّريق
بين إيقاعِهِ والقصيدهْ
عابرًا آخِرَ الجُسورْ

Ich schlug die Spiegel tot
Vermischte ihre narzißtischen Gewänder
Mit den Sonnen, erschuf die Spiegel neu
Eine Vision, umfassend
Sonnen und die Weiten des Raums.

... وقتلتُ المرايا
ومَزَجتُ سراويلَها النّرجسيهْ
بالشّموس، ابتكرتُ المرايا
هاجسًا يحضُنُ الشّموس وأبعادها الكوكبيّهْ

Jasmin

ياسمينه

Mohammed ist im Brotlaib verreist
Und kehrte nicht zurück
Sarah fällt in eine Höhle
Fragt die Spalten und den Stein nach ihrem Freund
Und löst sich im Schleier auf
Ahmed singt
Das Lied der Emigranten
Das Lied eines, der umherirrt in einem Land
Das die Leichen Erschlagener frißt
Salah dreht sich in einer Wolke
Deren verläßliche Winde
Ihn zu den Gipfeln eines Gartens bringen
In dem kein Leichnam liegt und keine Fliege fliegt –
Und ich erwachte in meinem Gedicht
In meinem kindlichen Volk
Wie der Jasmin.

مُحمّدٌ سافَرَ في رغيفٍ
ولم يَعُدْ.
وسارةٌ تهبطُ في مغارة
تَسألُ عن صديقِها الشّقوقَ والحجارَه
تذوبُ في منديلْ
وأحمدٌ يغنّي
أُغنيّةَ المهاجرِ المُطْفَأً كالقنديل
أُغنيّةَ الضّائعِ في بلادٍ
تأكلُ حتّى جثّةَ القتيلِ. صالحٌ
يدورُ في سحابَهْ
توصِلُهُ رياحُها الأمينَهْ
إلى ذُرى حديقة
لا جثّةٌ فيها ولا ذبابَهْ –
وكنتُ أستيقظُ في قصيدتي
في شعبيَ الطّفلِ،
كياسمينَهْ.

Der Sannin

صنين

صِنِّينْ
يقرأ في غُرفته العاريه
لِلّيل، للأشجار، للسّاهرينْ
أحزانَهُ العاليه.

Der Sannin
Rezitiert in seinem nackten Raum
Für die Nacht, für die Wachenden und für den Baum
Seine hohe Trauer.

Die Schale und die Tage

القشرة والأيام

قشرةٌ. غابت المدينةُ، رملٌ حول رأسي. يداي،
خاصرتي ... رمحان، والأرضُ فوهةٌ.
– قَشرتْكَ الشّمسُ، واجْتاحَ وجهكَ الإعصارُ

Eine Schale. Die Stadt war fort, mein Kopf steckte
  im Sand. Meine Hände, meine Hüfte ...
Zwei Lanzen, und die Erde ein Abgrund
– Deine Schale ist die Sonne, der Sturm hat dein
  Antlitz fortgefegt.

وخبا البرق: هذه جثّة العالم، هذا ضريحُها السيّارُ
ويدي قبضةٌ من الأرض لا تحمل غير الأكمام
  والأحلام
غسلتها عينايَ، لا وَرقُ التاريخ فيها ولا دروبُ
  الكلام
هي بيتي، وجسري الأخضرُ الطّالعُ بين الأيامِ
  والأيامِ.

Der Blitz erlosch: Dies ist der Leichnam der Welt,
  dies ist mein wanderndes Grab
In meiner Hand aus Erde Blütenkelche und Träume
Gewaschen in meinen Augen, ohne ein Blatt der
  Geschichte, ohne die Pfade des Worts
Die Hand ist mein Haus, meine grüne Brücke, die
  sich von Tag zu Tag spannt.

Das Gedicht

القصيدة

أسمعُ صوتَ الزّمن: القصيدَهْ
يدٌ هنا هنالك، القصيدَهْ
عينان تسألانْ –
هل أغلق النّسرين بابَ كوخهِ
هل فتح الإنسانْ
بَوّابةً جديدهْ؟

Ich höre die Stimme der Zeit:
Das Gedicht – eine Hand hier, eine dort
Das Gedicht – zwei Augen, die fragen:
Verschloß die Osterglocke die Tür ihrer Hütte
Öffnete der Mensch
Eine neue Tür?

يدٌ هنا هناك، والمسافَهْ
تنوسُ بين الطّفل والضّحيّهْ
لكي تجيءَ النّجمةُ الخفيّهْ
وترجعَ الدّنيا إلى الشّفافَهْ.

Eine Hand hier, eine dort, die Distanz
Pendelt zwischen Opfer und Kind
Bis der verborgene Stern kommt
Und die Welt zurückkehrt in die Transparenz.

Die Steine   الأحجار

1

Ein Stein fiel herab
Und etwas in den Wänden öffnete sich
Die Ferne wurde begehrenswerter
Ein Stein fiel herab
Und etwas im Menschen änderte sich.

2

Schon lange liebte ich den Stein
Wir wurden zusammen geschaffen, dann trennten wir uns
Schon lange sah ich den Stein
Als Nabel, sah die Spiegel
Als Zusammenkunft
Wir trafen uns
Wir wurden verletzt, schliefen und standen wieder auf
Trennten uns, und kehrten wieder
Heute bin ich fern von dem, was die Spiegel sagen, durchdringender
Ich bin der erste, bin der letzte Splitter.

3

Ein Stein, der die Brust der Schwangeren schützt
Ein Stein, der trunken ist
Schaukelt in den Wimpern des Dichters
Und wird eine Taube
Die nistet in den Wimpern des Dichters
Ein Stein
Der schlaflos ist
Und zum Schleier wird
Herabfallend über der Stirn des Dichters
Der zur Wolke wird …

4

Führe ihn, o Wolke
Denn er versteht nicht
In der Spirale der Dunkelheit zu gehen

وحينما يخرجُ صوب النورْ
والجهة الخفيّه
في وطن الكلامْ
أبْرأ من براءة العصفورْ
ترميه بندقيّة.

Und wann er
Heraustreten soll ans Licht
In die geheime Richtung
In der Worte Land
Unschuldiger als die Unschuld der Vögel
Streckt ihn nieder ein Gewehr.

دلّيه يا غمامه
خُذيه واغسليه
من ليل قاتليهِ
بالله يا غمامه.

Führe ihn, o Wolke
Nimm ihn und reinige ihn
Von der Nacht seiner Mörder
Bei Gott, o Wolke.

الشهيد

DER MÄRTYRER

حين رأيتُ الليلَ في جفونهِ الملتهبه
ولم أجد في وجههِ نخيلاً
ولم أجدْ نجومًا،
عَصَفتُ حولَ رأسه
كالرّيح – وانكسرتُ مثلَ قَصَبَهْ.

Als ich die Nacht
In seinen entzündeten Augenlidern sah
Und in seinem Gesicht
Keine Palme fand
Keinen Stern
Stürmte ich um seinen Kopf
Wie der Wind
Und knickte ein wie das Rohr.

وجه البحر

DES MEERES GESICHT

أسمعُ في مهيارْ
قصيدة
تَعرفُ أن تجرحَ ليلَ القَبرْ
بالشّمسِ أن تجيءْ
في قَدَم الشّمسِ ووجه البَحرْ ...

In Mihyar
Höre ich ein Gedicht, fähig
Die Nacht der Gräber mit der Sonne zu verwunden
Fähig, in den Schritten der Sonne zu kommen
In des Meeres Gesicht.

الرغيف	DAS BROT

عادَ الرّغيفُ إلى خميرتهِ	Der Brotlaib verwandelte sich wieder in Teig
يُهاجرُ في قصيده	Wanderte wie ich
مثلي،	Im Gedicht
سَرْينا حافِيِين،	Barfuß reisten wir
– أكلتَ؟	Nachts
– لا.	– Hast du gegessen?
– ودَّعتَ؟	– Nein.
– لا.	– Hast du dich verabschiedet?
– عاندتَ صوتكَ، وَهْو يفتح جرحَه الملكيَّ، يصرخُ؟	– Nein.
– لا.	– Hast du deiner Stimme widersprochen, als sie ihre königliche Wunde offenlegte und schrie?
سَرْينا	– Nein.
في قاعِ أغنية، رأينا	Wir reisten nachts
سُفنَ الحروفِ الجاريات – نقلتُ عن وجهي حُرُوفي	Auf dem Grund eines Lieds, wir sahen
ولبستُ قبّةَ الخريفِ	Das Schiff der Buchstaben
كي أفهمَ القبر المسافرَ ...	Ich löschte die Lettern in meinem Gesicht
وانحنَينا	Und setzte den Hut für den Herbst auf
وتنهَّد الحَورُ الحزينُ يقولُ، أسمعه يقول	Um das reisende Grab zu verstehen ...
أنا الرّغيفُ علامتانِ وكلّ أغنيةٍ رسولُ	Wir verneigten uns
والماءُ حَمحمةٌ بعيدهْ.	Die traurige Pappel seufzte und sagte, ich hörte sie sagen:
أنا والرغيفُ دَمٌّ – سَرْينا	Ich und das Brot sind zwei Zeichen, jedes Lied ist Prophet
بكت الشوارعُ وانحنَتْ رُكَبُ المآذنِ،	Und das Wasser ist ein ferner Schädel
وَانحنَينا ...	Ich und der Brotlaib sind Blut – wir reisten nachts
	Die Straßen weinten, die Knie der Minarette beugten sich
	Und wir verneigten uns.

DER TOD

الموت

حين رأيتُ الموتَ في طريقي
رأيتُ أفكاري
رأيتُ وجهي
قاطرةً تمتدُّ كالضَّباب
وكنتُ مستجيرًا
بالبرقِ، مرسومًا على التُّراب.

Als ich den Tod auf meinem Weg sah
Sah ich meine Gedanken
Sah ich mein Gesicht
Eine Kolonne
Die sich ausbreitet wie Nebel
Ich bat den Blitz um Hilfe
Der in den Boden geritzt war.

GESPRÄCH

حوار

– لا تَقُلْ كان حبّي
خاتمًا أو سِوارْ
إنَّ حبّي حصارْ
إنّه الجامحونْ
يُبحرون إلى موتهم، يَبحثونْ.
لا تقلْ كان حبّي
قمرًا،
إنّه شَرارْ.

Sag nicht, daß meine Liebe
Ein Ring oder Fußreif war
Meine Liebe ist Belagerung
Sie ist wie die Trotzenden
Immer Suchenden
Die in den Tod segeln
Sag nicht, meine Liebe
Sei ein Mond:
Sie ist Funke.

VERGOSSENES BLUT

الدم النافر

أحلُمُ –
لَنْ يكونَ هذا الصَّوتْ
صوتيَ،
أنتَ الجُثَّةُ الطَّريحَةْ
أنا الدَّمُ النَّافرُ من حضارةٍ ذبيحَةْ
يُشعلُ نارَ المَوتْ
يُطفئُ نارَ المَوتْ.

Ich träume –
Diese Stimme wird nicht meine Stimme sein
Du bist der verstoßene Leib
Das Blut, das aus der geschlachteten Zivilisation fließt
Es entzündet das Feuer des Todes
Es löscht das Feuer des Todes.

Die Rose

الوردة

خُذْ وردةً مُدَّها وسادةً.
بعدَ حينْ
تَصهرك المهزلَهْ
في حَمأ، في طينْ
تضمّك القنبلة
لِملكِها،
بعدَ حينْ
خُذْ وردةً سَمِّها
أُغنيّةً،
وَغَنِّ للعالمينْ.

Nimm eine Rose
Breite sie als Kissen hin
Dann
Verschmelzt dich der Aberwitz
Mit dem Schlamm
Nimmt dich die Bombe
In ihren Besitz
Dann
Nimm eine Rose
Nenn sie Gesang
Und singe sie für die Welt.

Der Vogel

العصفور

أصغيتُ:
عصفورٌ على صنّينْ
يَضجُّ كي تسيطرَ السَّكينهْ
كي يُصبح الغناءُ
كشفرة السِّكينْ
يجرحُ بالبحّة والبُكاءْ
برودةَ المدينةْ.

Ich lauschte:
Ein Vogel auf dem Sannin
Er trillert, um der Stille Herr zu werden
Um den Gesang
In eine Klinge zu verwandeln
Die mit Heiserkeit und Tränen
Die Kälte der Stadt verwundet.

Das Minarett

المئذنة

بكتِ المئذنةْ
حين جاء الغريبُ – اشتراها
وبنى فوقها مدخنهْ.

Das Minarett weinte
Als der Fremde kam
Er kaufte es ohne Not
Und baute darauf einen Schlot.

Der Traum

Bliebst du fort, hast dich verborgen?
Ich weiß, daß du umherziehst
Wie ein Funke, eine Perle, wie die Wogen der Sünde
Du kommst und gehst mit den Zeiten
Ich sah dein Feuer auf den Feldern
Deine Augen sind Flügel, und dein Antlitz geht auf
Sammelt Sonnen wie der Horizont
Und säubert die trübe Erde
Bliebst du fort, hast dich verborgen?
Ich sah dein Gesicht auf den Feldern
Es reiste wie Wasser in Wurzeln, im Gras, im Fluß
    der Zeiten
Zu fremden Städten.

Die Welle

Eine Welle, auf deren Stufen ich meine Insel hißte
Und fortzog, um meine Geschichte zu beginnen –
Ich zerbröckele sie
Sammele sie auf
Säubere sie, und in meiner Sprache
Belebt mich die Entfernung des Todes, in meinen
    Blättern
Die Entfernung der Wunde
Eine Welle, Gebieter der Bilder
Eine Welle, die sich mit dem Weg der Sonne
    verbrüdert
Und ihre Halteplätze öffnet in meiner Brust
Eine Welle, die mich lehrt
Daß die Fernen die Umlaufbahn des Traums und der
    Reise sind.

Die Stadt

Ich schlief mit der Stadt
Im Anfang der Zweige, im Beginn der Wunden
Sie lag in meinem Bett
Unruhig wie ein Schiff in Wellentälern
Die Verschmelzung läßt es erbeben
Und öffnet alle Adern ...
Als sie erwachte, war das Bett
Ein Fluß für die Liebe
Und die Verschmelzung
War der Liebenden Geschichte
Und ihre beiden Brüste waren zwei Städte.

Prophezeiung

Für die Heimat, die in unser Leben eingelassen
　　wurde wie ein Sarg
Für die getötete, berauschte Heimat
Kommt aus unserem zahmen Schlummer,
　　aus unserer gelähmten Geschichte
Eine Sonne ohne Anbetung
Tötet den alten Mann des Sandes, die Heuschrecke
Und die Zeit, die auf ihren Steppen wächst
Auf ihren Steppen vertrocknet
Wie Pilze.

Eine Sonne, die den Meuchelmord liebt und die
　　Vernichtung
Geht hinter dieser Brücke auf.

Orient und Okzident

الغرب والشرق

Etwas streckte sich im Tunnel der Geschichte
Ein Geschmücktes, Vermintes
Es trug sein mit Erdöl vergiftetes Kind
Ein vergifteter Händler besang es
Und der Orient stellte kindliche Fragen
Schrie um Hilfe
Während der Okzident für ihn
Ein Weiser war, der nie irrt.

كان شيءٌ يمتدُّ في نفقِ التَّاريخ
شيء مزيَّنٌ ملغومُ
حاملاً طفله من النَّفطِ مسمومًا
يغنِّيهِ تاجرٌ مسمومُ
كان شرقٌ كالطِّفلِ يسألُ،
يستصرخُ
والغربُ شيخهِ المعصومُ

Doch die Landkarte hat sich geändert
Nun ist die Welt entflammt
Und Orient wie Okzident
Sind *ein* Grab, aufgehäuft
Aus beider Asche.

بُدِّلت هذه الخريطةُ
فالكونُ حريقٌ
والشَّرقُ والغربُ قبرٌ
واحدٌ
من رمادهِ ملمومُ...

Ähre

سنبله

Die Ähre blieb stehen
Sie blieb stehen zwischen dem Antlitz des
    Versprengten und seinen Tagen
Sie blieb stehen und winkte –
Ich sah den Tag
Eine Glocke, die die Fenster öffnet und die
    verschlossenen Städte.

وقفت سنبله
بين وجه الشريد وأيامهِ، وقفت سنبله
وأشارت –
رأيتُ النَّهارْ
جرسًا يفتح الشبَّابيكَ والمدنَ المقفلةْ.

Die Ähre blieb stehen
Im Umkreis der Quellen, in der Begierde des Staubs
Und ich sah, wie die Vögel, während der Regen fiel
Schiffe bauten, die das Eis auf dem Weg der
    Knospen und des Grases durchbrachen
Der Baum war ein Schiff, das Städte trägt
Oder den Mond in einen neuen Kosmos entführt.

وَقفت سنبله
في مدار الينابيع في شَهْوة الغُبارْ
ورأيتُ العصافيرَ تبني، وكان المطر
سُفنًا تجرف الجليدْ
في طريق البراعم والعشب، كان الشَّجر
سفنًا تحمل المدائن أو تأخذ القمرْ
في مهبِّ الفضاء الجديدْ.

DER ZAUBERER

ساحر

Vorher oder nachher
Entsteht die Welt
Gebunden an die Hörner einer verzauberten Gazelle
Wo ihr Schatten auf die Bäume fällt:
Der Zweig ist ihr Symbol
Der Zweig, der zwischen Nagel und Nagel blüht
Der Zweig, der die Sehnsucht des Feuers liebt –
Ich bin die Geschichte dieses wandernden Zweiges
Im Wald des Hungers und der Visionen
Mein Antlitz wandelte in der Kuppel des Todes
Und sprach einen Zauber, der ihn erleuchtete und
    den er verlor
Da rief ich die befreundete Glut, und wir
    beweihräucherten
Seine Strecke, seine Welle und sein Segel
Ich brachte dem Säugling das Gras, als wäre es
    meine Wimpern
Und reiste in der Sehnsucht des Stillens
In fremden Winden
Die meinem Blut als Wunde geweiht sind
Für meine Liebe
Gebunden an die Hörner einer verzauberten Gazelle.

قبلُ أو بعد،
يُولد الكون مربوطًا بقرنَيْ غزالةٍ مسحورهْ
راسمًا ظلّه على الأشجارِ:
غُصْنٌ صورةٌ لهُ
غُصْنٌ يزهر بين المسمار والمسمارِ
غُصْنٌ عاشقٌ حنانَ النَّارِ –
أنا تاريخ ذلك الغُصْنِ السَّائح
في غابة الرّؤى والمجاعهْ
سار وجهي في قبّة الموت
واسترجعَ سحرًا يُضيئهُ، وأضاعهْ
فدعوتُ الجَمْرَ الصديق وبخَّرنا
مداه، وموجه، وشراعهْ
وحملتُ العشب الرّضيعَ كأهدابي
وسافرتُ في حنين الرّضاعهْ
في رياح غريبةٍ منذوره
لدمي جارحًا،
لحبّيَ مربوطًا بقرنَيْ غزالةٍ مسحورهْ.

DAMASKUS   دمشق

أومأتِ –
جئتُ إليكِ حنجرةً يتيمه
أقتاتُ، أنسج صوتَها الشَّفقيّ من لُغةٍ رجيمه
تتبطَّنُ الدنيا وتخلع باب حكمتها القديمَهْ.
وأتيتُ، لي نجمٌ وليَ نارٌ كليمه:

Du winktest –
Ich kam zu dir als verwaiste Kehle
Ich ernähre mich, ich webe ihre Dämmerungs-
    stimme aus einer verfluchten Sprache
Welche die Welt ankleidet und das Tor ihrer alten
    Weisheit auszieht
Ich bin gekommen, mir gehörten der Stern und das
    verwundete Feuer:

يا نجمُ، رُدَّ لي المجوسَ
وأنتِ يا نارُ استبيحي
فالكونُ من ورقٍ وريح
ودمشقُ سرّة ياسمينْ
حُبلى،
تمدّ أريجَها
سقفًا
وتنتظرُ الجنينْ.

O Stern, gib mir die Magier zurück
Und du, o Feuer, gib dich preis
Denn die Schöpfung besteht nur aus Blättern und
    Wind
Damaskus ist ein Nabel aus Jasmin
Sie ist schwanger
Spannt ihre Düfte als Dächer auf
Und erwartet das Kind.

NAMEN   الأسماء

سأسمّي التحوّلَ ربّانَ أيامك الجديدهْ
يا بلادَ الخليفة والتَّابعينْ
وأسمّي
وجهكِ المغلقَ الدّفينْ
كوكبًا، والقصيدَهْ
هالةَ الفارس الغريب
حولَ أيامكِ الجديده.

Ich nenne die Verwandlung den Kapitän deiner
    neuen Tage
O Land des Kalifen und derer, die dem Propheten
    folgen
Ich nenne
Dein verschlossenes, verhülltes Gesicht
Einen Stern, und das Gedicht
Heiligenschein eines fremden Ritters
Der deine neuen Tage umstrahlt.

Die Perle

Wie komme ich zu meinem Volk, zu mir selbst
Wie komme ich zu meiner Leidenschaft und meiner
    Stimme
Wie steige ich auf?
Bin ich doch
Nichts als ein Fluß
Der die Perle der Dichtung umspült
Nichts
Als ein Traum –
Ich bin das Licht
Das im Körper der Nacht reist
Unbändig bin ich
Umarme die Erde wie eine Frau
Und schlafe ein
Erweckend meine Liebe zu ihr
Als Flamme, in die gekleidet
Ein Zeichen kommen soll
Ich bin ein Buch
Und mein Blut ist Tinte
Und meine Glieder sind Sprache.

Wie komme ich zu meinem Volk, zu mir selbst
Wo doch mein Blut Feuer ist und meine Geschichte
    Trümmer?
Stärkt meine Brust
In ihr toben Brände
Und Distanzen,
Körper, an denen die Epochen zerren
Die Chroniken sind Spiegel
Die Zivilisationen sind Spiegel
Die zerbrechen.

Nein, laßt mich:
Ich höre Stimmen, die in meiner Asche singen
Ich sehe, daß sie wie die Söhne meines Landes gehen.

هذا هو اسمي   DIES IST MEIN NAME

هذه ناريَ   ماحيًا كلَّ حكمةٍ
لم تبقَ آيةٌ - دميَ الآيةُ
هذا بدئي

دخلتُ إلى حوضك   أرضٌ تدور حوليَ أعضاوُكِ
نيلٌ يجري   طفَوْنا ترسّبْنا   تقاطعتِ في دمي قطعَتْ صدركِ أمواجي انْهَصَرَتِ
لنبْدأ: نسيَ الحبُّ شفرةَ الليل
هل أصرخُ أنّ الطوفان يأتي؟   لنبْدأ: صرخةٌ تعرج المدينة والناس مرايا تمشي
إذا عبرَ الملحُ التقينا هل أنتِ؟

- حبّيَ جرحٌ
جسَدي وردةٌ على الجرح لا يُقطَفُ إلا موتًا. دمي غُصُنٌ أسلم أوراقَه استقرَّ ...
هل الصخرُ جوابٌ. هل موتكِ السيدُ النائم يُغْوي؟ عندي لثدييكِ هالاتُ ووَلُوعٍ لوجهك
الطفل وجهٌ مثلهُ ... أنتِ؟ لم أجدكِ

هذا لهبي ماحيًا
دخلتُ إلى حوضكِ   عندي مدينةٌ تحت أحزاني عندي ما يجعل الغُصُنَ الأخضرَ
أفعى والشمسَ عاشقةً سوداءَ عندي ...

تقدَّموا فقراءَ الأرض غطّوا هذا الزّمان بأسمالٍ ودمع غطّوهُ بالجسد الباحث عن دفئه ...
المدينةُ أقواسُ جنونٍ   رأيتُ أن تلدَ الثورةُ أبناءَها، قبرت ملايين الأغاني وجئتُ
(هل أنتِ في قبري؟) هاتي ألمسْ يديكِ اتبعيني.
زمني لم يجئ ومقبرة العالم جاءت   عندي لكل السلاطين رمادٌ هاتي يديكِ
اتبعيني ...

قادِرٌ أن أُغيِّرَ: لغُمْ الحضارةِ - هذا هو اسمي (لافتة)

... وقفت خطوة الحياة على باب كتاب محوته بسؤالاتيَ: ماذا أرى؟ أرى ورقًا قيل
استراحت فيه الحضارات (هل تعرف نارًا تبكي؟) أرى المئة اثنين أرى المسجدَ الكنيسة
سيّافَيْن والأرض وردةً

Ausmerzend alle Weisheit   hier ist mein Feuer
Kein Zeichen bleibt – mein Blut ist das Zeichen
Das ist mein Beginn

Ich drang in dein Becken ein   Erde die sich um mich dreht deine Glieder
Strömender Nil   wir trieben fort lagerten uns ab   du hast dich in meinem Blut gekreuzt
Meine Wellen durchschnitten deine Brust biegsam wie du bist laß uns beginnen:
Die Liebe vergaß die Klinge der Nacht soll ich schreien daß die Sintflut beginnt?
Laß uns beginnen: Schrei der die Stadt lähmt und schreitende Spiegel die Menschen
Wo das Salz hindurchgeht treffen wir uns bist du's?

Meine Liebe ist eine Wunde
Mein Körper ist eine Rose auf der Wunde die nur der Tod pflückt.
Mein Blut ein Zweig der seine Blätter hingab und ruhte …
Gibt der Felsen die Antwort? Ist dein Tod der schlafende Meister der dich verführt?
Ich bringe deinen Brüsten das Kardamom der Begierde deinem kindlichen Antlitz
eins das ihm gleicht … du? Ich finde dich nicht.

Dies ist meine vertilgende Flamme
Ich drang in dein Becken ein   Eine ganze Stadt liegt unter meiner Trauer
Ich kann den grünen Zweig in Nacht verwandeln die Sonne in eine schwarze Geliebte …

Die Verdammten der Erde rücken vor bedecken diese Zeit mit Lumpen und Tränen bedecken sie mit ihren Körpern die nach Wärme suchen … Die Stadt ist ein Bogen aus Wahn ich sah wie die Revolution ihre Kinder gebar begrub zu Tausenden die Gesänge und kam wieder (liegst du schon in meinem Grab?) gib deine Hand mir und folg …

Meine Zeit ist noch nicht gekommen doch der Friedhof der Welt ist schon hier
Für jeden Herrscher habe ich Asche   gib deine Hand mir und folg …

Fähig zu verwandeln: Mine für die Zivilisation – dies ist mein Name (Spruchband)

Der Schritt des Lebens hielt innen vor dem Tor eines Buchs das ich mit meinen Fragen ausradierte was sehe ich? Ich sehe ein Blatt in dem sich die Zivilisationen ausgeruht haben (kennst du ein Feuer das weint?) Ich sehe die Hundert zu einer Zwei geschrumpft ich sehe die Moschee und die Kirche beide als Henker und als Rose die Erde.

طار في وجهي نَسْرٌ   قدَّستُ رائحة الفوضى ليأتِ الوقتُ الحزينُ لتستَيْقِظْ شعوب اللهيب والرَّفض صحرائيَ تنمو   أحببتُ صفصافةً تحتارُ بُرْجًا يتيهُ مئذنةً تهرمُ أحببتُ شارعًا صَفَّ لبنانُ عليه أمعاءَهُ في رسومِ ومرايا وفي تمائمْ

قلتُ الآنَ أُعطي نفسي لهاوية الجنس وأُعطي للنار فاتحة العالم قلتُ اسْتَقرَّ كالرمح يا نيرون في جبهة الخليقة روما كلُّ بيتٍ روما التخيُّل والواقع روما مدينةُ الله والتاريخ قلتُ استقرَّ كالرمح يا نيرونْ ...

لم آكل العشيَّة غير الرَّمْلِ، جوعي يدورُ كالأرضِ أحجارِ أحجارٍ قصورٍ هياكلَ أتهجّاها كخبزٍ رأيت في دمي
الثالثَ عينيَ مُسافرٍ مزج النّاس بأمواج حلمه الأبديِّ
حاملاً شعلة المسافات في عقلِ نبيّ وفي دمٍ وَحْشيٍّ.

... وعليٌّ رمَوْهُ في الجبِّ غَطَّوهُ بقَشٍّ والشمسُ تحمل قتلاها وتمضي   هل يعرف الضوءُ في أرضِ عليٍّ طريقَهُ؟ هل يُلاقينا؟ سمعنا دمًا رأينا أنينًا

سنقول الحقيقة: هذي بلادٌ
رفعت فخذَها
رايةً ...

سنقول الحقيقة: ليست بلادًا
هي اصطبلنا القمريّ
هي عُكَّازة السَّلاطين سجَّادةُ النبيّ

سنقول البساطة: في الكون شيءٌ يسمَّى الحضورَ وشيءٌ يُسمَّى الغيابَ نقول الحقيقة:
نحن الغيابْ
لم تلدنا سماءٌ لم يلدنا ترابْ

إننا زبَدٌ يتبخَّرُ من نَهَرِ الكلمات
صَدًأ في السماء وأفلاكَها صَدًأ في الحياةِ!   (منشور سري)

Ein Falke flog in mein Gesicht ich pries den Geruch der Anarchie
Komme du damit die traurige Zeit kommt damit die Völker erwachen die Völker
von Verweigerung und Flamme.
Meine Wüste wächst ich liebte eine ratlose Weide einen verirrten Turm
ein Minarett im Verfall ich liebte eine Straße auf welcher der Libanon seine Eingeweide in Bildern Spiegeln und Amuletten ausstellte.

Ich sagte ich gebe mich hin dem Abgrund des Geschlechts gebe dem Feuer die
Anfangssure der Welt ich sagte zu Nero ruh aus wie der Speer in der Stirne der
Schöpfung Rom jedes Haus ist Rom die Phantasie und die Wirklichkeit sind Rom
Stadt Gottes und der Geschichte ich sagte ruh aus wie Nero die Lanze.

Mein Abendmahl war nichts als Sand mein Hunger dreht sich wie der Erdball
Steine Schlösser Tempel die ich als Brot buchstabiere in meinem dritten
Blut sah ich die Augen eines Reisenden der die Menschen mit den Wellen seines
ewigen Traumes mischte.
Mit dem Verstand eines Propheten und mit wildem Blut trug er die Fackel der
Distanzen.

Ali warfen sie in den Brunnen begruben ihn unter Stroh während die Sonne ihre
Toten nahm und fortging Kennt das Licht in Alis Land seinen Weg? Wird
es uns begegnen? Wir hörten das Blut wir sahen das Stöhnen.

Wir werden die Wahrheit sagen: Dies ist das Land
Das seine Schenkel
Als Banner hißte ...

Wir werden die Wahrheit sagen: Das ist kein Land
Das ist unser Stall für den Mond
Die Krücke der Herrscher der Gebetsteppich des Propheten.

Wir sagen es unverblümt: Auf der Welt gibt es etwas das man Gegenwart nennt
Das man Abwesenheit nennt wir sagen die Wahrheit:
Wir sind die Abwesenheit
Kein Himmel hat uns geboren kein Staub.

Wir sind Schaum der auf dem Fluß der Worte treibt
Der Rost des Himmels und der Gestirne
Der Rost des Lebens. *(Geheimbericht)*

وطني فيَّ لاجئٌ

وليكنْ وجهي فيئًا!
دهرٌ من الحجرِ العاشقِ يمشي حولي أنا العاشقُ الأول للنار تحبلُ النار   أياميَ نارٌ
أنثى دَمٌ تحت نهديها صليلٌ والإبط آبارٌ دَمْعٌ نهرٌ تائهٌ وتلتصقُ الشمسُ عليها كالثوبِ تزلقُ
جرحٌ فَرْعته وشعشعْتهُ بَهاءٍ وبهار (هذا جنينُكِ؟) أحزاني وَرْدٌ
دخلتُ مدرسة العشبِ جبيني مُشققٌ ودمي يخلعُ سلطانَه: تساءلتُ ما أفعلُ؟ هل أحزم
المدينة بالخبز؟ تناثرتُ في رواقٍ من النار   اقتسمْنا دمَ الملوكِ وجعْنا
نحمل الأزمنه
مازجين الحصى بالنجومْ
سائقين الغيومْ
كقطيعٍ من الأحصنه

قادرٌ أن أُغيِّر: لغمُ الحضارةِ – هذا هو اسْمي

الأمّة استراحتْ
في عسلِ الربابِ والمحرابْ
حصّنها الخالقُ مثلَ خندقٍ
وَسدَّهُ.
لا أحدٌ يعرفُ أين الباب
لا أحدٌ يسأل أين البابْ.
(منشور سري)

... وعليٍّ رموهُ في الجبِّ الجمرُ كان ثوبًا له اشتعلنا تمسّكنا بأشلائه اشتعلتْ مساءَ الخير
يا وردةَ الرَّمادِ   عليٌّ وطنٌ ليس لاسمه لغةٌ ينزفُ نفيًا ويُثْبتُ العشبَ والماءَ عليّ
مهاجرٌ

أين يغفو سيدُ الحزن كيف يحمل عينيه؟ سمائي مخنوقةٌ كتفي تهبط والأرضُ خوذةٌ مُلئتْ
رملًا وقشّا هَلعْتُ أركض غطَّتني سُنونوّةٌ نهضتْ لهيبٌ ناهداها نهضتْ شبّاكًا أفتحُ: حقولٌ
خضرٌ أنا الفاتحُ الآخرُ والأرضُ لعبةُ فرسٍ تدخل في الغيمِ

Mein Land hat in mir Zuflucht gefunden

Möge mein Antlitz Schatten sein!
Die Ewigkeit eines liebenden Steins umwandert mich den ersten Geliebten des Feuers
Das Feuer ist schwanger   Meine Tage sind eine Frau aus Feuer in deren Brüsten das Blut knistert
Die Achsel ist ein Brunnen der Tränen ein verirrter Fluß an dem die Sonne hängt wie ein Kleid das hinuntergleitet eine Wunde verzweigt und beglänzt von Sperma und Gewürz (Ist dies dein Kind?)
Meine Trauer ist Rose.
Ich besuchte die Schule des Grases meine Stirn ist zerborsten mein Blut ist seiner Macht entkleidet:
Ich fragte mich was tun? Die Stadt mit dem Brot verketten? Ich wurde in einem Zelt aus Feuer zerstreut   Wir zerteilten der Könige Blut und hungerten.
Wir trugen die Zeiten
Mischten die Kiesel mit den Sternen
Wir trieben die Wolken
Wie eine Herde von Hengsten.

Fähig zu verwandeln: Mine für die Zivilisation – dies ist mein Name

Die Nation ruht sich aus
In der Wabe von Rebab und Mihrab
Der Schöpfer hat sie festgefügt als Schützengraben
Verstellt mit Barrikaden
Niemand weiß wo der Ausgang ist
Niemand fragt wo der Ausgang ist.
(Aus einem Geheimbericht)

Ali warfen sie in den Brunnen die Glut war sein Kleid wir entflammten wir hielten uns fest an seinen zerrissenen Gliedern ich entflammte Guten Abend o Rose aus Asche
Ali ist ein Land für dessen Namen es keine Sprache gibt es blutet Verneinung und stärkt das Gras und das Wasser Ali ist ausgewandert.

Wo schlummert der Herr der Traurigkeit wie trägt er seine Augen? Mein Himmel ist erdrosselt meine Schulter niedergedrückt und die Erde ist ein Helm mit Sand und Stroh gefüllt ich hatte Angst lief eine Schwalbe gab mir Deckung ich wachte

يخرج الشجرُ العاشقُ غصنٌ يهزّني انْبجَس الماءُ انتهى زمن الناس القديمُ ابتدأتُ وجهي مداراتٌ وفي الضوء ثورةٌ

أيقظَتْني قريةٌ في مهبّهِ انكسر الصمتُ احتضنّي
يا خالقَ التعب امنحني أريحكَ امتحنّي أنا الصخرة والبحث والسُّؤالُ ولا عيدٌ ولا موقدٌ
أنا الشَّبَح الراصدُ في فجوة المدينة والناس نيامٌ دخلتُ في شَرَك الضوء نقيًا كالعُنْف
أسطعُ كالتيه خفيفًا أطرافيَ البرق رياحٌ منحوتةٌ ليس عظمي طعمَ تاج أو فضّةٍ لستُ مُلْكًا
ودمي هجرة السماء وعيناي طيورٌ يُقال جلدكَ شوكٌ لتمتْ ولتكن سمائي من
جلدكَ صفراء قيل جلدك دهرٌ راسبٌ في قرارة الحُلْمِ

وَلْتُولدْ حِرابُ الوقيعة الأبديّهْ
بيننا حفرة انهدام وصوتي
هذيانُ المغير يكسّر عُكّازَ الأغاني ويقلع الأبجديّهْ
... والنساءُ ارْتحْنَ في مَقصورةٍ
يستجرْنَ الكتبَ المستنزلَهْ
ويُحوّلن السماء
دميةً أو مقصلهْ
وعليٌّ فاتحٌ أحزانَه
لبهاليل الشقاء
للذين استنسروا وانكسروا ...
وعليٌّ لَهَبٌ
ساحرٌ مشتعلٌ في كلّ ماءْ
عاصفاً يحتاجُ – لم يترك ترابًا أو كتابًا
كَنس التاريخ غطّى
بجناحيه النّهارْ
سرّهُ أنّ النهار
جُنّ
هذا زمنُ الموتِ، ولكن
كله مو فيه موتٌ عربيّ
تسقطُ الأيام في ساحاتهِ
كجذوع الأرزة المكتهلهْ

auf Flammen waren ihre Brüste ich wachte auf öffnete das Fenster:
Grüne Felder ich bin der andere Eroberer und die Erde ist ein Spiel ein Pferd das in die Wolken reitet.

Die liebenden Bäume treten hinaus ein Zweig schüttelt mich das Wasser bricht hervor die Zeit des alten Menschen endet ich beginne Wendekreise sind mein Antlitz und im Licht: Revolution.

Ein Dorf weckte mich auf mit seinem Wind das Schweigen zerbrach und nahm mich in die Arme o Schöpfer der Erschöpfung schenk mir deine Schaukeln prüf mich ich bin der Fels die Suche die Frage kein Fest kein Herd ich bin das Gespenst das durch die Ritzen der Stadt späht während die Menschen schlafen   ich tappe in die Schlinge des Lichts geläutert wie die Gewalt glänze leicht wie die Verirrung meine Glieder sind Blitz meine Glieder sind gemeißelte Winde nicht der Krone Geschmack nicht aus Silber keine Herrschaft bin ich und mein Blut ist der Auszug des Himmels meine Augen sind Vögel es heißt deine Haut sie hat Dornen so stirb so werde mein Himmel aus deiner blassen Haut es heißt deine Haut ist eine Ewigkeit die sich abgesetzt hat im Schlamm eines Traums.

Mögen die Lanzen der ewigen Schlacht erstehen
Zwischen uns ist der Graben des Zerfalls und meine Stimme
Das Stammeln des Angreifers zerbricht die Krücke der Lieder entwurzelt das
   Alphabet
… und die Frauen ruhen hinter der Einfriedung
Sie suchen Hilfe bei den offenbarten Büchern
Und verwandeln den Himmel
In Götzenbilder oder Guillotinen
Ali öffnet seine Trauer
Für die Narren des Elends
Die fliegen wie Adler und zerbrechen
Ali ist Flamme
Ein Zauberer der in allen Wassern entflammt
Wütet wie ein Sturm
Verschont kein Buch und kein Staubkorn
Fegt die Geschichte
Bedeckt den Tag mit seinen Flügeln
Froh daß der Tag verrückt geworden ist
Das ist die Zeit des Todes
Aber in jedem Tod ist ein arabischer Tod
Die Tage fallen auf die Plätze der Zeit

إنه آخرُ ما غنَّى به
طائرٌ في غابةٍ مشتعلهْ

وطني راكضٌ ورائي كنهرٍ من دم   جبهة الحضارة قاعٌ طحلبيٌّ   لملمت تاجًا تقمَّصتُ سراجًا   هامت دمشق حنَّت بغدادُ   سيفُ التاريخ يُكْسَرُ في وجه بلادي
مَن الحريق مَن الطوفانُ؟

كنتِ الصحراء حين أسرتُ الثلج فيكِ انشطرتُ مثلكِ رملاً وضبابًا صرختُ أنتِ إلهٌ لأرى وجهه لأمحو ما يجمع بيني وبينه قلتُ جاسدتكِ أنتِ الشقُّ المليءُ بأمواجي أنا الليلُ حافيًا حين أدخلتكِ في سُرَّتي تناسلتِ في خطوي طريقًا دخلتِ في مائي الطِّفل   استضيئي تأصَّلي في متاهي

خدَرٌ مثمرٌ يعرِّش حول الرأس حلمٌ تحت الوسادة أيامي َ ثقبٌ في جيبي اهترأ العالمُ
حوّاء حاملٌ في سراويلي َ
أمشي على جليدٍ
ملذّاتي َ أمشي بين المحيَّر والمعجزِ أمشي في وردةٍ

زهراتُ اليأس تذوي والحزن يصدا   جيشٌ من وجوهٍ مسحوقةٍ يعبر التاريخ جيشٌ
كالخيط أسْلَم واستسلم، جيشٌ كالظّلِ   أركض في صوت الضحايا وحدي على
شفة الموتِ كقبرٍ يسيرُ في كرةِ الضوءِ

انصهرنا دمُ الأحباء كالأهداب يحمي سمعتُ نبضكِ في جلدي َ (هلِ أنتِ غابةٌ؟) سقط الحاجزُ (هل كنتِ حاجزًا)؟ سأل النورس خيطًا في البحر يغزله الرُّبَّانُ غنَّى ثلج المسافر شمسًا لا يراها (هل أنتِ شمسي؟) شمسي ريشةٌ تشرب المدى سمع الضائع صوتًا (هل أنتِ صوتيَ؟) صوتيَ زمني نبضكِ الشهيُّ ونهداكِ سوادي وكل ليلٍ بياضي زحفت غيمةٌ فأسلمتُ للطوفان وجهي وتهتُ في أنقاضي ...

هكذا أحببتُ خيمهْ
وجعلت الرَّمَلَ في أهدابها

Wie Stämme von alten Zedern es ist die letzte Zeit die der Vogel besingt
Im brennenden Wald.

Meine Heimat
verfolgt mich wie ein Fluß aus Blut die Stirn der Zivilisation ist schlammiger Grund Moos ich sammelte Kronen schlüpfte in Lampen Damaskus war verliebt Bagdad verging vor Sehnsucht das Schwert der Geschichte zerbricht im Antlitz meines Landes wer ist der Brand wer ist die Flut?

Du warst die Wüste als ich den Schnee in dir einsperrte wie du zerfiel ich in Nebel und Sand ich schrie du bist ein Gott um sein Antlitz zu sehen um auszuwischen was mich an ihn bindet ich sagte ich schlüpfte in deinen Körper du warst mein mit Wellen gefüllter Spalt ich war die barfüßige Nacht als ich dich in meinen Nabel einführte du vermehrtest dich in meinen Schritten als Weg du betratest mein kindliches Wasser leuchte und schlag Wurzeln in meiner Verlorenheit.

Eine fruchtbare Benommenheit rankt sich um meinen Kopf ein Traum ist unter meinen Kissen meine Tage durchlöchern meine Hosentaschen die Welt ist abgetragen und Eva ist in meiner Hose schwanger.
Ich gehe auf dem Eis meiner Lüste ich gehe zwischen dem was verstört und dem Wunder ich gehe in der Rose.

Die Blumen der Verzweiflung welken und die Trauer rostet   ein Heer von zermürbten Gesichtern durchquert die Geschichte eine Armee die wie ein Faden sich Gott ergab und kapitulierte eine Armee wie Schatten ich laufe in der Stimme der Opfer allein auf den Lippen des Todes wie ein Grab das auf einem Ball aus Licht balanciert.

Wir verschmolzen das Blut der Liebenden zu schützenden Wimpern ich hörte deinen Pulsschlag unter meiner Haut (bist du ein Wald?). Die Mauer fiel (warst du die Mauer?) fragte eine Möwe einen Faden im Meer ein Kapitän umschmeichelte sie der Schnee des Reisenden besang eine Sonne die er nicht sah (bist du meine Sonne?) meine Sonne war eine Feder die die Weiten trank der Verschollene hörte eine Stimme (bist du meine Stimme?) meine Stimme war meine Zeit dein begehrlicher Puls und deine Brüste waren meine Schwärze und jede Nacht meine Weiße. Eine Wolke kroch ich überließ mein Antlitz der Flut und irrte in meinen Trümmern umher.

So liebte ich ein Zelt
Ich machte den Sand in seinen Augen

شجرًا يمطر والصحراء غيمَه
قلتُ: هذي الجرّةُ المنكسره
أمّة مهزومةٌ، هذا الفضاءْ
رَمَدٌ. هذي العيونْ
حُفَرٌ. قلت الجنون
كوكبٌ مختبئٌ في شجره.
سأرى وجه الغرابْ
في تقاطيع بلادي، وأسمّي
كفنًا هذا الكتابْ
وأسمّي جيفةً هذي المدينه
وأسمّي شجرَ الشام عصافير حزينه
(ربما تولَدُ بعد التّسمهْ
زهرة أو أغنية)
وأسمّي قمرَ الصحراء نخلهْ
ربما استيقظت الأرض وعادت
طفلةً أو حلم طفلهْ
لم يعد شيءٌ يغنّي أغنياتي:
سيجيء الرافضونْ
ويجيء الضوء في ميعادهِ ...

لم يعد غيرُ الجنونْ
هل لتاريخيَ في ليلكَ طفلٌ
يا رمادَ المدفأهْ
غضبُ الثورة جمرٌ عاشقٌ
وأغانيَّ امرأهْ:
هل لتاريخيَ في ليلكَ طفلٌ
ألغبارُ التراثيُّ في العظم   ألَجَأٌ؟ هل يُلجِئُ الغبارُ ... هذا
دُوارْ   لا مكانٌ ولا ينفعُ الموتُ
من يرى جثة العصفور على وجهه ويكبو لا حِراكْ
يحسُ الكهولهْ
حلمةً للطفولهْ

Zu einem Baum der regnen kann
Und die Wüste zu einer Wolke
Ich sagte: Dieser zerbrochene Krug
Ist eine besiegte Nation
Dieser Weltraum
Ist Asche. Diese Augen
Eine Grube. Ich sagte
Der Wahn
Ist ein Stern
Versteckt im Baum.
Ich werde das Antlitz des Raben
In den Falten meines Landes sehen
Und nenne
Leichentuch jenes Buch
Und nenne
Leichnam diese Stadt
Nenne die Bäume von Damaskus
Traurige Vögel
(Vielleicht entsteht aus diesem Namen
Eine Blume oder ein Lied)
Ich nenne Palme
Den Mond der Wüste
Vielleicht wacht die Erde ja auf
Und kehrt zurück als Kind oder Traum eines Kindes
Niemand mehr singt meine Lieder
Die Verweigerer werden kommen
Und auch das Licht wird kommen
Zu seiner Zeit ...

Nur noch der Wahn existiert
Hat meine Geschichte in deiner Nacht ein Kind?
O Asche im Ofen
Der Zorn der Revolution ist die liebende Glut
Und die Lieder sind eine Frau:
Hat meine Geschichte in deiner Nacht ein Kind?
Der Staub der Hinterlassenschaft in meinen Knochen soll ich fliehen? Bietet
    Zuflucht der Staub?
Es gibt keinen Ort und der Tod nützt nichts ... dieses Schwindelgefühl
Eines der die Leiche der Epochen auf seinem Gesicht erkennt und strauchelt. Keine
    Bewegung

قادِرٌ أن أُغيِّرَ: لغْمُ الحضارة – هذا هو اسْمي

عُدْ إلى كهفكَ التواريخُ أسرابُ جرادٍ، هذا التاريخُ يسكنُ في حضنِ بغيٍّ يجترُّ يشهقُ في جوفِ أتانٍ ويشتهي عفنَ الأرض ويمشي في دورةٍ عُدْ إلى كهفكَ واخفض عينيك

ألمحُ كلِمَةً
كلنا حولها سرابٌ وطينٌ لا امرؤُ القيس هزَّها والمعرِّي طفلُها وانحنى تحتها الجُنَيْدُ
وانحنى الحلاج والنِّفَّري   روى المتنبي أنها الصَّوت والصَّدى   أنتَ مملوكٌ هيَ المالكُ
انفصِلْ عن مسارات خطاها تَضِعْ تُغَرِّبْ تصرْ غولًا تصرْ مَسلخًا   هي الحلْم الحالِمُ
وهْيَ الملاك   ترتسمُ الأمَّةُ فيها كبذرةٍ
عُدْ إلى كهفكَ
ماذا؟ نفوهُ أو قتلوهُ؟
قتلوهُ ... لا لن أحدّث عن موت صديقي: ريفٌ من الزَّهَر الأصفر حولي   لكن
سأكتب عن آخر غصنٍ في أرزةِ البيتِ عن رفٍّ يمامٍ يجرّ سجّادة الليل عن الحلْم عاليًا كبُروجٍ

قتلوهُ لا لن أفوهَ بأسماء شهودٍ أو قاتلينَ ولن أبكي
سأبكي لأمةٍ وُلدتْ للتَّمِّ حاضنًا زرقةَ الشطآن يبكي: لِمَ البكاء على طفلٍ على شاعرٍ؟
سأكتب عن آخر فيءٍ لأرزةِ البيت عن رفِّ حمامٍ يجرّ سجّادة الليل عاليًا كجبالِ

وضع السيد الخليفة قانونًا من الماءِ   شعبُهُ المرَقُ الطِّينُ سيوفٌ مصهورةٌ وضع السيد تاجًا مُرصَّعًا بعيون الناس هل هذه المدينة آيٌّ؟ هل ثياب النساء من ورق المصحفِ أدخلت محجري
في مضيقِ حفرته الساعاتُ ساءلتُ هل شعبي نهرٌ بلا مصبٍّ؟

Er empfindet das Alter
Als Brust für die Kindheit.

Fähig zu verwandeln: Mine für die Zivilisation – dies ist mein Name

Kehr in deine Höhle zurück die Geschichten sind Wolken von Heuschrecken die Geschichte wohnt an der Brust einer Hure die stöhnt und wiederkäut die im Bauch einer Eselin die Fäulnis der Erde begehrt und auf der Made reitet kehr in deine Höhle zurück und schlag die Augen nieder

Ich höre ein Wort
Neben diesem Wort sind wir alle Trugbild oder Lehm, Imru l-Qais hat nicht daran gerüttelt, al-Maarri war sein Sohn und al-Djunaid verneigte sich al-Halladj verneigte sich und an-Niffarî   al-Mutanabbi erzählte daß es eine Stimme und ein Echo war   du bist der Beherrschte und er ist der Beherrscher
Der Engel   In ihm zeichnet sich die Nation wie ein Korn
Kehr in deine Höhle zurück
Was: Haben sie ihn vertrieben oder getötet?
Sie haben ihn getötet … nein, ich werde nicht über den Tod meines Freundes sprechen: Ich stehe in einem Feld aus gelben Blumen   aber ich werde schreiben über den letzten Ast der Zeder des Hauses über den Flügelschlag der Taube die den Teppich der Nacht von einem Traum fortzieht hoch wie ein Turm.

Sie töteten ihn nein ich werde die Namen der Zeugen oder Kämpfer nicht nennen werde nicht weinen
Ich werde weinen für die Nation die stumm geboren wurde für den Schwan der das Blau der Küsten umarmt weine ich: Warum das Kind beweinen warum den Dichter? Ich schreibe über den letzten Schatten der Zeder des Hauses über den Flügelschlag der Taube die den Teppich der Nacht von einem Traum fortzieht der hoch ist wie die Berge.

Der Herr Kalif erließ ein Gesetz aus Wasser sein Volk ist die Brühe der Lehm die eingeschmolzenen Schwerter der Herr setzte eine Krone auf die mit Menschenaugen geschmückt ist   ist diese Stadt ein Koranvers? Sind die Kleider der Frauen aus dem Papier des Koran?
Ich habe meine Achse in eine Enge eingeführt welche die Stunden gegraben haben ich habe gefragt ist mein Volk ein Fluß ohne Mündung?

أغنّي
لغةَ النصْل   أصرخُ انثقب الدهر وطاحت جدرانُه بين أحشائي   تقيّأت لم
يعد لي تاريخٌ ولا حاضرٌ   أنا الأرقُ الشمسيُّ والفوهة الخطيئة والفعلُ   انتظرْني
يا راكبَ الغيم أشيائيَ تغوى والشمس تخبط أطرافي أنا الساكن المدى والمزامير أنا
الغصنُ لاجئًا: أصْغِ هل تسمع هذا النواح في كبد العالم؟   أصغي للموت بين
تجاعيدي   هذيانا

هذيتِ كي أحسن الموت اصطفيتُ النهدين بين تقاليديَ
هل جلدكِ السقوط هل الفخذان جرحٌ ملأتْه   التأم العالم   هل أنتِ مقلعُ
الليل في جلدي؟ فأسي مسنونة صرتُ نبعًا آخرًا ضيفَتي تسيل ذراعاك اغترافٌ قوسٌ
حملتكِ وجهي صخَبٌ طائرٌ تقاسمه الصوت اسأليني أُجبْ ...

تكلّم جعفرٌ رصدتني خيولهُ انطفأ الهمسُ (أعندي أعندكِ الآن ما يُهمسُ؟)   نارٌ
ملجومة سفنٌ تجنحُ بحرٌ مروّضٌ
فتح النورس عينيه أغلقي   نَسيَ الفتحة   في ريشه المشعّث ماءٌ وشرارٌ
لو كان عرف الرّعد في يدي

هُدوءًا هذه قبّةٌ وسُكناي في فوهة نهدٍ   أظلّ أحفر لو غيّرت لو غيّر الغبارُ عذاراه لو
النار   همزةٌ ...

ذُبْتُ في جنسيَ بلا حدودٍ ولا سيفٍ تلاشيْ لاشيْ تلاشى وجهٌ واحدٌ نحن لا قميصي تفّاحٌ
ولا أنتِ جنّةٌ نحن حقلٌ وحصادٌ والشمس تحرس أنضجتُكِ جيئي من ذلك الطرف
الأخضر هذا قطافنا جسدانا زارعٌ حاصدٌ

وحيدةَ أعضائيَ جيئي من ذلك الطرَفَ   استحضرتُ موتي
وسلسليني ملكَنا جَمْرَةَ الوقت والحنين ملكنا رغَد الكون وهو يلتحف الناس اهتدينا ...
قرأتُ في ورق أصفر أنّي أموت نفيًا تنوّرتُ الصحارى
شعبي يشطّ ... نبشنا كلماتٍ دفينة طعمها طَعمُ العذارى
دمشق تدخل في ثوبي خوفًا حبًّا تخالط أحشائي تلغو ...

Ich singe
die Sprache der Klinge ich schreie: das Schicksal ist gepfählt seine Mauer eingestürzt in meinen Eingeweiden   Ich erbreche mich ich habe keine Geschichte mehr und keine Gegenwart. Ich bin die Schlaflosigkeit der Sonne die Öffnung die Sünde und die Tat   erwarte mich o Wolkenreiter verführerisch ist meine Welt und die Sonne schlägt meine Glieder ich bin der Bewohner der weite Raum und die Flöten ich bin der Zweig wenn er Zuflucht sucht: Hör hin vernimmst du das Weinen im Herzen der Welt?   Ich lausche zwischen meinen Falten dem Tod   wir stammeln

Um den Tod zu verschönern stammelte ich: Unter meinen Sitten habe ich zwei Brüste ausgewählt   ist deine Haut der Fall   sind zwei Schenkel eine Wunde die ich verband? Die Welt vernarbte   Bist du der Steinbruch der Nacht in meiner Haut? Meine Axt ist scharf ich wurde zur neuen Quelle meine Ufer fließen über deine Arme schöpfen aus mir wie ein Regenbogen ich trug dich mein Antlitz: Geräusch eines Vogels von der Stimme zerschnitten frag mich ich werde antworten ...

Eine Weissagung sprach ihre Pferde belauerten mich das Flüstern erstarb (hätte ich hättest du jetzt noch etwas zu flüstern?)   gezähmtes Feuer Schiffe die auf Grund laufen gebändigtes Meer
Die Möwe hat ihre Augen geöffnet schließ die Augen   sie vergaß das Schlupfloch   in ihren zerzausten Federn sind Wasser und Funken   wäre ja wüßte der Donner ja wäre er in meiner Hand

Sachte hier ist ein Kuppelgrab meine Wohnstatt in der Mündung der Brust ich grabe weiter wenn ich nur änderte wenn der Staub nur seine Jungfrauen änderte wenn das Feuer nur Hamza wäre ...

Ich zerschmolz in meinem Geschlecht mein Geschlecht ohne Grenzen Tempus ohne Schwert löse dich in nichts auf nichts ich wurde zu nichts wir sind ein Gesicht kein Hemd ein Apfel und du bist kein Paradiesgarten wir sind ein Feld Ernte Sonne sie schützt ich brachte dich zur Reife komm her aus jener grünen Ecke das ist unsere Lese unsere beiden Körper sind Säender Erntender

O einziges meiner Glieder komm aus jener Ecke   ich habe meinen Tod herbeigerufen verkette mich unser Reich ist die Glut der Zeit die Sehnsucht ist unser Reich der Reichtum der Welt der die Menschen einwickelt wir sind rechtgeleitet ...
Auf einem vergilbten Blatt las ich daß ich sterbe im Exil ich erleuchtete Wüsten mein Volk geht zu weit ... wir exhumierten begrabene Worte von jungfräulichem

لفظتِ جلدكِ خلِّي شفتيك اصهريهما بين أسناني أنا الليل والنهارُ أنا الوقتُ انصهرنا تأصّلي في متاهي ...

هكذا أحببتُ خيمه
وجعلتُ الرَّمل في أهدابها
شجرًا يمطر والصحراء غيمَهْ
ورأيتُ اللهَ كالشّحاذ في أرضٍ عليٌّ
وأكلت الشمس في أرضٍ عليٌّ
وخبزت المئذنَهْ
ورأيت البحر يأتي في ضباب المدخنه
هائجًا يهمس:
مَن كوَّننا
لم يكن تكوينه إلاّ سقيفَهْ
رجَّها الإعصار فانهارت وصارت
خشبًا يُحرَقُ في دار خليفهْ.

نادرٌ أن ينطقَ البحرُ ولكن
نطقَ البحرُ: يبسنا
ييبس التاريخ من تكرارهِ
في طواحين الهواءْ
سقطَ الخالقُ في تابوتهِ
سقطَ المخلوقُ في تابوتهِ ...
والنساء ارتحن في مقصورةٍ
ينتشلن الليلَ من آبارهِ
ويخيِّطنَ السماءْ
ويغنّين: عليٌ لهبٌ
ساحرٌ مشتعلٌ في كل ماءْ
ويسائلن السماءْ:
نجمةٌ أو مومياءْ
هذه الأرضُ؟
ويفتِّقنَ السَّماء
ويرقعن السماءْ
قَبرَ الدجّالُ في عينيه شعبًا
نَبشَ الدجّالُ من عينيهِ شعبًا
وسمعناه يصلِّي فوقَه
ورأيناه يحيِّيه ويجثو

Geschmack   Damaskus kehrt in mein Kleid ein aus Liebe aus Furcht mischt sich unter meine Eingeweide spricht …
Du hast deine Haut abgestoßen laß deine Lippen hier laß sie schmelzen zwischen meinen Zähnen ich bin die Nacht und der Tag ich bin die Zeit wir sind verschmolzen schlag Wurzeln in meinem Labyrinth …

So lernte ich ein Zelt zu lieben
Und machte aus dem Sand in ihren Wimpern
Einen regnenden Baum und die Wüste zu einer Wolke
Und ich sah Gott als Bettler im Lande Alis
Und nährte mich von der Sonne Alis
Und verwandelte das Minarett in Brot
Und sah das Meer im Rauch des Schornsteins kommen
Aufbrausend flüsterte es:
Die Schöpfung dessen
Der uns erschuf war nur eine Hütte
Über die der Sturm hinwegfegte sie zerstörte
Und in Brennholz verwandelte
Das im Palast des Kalifen verfeuert wurde

Selten nur spricht das Meer
Aber hier sprach es: Wir sind verwelkt
Die Geschichte verwelkte in Windmühlen
Ständig sich wiederholend
Der Schöpfer fiel in seinen Sarg
Die Schöpfung fiel in ihren Sarg …
Und die Frauen ruhen aus in ihrer Kammer
Ziehen die Nacht aus ihrem Brunnen
Und nähen den Himmel
Während sie singen: Ali ist eine Flamme
Ein Zauberer der in allen Wassern brennt
Und sie befragen den Himmel:
Ist diese Erde
Ein Stern oder eine Mumie
Sie flicken den Himmel
Und trennen ihn wieder auf
Der falsche Prophet hat in seinen Augen ein Volk begraben
Der falsche Prophet hat in seinen Augen ein Volk wieder ausgegraben
Wir haben gehört wie er darüber betete
Wir sahen wie er es grüßte und auf die Knie fiel

ورأينا
كيف صار الشعب في كفّيه ماء
ورأينا
كيف صار الماء طاحون هواءٍ.

جزرٌ للهيب تصعدُ فيها أسيا يصعدُ الغدُ   انطفأت شمس   حلمنا بغير ما
هجسَ الليل   نهاري يقاسُ باللّهب   استصرختُ صوتُ الشعوب يفتتحُ الكونَ ويُغوي

لستُ الرّمادَ ولا الرّيحَ

سريري أشهى وأبعدُ   أقفاصٌ دروبٌ مهجورةٌ
فرسُ الماضي رمادٌ وصبغةُ الله لونٌ آخرُ
لا يَدٌ عليّ
عليّ أبدُ النار والطفولة   هل تسمع برق العصور تسمع آهاتِ خطاها؟ هل الطريقُ
كتابٌ أو يدٌ؟   إصبعُ الغبار كدرويشٍ يغنّي ملكَ الأساطير   هاتوا وطنًا قرّبوا المدائن
هزّوا شجر الحلم غيّروا شجر النوم كلامَ السماء للأرضِ
طفلٌ تائهٌ تحت سرّةِ امرأةٍ سوداء بحثًا
طفلٌ يشبُّ
وللأرضِ إلهٌ أعمى يموت …

سلامٌ

لوجوهٍ تسير في وحدة الصحراء للشرقِ يلبس العشبَ والنارَ   سلامٌ للأرض يغسلها البحر سلامٌ لحبّها …
عُرْيُكَ الصاعقُ أعطى أمطاره يتعاطاني رعدٌ في نهديَ
اختم الوقت تَقدّمْ هذا دمي ألقُ الشرق اغْتَرِفْني وغِبْ أضِعْني لفخذيك الدَّويُّ البرق اغترفني تَبطّن جسَدي

ناريَ التوجّه والكوكب جرحي هدايةٌ أتهجّى …
أتهجّى نجمةً أرسمُها
هاربًا من وطني في وطني
أتهجّى نجمةً يرسمها
في خطى أيامه المنهزمه

Wir sahen
Wie das Volk in seinen Händen zu Wasser wurde
Wir sahen wie das Wasser zur Windmühle wurde

Inseln aus Flammen in denen sich Asien erhebt der Morgen sich erhebt   Die Sonne verlöschte   Wovon die Nacht nicht zu träumen wagt davon träumten wir   mein Tag mißt sich mit der Flamme   ich schrie um Hilfe und die Stimme des Volkes verführte das Universum

Nicht Asche bin ich nicht Wind

Mein Bett ist begehrenswerter ferner meine Käfige sind verlassene Wege   das Pferd der Vergangenheit Asche und Gottes Tünche eine andere Farbe
Keine Hand auf mir
Ali Ewigkeit der Kindheit und des Feuers   hörst du den Blitz der Zeiten und das Stöhnen ihrer Schritte? Ist der Weg Hand oder Buch?   Der Finger des Staubs ist wie ein Derwisch der den König der Mythen besingt.   Her mit der Heimat her mit den Städten schüttelt den Baum des Traums ändert den Baum des Schlafs und das Wort des Himmels an die Erde
Ein verirrtes umhersuchendes Kind unter dem Nabel einer schwarzen Frau
Ein Kind das heranreift
Und die Erde hat nur
Einen blinden Gott, der stirbt ...

Friede!

Für die Gesichter die in der Einsamkeit der Wüste laufen für den Orient der in Gras und Feuer gekleidet ist   Friede der Erde die vom Meer gewaschen wird Friede ihrer Liebe ... Deine blitzartige Nacktheit hat mir den Regen gegeben der Donner hat sich mir gewidmet in meinen Brüsten schwoll die Zeit schreite voran mein Blut Blitz des Orients schöpfe mich aus und entschwinde laß mich verlorengehen das Dröhnen des Blitzes für deine Schenkel schöpfe mich aus deck dich zu mit meinem Körper

Mein Feuer ist die Richtung und der Stern meine Wunde ist der rechte Weg ich
    buchstabiere ihn
Ich buchstabiere den Stern den ich male
Ich flieh in meinem Land aus meinem Land
Ich buchstabiere den Stern den es malt

يا رماد الكلمه
هل لتاريخيَ في ليلك طفل؟

لم يعدْ غير الجنونْ

إنني ألمحه الآن على شبّاك بيتي
ساهرًا بين الحجار الساهره
مثل طفل علمته الساحره
أنَّ في البَحر امرأه
حَملتْ تاريخه في خاتمٍ
وستأتي
حينما تخمد نارُ المدفأه
ويذوب الليل من أحزانهِ
في رماد المدفأه ...

... ورأيت التاريخ في رايةٍ سوداء يمشي كغابةٍ   لم أُوَرِّخْ عائشٌ في الحنين في النار
في الثورة في سحر سُمِّها الخلّاق

وطني هذه الشرارة، هذا البرق في ظلمة الزَّمان الباقي ...

(أوائل كانون الثاني، ١٩٦٩)

In den Schritten seiner besiegten Tage
O Asche des Worts
Hat meine Geschichte in deiner Nacht ein Kind?

Nur der Wahn bleibt

Ich sehe ihn jetzt im Fenster meines Hauses
Wachend zwischen den wachen Steinen
Wie ein Kind das die Zauberin lehrte
Daß im Meer eine Frau lebt
Die seine Geschichte in einem Ring mit sich trägt
Und daß sie kommen wird
Wenn das Feuer im Ofen verlischt
Und die Nacht vor Trauer schmilzt
In seiner Asche ...

Ich sah die Geschichte in eine schwarze Fahne gehüllt sie ging wie ein Wald ich habe nichts datiert ich lebe in der Sehnsucht im Feuer in der Revolution im Zauber ihres schöpferischen Gifts

Mein Land ist dieser Funke dieser Blitz in der Dunkelheit der kommenden Zeit

(Anfang Januar 1969)

قبر من أجل نيويورك   EIN GRAB FÜR NEW YORK

- ١ -

حتى الآنَ، تُرسم الأرض إجّاصةً
أعني ثديًا
لكن، ليس بين الثدي والشهادة إلاّ حليةٌ هندسية:

نيويورك،
حضارةٌ بأربع أرجلٍ؛ كلّ جهةٍ قتلٌ وطريقٌ إلى القتل،
وفي المسافات أنين الغرقى.

نيويورك،
امرأةٌ – تمثال امرأة
في يدٍ ترفع خِرقةً يسميّها الحريةَ وورقٌ نسميّه التاريخ
وفي يدٍ تخنق طفلةً اسمها الأرض

نيويورك،
جسدٌ بلون الإسفلت. حول خاصرتها زنّارٌ رطب، وجهها شبّاك مغلق ... قلت: يفتحه
وولت ويتمان – «أقول كلمة السرّ الأصلية» – لكن لم يسمعها غير إلهٍ لم يعد في مكانه.
السجناء، العبيد، اليائسون، اللصوص، المرضى يتدفقون من حنجرته، ولا فتحة، لا طريق.
وقلت جسر بروكلين! لكنه الجسر الذي يصل بين ويتمان ووول ستريت، بين الورقة –
العشب والورقة – الدولار ...

نيويورك – هارلم،
مَن الآتي في مقصلةِ حرير، مَن الذاهب في قبر بطول الهدسون؟ انفجرْ يا طقس الدمع،
تلاحمي يا أشياء التعب. زرقةٌ، صفرةٌ، وردٌ، ياسمينٌ والضوء يسنّ دبابيسه، وفي الوخز تولدُ
الشمس. هل اشتعلتَ أيها الجرح المختبئ بين الفخذ والفخذ؟ هل جاءك طائر الموت
وسمعت آخر الحشرجة؟ حبلٌ، والعنقُ يجدل الكآبة وفي الدم سويداء الساعة ...

I

Bis jetzt wurde die Erde als Birne gemalt,
    das heißt: als Brust,
doch zwischen der Erde als Brust und der Erde als Grabstein liegt nur
eine architektonische List:

New York
eine Zivilisation auf vier Füßen
jede Richtung ein Mord oder ein Weg zum Mord,
und in der Ferne: das Stöhnen Ertrunkener.

New York
eine Frau – die Statue einer Frau,
in einer Hand hält sie den Fetzen, der Freiheit genannt wird,
das Stück Papier, das wir Geschichte nennen,
und mit der anderen Hand erwürgt sie ein Kind, das Erde heißt.

New York
Leib einer Frau von der Farbe des Asphalts. Um ihre Hüfte läuft ein naßkalter Gürtel, ihr Antlitz ist ein verschlossenes Fenster ... ich sprach: Walt Whitman wird es öffnen – »I speak the password primeval« – Doch hört es niemand außer einem Gott, der nicht zurückkehrt. Die Gefangenen, die Sklaven, die Elenden, die Diebe, die Kranken, sie alle wollen aus seiner Kehle hervorsprudeln, doch es gibt keine Öffnung, keinen Weg.
Ich sprach: Brooklyn Bridge! Doch das ist die Brücke, die Whitman und die Wall Street verbindet, das Papier der ›Grashalme‹ mit dem der Dollarnoten ...

New York – Harlem
Wer kommt in einer Guillotine aus Seide, wer geht fort in einem Grab von der Länge des Hudson? Explodiere, o Ritual der Tränen, halte zusammen, ihr Dinge voller Erschöpfung. Ein Blau, ein Gelb, Rosen, Jasmin – während das Licht seine Spitzen schärft und in den Stichen die Sonne geboren wird. O Wunde zwischen den Schenkeln, hast du Feuer gefangen? Ist der Todesvogel zu dir gekommen, hast du das Ende des Röchelns gehört? Ein Strick, und im Hals setzt sich die Schwermut fest, im Blut ist das Innerste der Stunde ...

نيويورك – ماديسون – بارك افينيو – هارلم،
كسلٌ يشبه العمل، عملٌ يشبه الكسل. القلوب محشوةٌ إسفنجًا والأيدي منفوخةٌ قصبًا.
ومن أكداس القذارة وأقنعة الامبيرستست، يعلو التاريخ روائح تتدلّى صفائحَ صفائح:
ليس البصر أعمى بل الرأس،
ليس الكلام أجردَ بل اللسان.

نيويورك – وول ستريت – الشارع ١٢٥ – الشارع الخامس
شبحٌ ميدوزيٌّ يرتفع بين الكتف والكتف. سوق العبيد من كل جنس. بشرٌ يحيون كالنبات في الحدائق الزجاجية. بائسون غير منظورين يتغلغلون كالغبار في نسيج الفضاء – ضحايا لولبية،
الشمس مأتمٌ
والنهار طبلٌ أسود.

– ٢ –

هنا،
في الجهة الطحلبيّة من صخرة العالم، لا يراني إلاّ زنجيّ يكاد أن يُقتل أو عصفورٌ يكاد أن يموت، فكّرت:
نبتةٌ في أصيص أحمر كانت تتحول وأنا أبتعد عن العتبة، وقرأت:
عن فئران في بيروت وغيرها ترفل في حرير بيت أبيض، تتسلح بالورق وتقرض البشر،
عن بقايا خنازير في بساتين الأبجدية تدوس الشعر،
ورأيت:

أينما كنت – بتسبورغ (انتيرناشينال بويتري فورم)، جون هوبكنز (واشنطن)، هارفارد (كامبردج، بوسطن)، آن آربر (ميشيغن، ديترويت)، نادي الصحافة الأجنبية، النادي العربي في مقر الأمم المتحدة (نيويورك)، برنستون، تمبل (فيلادلفيا)،

رأيتُ
الخريطةَ العربية فرَسًا تجرجر خطواتها والزمن يتهدّل كالخرْج نحو القبر أو نحو الظل الأكثر عتمة، نحو النار المنطفئة أو نحو نار تنطفئ؛ تكتشف كيمياء البعيد الآخر في

New York – Madison – Park Avenue – Harlem
Eine Trägheit, die der Arbeit ähnelt, eine Arbeit, die der Trägheit ähnelt. Die Herzen sind mit Schwämmen ausgestopft, und die Hände prall wie Zuckerrohr. Aus den Müllhaufen und Masken des Empire State Building steigt die Geschichte als Geruch auf, der sich Schicht um Schicht absetzt:
Nicht das Auge, sondern der Kopf ist blind,
nicht die Worte sind verödet, sondern die Zunge.

New York – Wall Street – 125. Straße – 5. Avenue
Ein Medusenhaupt erhebt sich zwischen Schulter und Schulter. Ein Markt von Sklaven aus allen Völkern. Menschen, die wie Pflanzen in gläsernen Gärten leben. Elende, unsichtbar, die wie Staub in das Gewebe der Leere getaucht sind – Opfer, zu Spiralen verzerrt.
Die Sonne ist eine Trauerfeier
und der Tag eine schwarze Trommel.

2

Hier
an der Moosseite des Felsens der Welt, sieht mich nur ein Schwarzer, der beinahe ermordet wird, oder ein Spatz, der fast stirbt. Ich dachte:
Die Pflanze im roten Blumentopf hat sich gewandelt, während ich mich von der Schwelle entfernte. Und ich las:
Von den Ratten in Beirut und anderswo, die auf der Seide des Weißen Hauses einherstolzieren, sich mit Papieren rüsten und die Menschheit benagen.
Von ein paar Schweinen in den Gärten des Alphabets, die die Dichtung zertrampeln, und ich sah,

wo immer ich war –
Pittsburgh (International Poetry Forum), John Hopkins (Washington), Harvard (Cambridge, Boston), Ann Arbor (Michigan, Detroit), Ausländischer Presseclub, Arabischer Club am Sitz der Vereinten Nationen (New York), Princeton, Temple (Philadelphia)

Ich sah
die arabische Geschichte als Gaul, der seine Hufe nachzieht, während die Zeit wie eine Satteltasche auf das Grab oder einen dunkleren Schatten herabhängt, auf ein

كركوك الظهران وما تبقّى من هذه القلاع في أفراسيا العربية. وها هو العالم ينضج بين أيدينا. هَهْ! نهيّء الحرب الثالثة، ونقيم المكاتب الأولى والثانية والثالثة والرابعة لنتأكد:
١- في تلك الناحية حفلة جاز،
٢- في هذا البيت شخصٌ لا يملك غير الحبر،
٣- في هذه الشجرة عصفور يغني،

ولنعلن:
١- الفضاءُ يُقاس بالقفص أو بالجدار،
٢- الزّمن يُقاس بالحبل أو بالسوط،
٣- النظام الذي يبني العالم هو الذي يبدأ بقتل الأخ،
٤- القمر والشمس درهمان يلمعان تحت كرسي السلطان،

ورأيتُ
أسماء عربية في سعة الأرض أكثر حنوًا من العين، تُضيء لكن كما يضيء كوكبٌ متشرّد «لا أسلاف له وفي خطواته جذوره ...»

هنا،
في الجهة الطحلبية من صخرة العالم أعرف، أعترف. أذكر نبتةً أسميها الحياة أو بلاديَ، الموتَ أو بلادي - ريحًا تجمد كالملاءة، ووجهًا يقتل اللعب، عينًا تطرد الضوء، وأبتكر ضدّك يا بلادي،

أهبط في جحيمكِ وأصرخ:
أقطّر لكِ إكسيرًا سامًّا وأحييكِ،

وأعترف: نيويورك، لكِ في بلادي الرّواق والسرير، الكرسي والرأس. وكل شيءٍ للبيع: النهار والليل، حجر مكّة وماء دجلة. وأعلن: مع ذلك تلهثين - تسابقين في فلسطين، في هانوي، في الشمال والجنوب، الشرق والغرب، أشخاصًا لا تاريخ لهم غير النار. وأقول: منذُ يوحنا المعمدان، يحمل كلٌّ منا رأسه المقطوع في صحنٍ وينتظر الولادة الثانية.

erloschenes Feuer oder ein Feuer, das erlischt. Sie entdeckt die Alchemie der anderen Dimension in Kirkuk, in Dhahran und den übrigen Festungen des arabischen Afro-Asien. So reift die Welt zwischen unseren Händen. Ha! Wir bereiten den dritten Weltkrieg vor und richten das erste, das zweite, das dritte und das vierte Büro ein, um bestätigt zu finden:
1. In dieser Gegend ist ein Jazzfestival.
2. In diesem Haus wohnt jemand, der nichts als Tinte besitzt.
3. In diesem Baum hockt ein Vogel und singt.

Damit wir erklären können:
1. Der Raum wird am Käfig oder an der Wand bemessen.
2. Die Zeit wird am Strick oder an der Peitsche gemessen.
3. Die Ordnung, auf der die Welt beruht, beginnt mit dem Brudermord.
4. Der Mond und die Sonne sind zwei Dirhams, die unter dem Thron des Sultans leuchten.

Und ich sah
arabische Namen so weit wie die Erde, sanfter als das Auge, leuchtend, doch wie ein aus der Bahn geratener Stern, »er hat keine Vorfahren, und seine Wurzeln sind in seinen Schritten ...«.

Hier
an der Moosseite des Felsens der Welt, hier lerne ich kennen und bekenne. Ich entsinne mich einer Pflanze, die ich mein Land oder Leben nenne, mein Land oder Tod – einen Wind, der erstarrt und zum Schleier wird, anstatt ihn fortzuwehen, ein Antlitz, welches das Spiel verdirbt, ein Auge, das das Licht verjagt – ich erfinde dein Gegenteil, o mein Land.

> Ich steige in deine Hölle hinab und schreie:
> Ich belebe dich, indem ich dir Gift einflöße

Und ich bekenne: New York, dir gehören in meinem Land das Zelt und das Bett, der Thron und der Kopf. Und alles steht zum Verkauf: Der Tag und die Nacht, der Schwarze Stein von Mekka und das Wasser des Tigris. Und ich verkünde: Trotzdem keuchst du, und in Palästina, in Hanoi, im Norden und im Süden, im Osten und im Westen rivalisierst du mit Menschen, die keine andere Geschichte haben als das Feuer.
Und ich sage: Seit Johannes dem Täufer trägt jeder seinen abgeschlagenen Kopf auf einem Teller herum und erwartet die zweite Geburt.

— ٣ —

تفتّتي يا تماثيل الحرية، أيتها المسامير المغروسة في الصدور بحكمة تقلّد حكمة الورد. الريح تهبّ ثانية من الشرق، تقتلع الخيام وناطحات السحاب. وثمة جناحان يكتبان:
أبجديةٌ ثانية تطلعُ في تضاريس الغرب،
والشمسُ ابنةُ شجرةٍ في بستان القدس.
هكذا أضرمُ لهبي. أبدأ من جديد، أشكّل وأحدّد:

نيويورك،
امرأةٌ من القش والسرير يتأرجَحُ بين الفراغ والفراغ، وها السقف يهترئ: كل كلمة إشارةُ سقوطٍ، كل حركةٍ رفشٌ أو فأس. وفي اليمين واليسار وأجسادٌ تحب أن تغير الحبّ النظر السمع الشمّ اللمس والتغيّر — تفتح الزمن كبوابة تكسرها وترتجل الساعات الباقية الجنسَ الشعرَ الأخلاقَ العطشَ القولَ الصّمتَ وتنفي الأقفال.
قلت: أغري بيروت،

— «أبحثْ عن الفعل. ماتت الكلمة»، يقول آخرون. الكلمة ماتت لأن ألسنتكم تركت عادة الكلام إلى عادة المَوْمَأة. الكلمة؟ تريدون أن تكتشفوا نارها؟ إذن، اكتبوا. أقول اكتبوا، ولا أقول مَوْمِئوا، ولا أقول انسخوا. اكتبوا — من المحيط إلى الخليج لا أسمع لسانًا، لا أقرأ كلمة. أسمع تصويتًا. لذلك لا ألمح من يلقي نارًا.
الكلمة أخفّ شيءٍ تحمل كل شيء. الفعل جهةٌ ولحظةٌ، والكلمة الجهات كلها الوقتُ كله.
الكلمة — اليد، اليد — الحلم

أكتشفكِ أيتها النار يا عاصمتي،
أكتشفكَ أيها الشعر،

وأغري بيروت. تلبسني وألبسها. نشرد كالشعاع ونسأل: من يقرأ، من يرى؟ الفانتوم لدايان والنفط يجري إلى مستقرّه. صدق الله، ولم يخطئ ماو: «السلاح عاملٌ مهمّ جدًا في الحرب، لكنه غير حاسم. الإنسانُ، لا السلاح، هو العامل الحاسم»، وليس هناك نصرٌ نهائيٌّ ولا هزيمة نهائية.

276

3

Zerbröckele, o Freiheitsstatue, o ihr Nägel, die mit einer Kennerschaft in die Brust getrieben sind, welche die Weisheit der Rose nachahmt. Der Wind weht ein zweites Mal aus dem Osten, er entwurzelt die Wolkenkratzer ebenso wie die Zelte. Und zwei Flügel sind da, die niederschreiben:
Ein zweites Alphabet zeigt sich im Relief des Westens,
und die Sonne ist die Tochter eines Baums im Garten Jerusalem.
Meine Flamme lodert auf. Ich beginne von neuem, ich forme und definiere:

New York
Eine Frau aus Stroh und ein Bett, das zwischen Leere und Leere schaukelt. Ein baufälliges Dach: Jedes Wort ist das Zeichen eines Falls, jede Bewegung ist eine Schaufel oder eine Spitzhacke. Und rechts und links Leiber, die es lieben, die Liebe zu verändern, das Blicken, das Hören, das Riechen, das Ändern selbst – und die die Zeit erobern wie ein Tor, das sie einschlagen, während sie die übrigen Stunden vergeuden.

Der Sex, die Dichtung, die Moral, der Durst, die Rede, das Schweigen und das Brechen der Schlösser. Ich sage: Ich verführe Beirut.

»Suche die Tat, das Wort ist gestorben«, sagen die anderen. Das Wort ist gestorben, weil eure Zungen die Gewohnheit zu sprechen gegen die Gewohnheit des Gestikulierens eingetauscht haben.
Das Wort? Wollt ihr sein Feuer entdecken? Also schreibt. Ich sage, schreibt, und nicht, gestikuliert, und nicht, schreibt ab. Schreibt – vom Atlantik bis zum Persischen Golf höre ich keinen Laut, lese ich kein Wort. Ich höre Geschrei. Deshalb merke ich nicht, wer das Feuer wirft.
Ein Wort ist das leichteste Ding, doch es trägt alles. Die Tat ist eine Richtung, ein Moment, das Wort aber ist jede Richtung und jede Zeit. Das Wort – die Hand, die Hand – der Traum.

Ich entdecke dich, o Feuer, meine Hauptstadt,
Ich entdecke dich, Dichtung.

Und ich verführe Beirut. Es trägt mich als Kleid, und ich trage es als Kleid. Wir entweichen wie ein Strahl und fragen: Wer liest, wer sieht? Die Phantom für Moshe Dayan, und selbst das Öl fließt direkt zu seinem Wohnsitz. Gott sprach die Wahrheit, und Mao hatte recht: »Die Waffen sind ein sehr wichtiger Faktor im Krieg, aber nicht der entscheidende. Der Mensch, nicht die Waffen, sind der ent-

رددتُ هذه الأمثال والحكم، كما يفعل العربي في وول ستريت، حيث تصبّ أنها الذهب من كل لونٍ آتيةً من الينابيع. ورأيت بينها الأنهار العربية تحمل ملايين الأشياء ضحايا وتقدماتٍ إلى الوثن السيد. وبين الضحية والضحية يقهقه البحارة فيما يتدحرجون من كرايزلر بيلدنغ، ليعودوا إلى الينابيع.

هكذا أضرم لهبي،
نسكن في الصخب الأسود لتمتلئ رئاتنا بهواء التاريخ،
نطلع في العيون السواء المسيّجة كالمقابر لنغلب الكسوف،
نسافر في الرأس الأسود لنواكب الشمس الآتية

– ٤ –

نيويورك، أيتها المرأة الجالسة في قوس الريح،
شكلًا أبعدَ من الذرّة،
نقطة تهرول في فضاء الأرقام،
فخذًا في السماء وفخذًا في الماء،

قولي أين نجمُكِ؟ المعركة آتيّة بين العشب والأدمغة الالكترونية. العمر كله معلّق على جدار، وها هو النزيف. في الأعلى رأسٌ يجمع بين القطب والقطب، في الوسط آسيا، وفي الأسفل قدمان لجسد غير منظور. أعرفك أيتها الجثة السابحة في مِسْكِ الخشخاش، أعرفكِ يا لعبة الثدي والثدي. أنظرُ إليكِ وأحلم بالثلج، أنظرُ إليكِ وأنتظر الخريف.

ثلجكِ يحمل الليل، ليلكِ يحمل الناس خفافيش تموت. كل جدارٍ فيكِ مقبرة. كل نهارٍ حفّارٌ أسود،
يحمل رغيفًا أسودَ صحنًا أسود
ويخطط بهما تاريخ البيت الأبيض:

scheidende Faktor.« Einen endgültigen Sieg und eine endgültige Niederlage gibt es nicht.

Wie es die Araber zu tun pflegen, wiederholte ich im Kopf diese Weisheiten und Sprichwörter, als ich durch die Wall Street ging, wo, aus der Ferne ihrer Quellen kommend, Flüsse münden, die in allen Goldtönen schillern. Unter ihnen sah ich arabische Flüsse, die Millionen zerfetzter Glieder, Opfer und Weihegeschenke zum großen Götzen trugen. Das schallende Gelächter der Schiffer erklang zwischen den Opfern, die sich das Chrysler Building hinabwälzten, um wieder zu ihren Quellen zurückzukehren.

Ich schüre meine Flamme,
wir hausen im schwarzen Gebrüll, damit unsere Lungen sich mit dem Wind der Geschichte füllen,
wir steigen in den schwarzen, friedhofsgleich ummauerten Augen auf, um die Sonnenfinsternis zu besiegen,
wir reisen im schwarzen Kopf, um die kommende Sonne zu eskortieren.

4

New York, o Frau die unter dem Bogen des Windes sitzt,
    eine Gestalt, ferner als das Atom,
    ein Punkt, der durch den Raum der Zahlen eilt,
    ein Bein im Himmel und eins im Wasser.

Sag mir, wo ist dein Stern? Die künftige Schlacht wird zwischen Gras und Elektronenhirn stattfinden. Das gesamte Zeitalter ist an die Wand gehängt: Oben am Kopf, der die Pole verbindet, klebt Blut, in der Mitte hängt Asien und unten baumeln die Füße eines unsichtbaren Körpers. Ich kenne dich, Leichnam, der zwischen Moschus und Mohn schwimmt, ich kenne dich, Sprache von Brust zu Brust. Ich blicke dich an und träume vom Schnee, ich blicke dich an und erwarte den Herbst.

Dein Schnee trägt die Nacht, deine Nacht trägt die Menschen, als seien sie sterbende Fledermäuse. Jede Wand in dir ist ein Friedhof, jeder Tag ein schwarzer Totengräber, der schwarzes Brot und einen schwarzen Teller trägt, mit denen er die Geschichte des Weißen Hauses skizziert:

— أ —

ثمة كلابٌ تترابط عالقيد. ثمة قططٌ تلد خوذًا وسلاسل. وفي الأزقّة المتسللةِ على ظهور الجرذان، يتناسل الحرس الأبيض كالفطر.

— ب —

امرأةٌ تتقدم وراء كلبها المسرج كالحصان. للكلب خطوات الملك، وحوله تزحف المدينة جيشًا من الدمع. وحيث يتكدس الأطفال والشيوخ الذين يغطيهم الجلد الأسود، تنمو براءة الرصاص كالزرع، ويضرب الهلع صدر المدينة.

— ج —

هارلم — بدفورد ستويفنسنت: رملٌ من البشر يتكاثف بروجًا بروجًا. وجوه تنسج الأزمنة. النفايات ولائم للأطفال، الأطفال ولائم للجرذان... في العيد الدائم لثالوثٍ آخر: الجابي، الشرطي، القاضي — سلطة الفتك — سيف الإبادة.

— د —

هارلم (الأسود يكره اليهودي)،
هارلم (الأسود لا يحب العربي حين يذكر تجارة الرقيق)،
هارلم — برودواي (البشر يَدخلون رخوياتٍ في أنابيق الكحول والمخدرات)
برودواي — هارلم، مهرجان سلاسل وعصيّ، والشرطة جرثومة الزمن. طفلةٌ واحدة، عشر حمامات. العيون صناديق تتموّج بثلج أحمر، والزمن عكاز يعرج. إلى التعب أيها الزنجيّ الشيخ، الزنجي الطفل. إلى التعب أيضًا وأيضًا.

— ٥ —

هارلم،
لست آتيًا من الخارج: أعرف حقدك، أعرف خبزه الطيّب. ليس للمجاعة غير الرعد المفاجئ، ليس للسجون غير صاعقة العنف. ألمح نارك تتقدم تحت الإسفلت في خراطيمَ وأقنعة، في أكداسٍ من النفايات يحضنها عرش الهواء البارد، في خطوات منبوذةٍ تَشتَعِل تاريخ الريح.

a)
Hunde, die sich wie Kettenglieder aneinanderreihen. Katzen, die Helme und Ketten gebären. Und in den Straßen, die über Rattenrücken verlaufen, vermehrt sich die weiße Wache wie Schimmel.

b)
Eine Frau geht hinter einem Hund her, der wie ein Pferd gesattelt ist. Der Hund hat den Gang eines Königs, und um ihn her marschiert die Stadt als ein Heer von Tränen. Wo die Kinder und die Alten von schwarzer Hautfarbe sich drängen, wächst die Unschuld der Kugeln wie junge Saat, auf der Brust der Stadt lastet die Angst.

c)
Harlem/Bedford-Stuyvesant: Der menschliche Sand türmt sich auf. Gesichter weben Zeiten. Der Müll ist ein Festmahl für die Kinder, die Kinder sind ein Festmahl für die Ratten ... am ewigen Feiertag der anderen Dreifaltigkeit:
der Steuereintreiber, der Polizist, der Richter – die Herrschaft des Meuchelmords, das Schwert der Ausrottung.

d)
Harlem (die Schwarzen hassen die Juden)
Harlem (die Schwarzen mögen die Araber nicht, wenn sie sich an den Sklavenhandel erinnern)
Harlem – Broadway (Die Menschen sind wie Weichtiere in einem Versuchskolben aus Alkohol und Rauschgift)
Broadway – Harlem, ein Festival aus Ketten und Schlagstöcken, die Polizei ist der Bazillus der Zeit. Ein Schuß, zehn Tauben. Die Augen sind Kisten, schwankend in rotem Eis, und die Zeit ist eine humpelnde Krücke. Bis zur Erschöpfung, alter Neger, Negerkind. Wieder und wieder bis zur Erschöpfung.

5

Harlem
Ich bin euch nicht fremd: Ich kenne euren Haß, kenne sein köstliches Brot. Dem Hunger bleibt nur der jähe Donnerschlag, den Gefängnissen nur der Blitz der Gewalt. Ich sehe, wie sich dein Feuer in Schläuchen und Masken unter dem Asphalt ausdehnt, in den Müllhaufen, die der kalte Thron der Luft ausbrütet, in den verstoßenen Schritten, die mit der Geschichte des Winds beschuht sind.

هارلم،
الزمنُ يحتَضر وأنتَ الساعة:
أسمعُ دموعًا تهدر كالبراكين،
ألمحُ أشداقًا تأكل البشر كما تأكل الخبز
أنتَ الممحاة لتمحو وجه نيويورك،
أنتَ العاصفُ لتأخذها كالورقة وترميها.

نيويورك = IBM + SUBWAY آتيًا من الوحل والجريمة ذاهبًا إلى الوحل والجريمة.
نيويورك = ثقبًا في الغلاف الأرضي ينبجس منه الجنون أنهارًا أنهارًا.
هارلم، نيويورك تحتَضر وأنتَ الساعة.

— ٦ —

بين هارلم ولنكولن سنتر،
أتقدم رقمًا تائهًا في صحراء تغطيها أسنان فجر أسود. لم يكن ثلج، لم تكن ريح. كنت كمن يتبع شبحًا (ليس الوجه وجهًا بل جرح أو دمع، ليست القامة قامة بل وردة يابسة)، شبحًا – (هل هو امرأة؟ رجل؟ هل هو امرأة – رجل؟) يحمل في صدره أقواسًا ويكمن للفضاء. مرّت غزالة ناداها الأرض، وظهر عصفور ناداه القمر. وعرفت أنه يركض ليشهد بعث الهندي الأحمر ... في فلسطين وأخواتها،

والفضاء شريط رصاص،
والأرض شاشة قتلى.

وشعرت أنني ذرةٌ تتموّج في كتلة تتموج نحو الأفق الأفق الأفق. وهبطت أوديةٌ تتطاول وتتوازى، وخطر لي أن أشكّ في استدارة الأرض ...

وفي البيت كانت يارا،
يارا طرف أرض ثانية ونينار طرفٌ آخر. وضعتُ نيويورك بين قوسين وسرت في مدينة موازية. قدماي تمتلئان بالشوارع، والسماء بحيرةٌ تسبح فيها أسماك العين والظنّ وحيوانات الغيم. وكان الهدسون يرفرف غرابًا يلبسُ جسد البلبل. وتقدّم نحوي الفجر طفلاً يتأوه ويشير إلى جراحه. وناديت الليل فلم يجب. حمل سريره واستسلم للرصيف. ثم رأيته يتغطى بريحٍ لم أجد أرقّ منها غير الجدران والأعمدة ... صرخة، صرختان، ثلاث

Harlem
die Zeit liegt im Sterben und du bist die Stunde:
Ich höre Tränen, die wie Vulkane rumoren,
ich sehe Münder, die Menschen essen wie Brot,
du bist der Radierer, mit dem das Antlitz New Yorks ausradiert wird,
du bist der Sturm, der es fortfegt wie ein Blatt.

New York = IBM + SUBWAY
aus Schlamm und Verbrechen bist du gekommen,
in Schlamm und Verbrechen wirst du wieder eingehen.
New York = ein Loch im Mantel der Erde, aus dem in Strömen der Wahn fließt.
Harlem, New York liegt im Sterben, und du bist die Stunde.

6

Zwischen Harlem und Lincoln Center
ich ging wie eine verirrte Zahl in einer von den Zähnen eines schwarzen Tagesanbruchs umfangenen Wüste. Es war kein Schnee und kein Wind. Mir ging es wie jemandem, der einem Gespenst hinterherläuft (das Antlitz ist kein Antlitz, sondern eine Wunde und Tränen, die Gestalt ist keine Gestalt, sondern eine vertrocknete Rose), das der Leere auflauert und Regenbögen in seinen Brüsten trägt (Ist es eine Frau? Ein Mann? Ist es eine Mann-Frau?). Eine Gazelle sprang vorüber, von der Erde gerufen. Vom Mond gerufen, tauchte ein Spatz auf. Und ich wußte, er läuft, um die Erweckung des Indianers in Palästina und den Bruderstaaten zu bezeugen.

Und der Raum ist ein bleiernes Band,
und die Erde ist der Bildschirm der Toten.

Ich hatte das Gefühl, als ein Atom in einer Masse zu treiben, die zum Horizont, Horizont, Horizont treibt. Ich landete in Flußbetten, die sich ausdehnten und parallel verliefen, und mir kamen Zweifel, daß die Erde rund sei.

Und im Haus war Yara.
Yara ist die eine Seite der zweiten Erdkugel und Ninar die andere.
Ich setzte New York in Klammern und ging in einer parallelen Stadt. Meine Füße füllten sich mit Straßen, und der Himmel war ein See, in dem die Fische der Augen und Ansichten und die Tiere der Wolken schwammen. Der Hudson flatterte wie ein Rabe im Federkleid einer Nachtigall. Und die Morgendämmerung kam zu mir

... وأجفلت نيويورك كضفدع نصف جامد يقفز في حوض بلا ماء.

لنكولن،
تلك هي نيويورك: تتكئ على عكاز الشيخوخة وتتنزه في حدائق الذاكرة، والأشياء كلها تميل إلى الزهر المصنوع. وفيما أنظر إليك، بين المرمر في واشنطن، وأرَى من يشبهك في هارلم، أفكر: متى تحين ثورتك الآتية؟ ويعلو صوتي: حرِّروا لنكولن من بياض المرمر، من نيكسون، وكلاب الحراسة والصيد. اتركوا له أن يقرأ بعين جديدة صاحب الزنج علي ابن محمد، وأن يقرأ الأفق الذي قرأه ماركس ولنين وماوتسي تونغ

والنِّفَّري، ذلك المجنون السماويّ الذي أَنْحلَ الأرض وسمح لها أن تسكن بين الكلمة والإشارة. وأن يقرأ ما كان يودّ أن يقرأه هوشي منه، عروة ابن الورد: «أقسّم جسمي في جسوم كثيرة ...»، ولم يعرف عروة بغداد، وربما رفض أن يزور دمشق. بقي حيث الصحراء كتفٌ ثانية تشاركه حمل الموت. وترك لمن يحب المستقبل جزءًا من الشمس منقوعًا في دم غزالةٍ كان يناديها: حبيبتي! واتفق مع الأفق ليكون بيته الأخير.

لنكولن،
تلك هي نيويورك: مرآةٌ لا تعكس إلاَّ واشنطن. وهذه واشنطن: مرآةٌ تعكس وجهين – نيكسون وبكاءَ العالم. أدخل في رقصة البكاء، أنهض لا يزال ثمة مكان، لا يزال دور ... أعشق رقصة البكاء الذي يتحول إلى حمامةٍ تتحول إلى طوفان. «الأرض للطوفان محتاجةٌ ...»

قلت البكاء وعنيت الغضب. عنيت كذلك الأسئلة: كيف أُقنع المعرَّةَ بأبي العلاءَ سهولَ الفرات بالفرات؟ كيف أبدلُ الخوذةَ بالسنبلة؟ (لا بدّ من الجرأة لطرح أسئلة أخرى على النبي والمصحف)، أقول وألمح غيمة تتقلد النار؛ أقول وألمح بشرًا يسيلون كالدمع.

heran wie ein jammerndes Kind, das mir seine Wunden zeigt. Ich rief die Nacht, doch sie antwortete nicht. Sie trug ihr Bett und legte sich nieder auf den Asphalt. Dann sah ich, wie sie sich mit einem Wind zudeckte, der so zart war wie sonst nur Wände und Pfeiler ... ein Schrei, zwei, drei ... und New York schreckte auf wie ein halb erfrorener Frosch, der in einem Becken ohne Wasser haust.

Lincoln
das ist New York: Gestützt auf die Krücke des Greisentums, spaziert es durch die Gärten des Gedächtnisses, während sich alles einer künstlichen Blume zuneigt. Und während ich dich anblicke unter all dem Marmor in Washington, sehe ich, wer dir ähnelt in Harlem, und denke: Wann ist die Zeit für deine kommende Revolution? Meine Stimme ertönt: Befreit Lincoln aus der Weiße des Marmors, befreit ihn von Nixon, von den Wach- und den Jagdhunden. Laßt ihn mit frischen Augen den Anführer der Schwarzen Ali Ibn Mohammed lesen, einen Horizont, den Marx und Lenin und Mao Tse Tung lasen.

Und an-Niffari, dieser himmlische Verrückte, der die Erde ausmergeln ließ und ihr dann erlaubte, zwischen dem Wort und dem Zeichen zu leben. Er möge lesen, was Ho Chi Minh gerne gelesen hätte, Urwa Ibn al-Ward, der sagte: »Ich teile meinen Leib in viele Leiber auf ...«; Urwa kannte Bagdad nicht und sträubte sich womöglich, Damaskus zu besuchen. Er blieb dort, wo die Wüste eine zweite Schulter ist, die mit ihm den Tod trägt. Und er ließ für den, der die Zukunft liebt, einen in Gazellenblut eingelegten Teil der Sonne zurück, welche er ›meine Geliebte!‹ nannte. Er kam mit dem Horizont überein, daß er sein letztes Heim sein würde.

Lincoln
das ist New York: Ein Spiegel, in dem sich nichts als Washington spiegelt. Und dies ist Washington: Ein Spiegel, der zwei Gesichter spiegelt – Nixon und das Weinen der Welt. Tritt ein in den Reigen des Weinens, erhebe dich, noch gibt es einen Platz, noch gibt es eine Rolle. Ich liebe ihn, diesen Reigen, der sich in eine Taube verwandelt, die sich in eine Flut verwandelt. »Die Erde braucht eine Flut ...«

Ich sagte ›das Weinen‹ und meinte den Zorn. Und ebenso meinte ich die Fragen: Wie überzeuge ich al-Ma'arra von Abu al-Ala? Die Euphratebene vom Euphrat? Wie ersetze ich den Stahlhelm durch die Ähre? (Wagemut ist unerläßlich, um dem Propheten und dem Koran neue Fragen zu stellen.) Sage ich und sehe eine Wolke, die sich mit Feuer schmückt. Sage ich und sehe eine Menschheit, die wie Tränen fließt.

—۷—

نيويورك،
أحصرُكِ بين الكلمة والكلمة، أقبض عليك، أدحرجك؛ أكتبكِ وأمحوكِ. حارّةً باردة، بين بين. مستيقظة، نائمة، بين بين. أجلس فوقك وأتهدُ. أتقدّمكِ وأعلّمكِ السير ورائي. سحقتكِ بعينيَّ، أنتِ المسحوقة بالرعب. حاولتُ أن أمر شوارعك: استلقي بين فخذيَّ لأمنحكِ مدى آخر؛ وأشياءكِ: اغتسلي لأعطيكِ أسماء جديدة.

كنت لا أجد فرقًا بين جسدٍ برأسٍ يحمل أغصانًا نسميه شجرة، وجسدٍ برأس يحمل خيوطًا رفيعةً نسميه إنسانًا. واختلطت عليَّ الحجرة والسيارة، وبدا الحذاء في الواجهات خوذةَ شرطي والرغيفُ صفيحةَ توتياء.

مع ذلك، ليست نيويورك لغوًا بل كلمة. لكن حين أكتب، لا أكتب كلمة بل أقلّد لغوًا. دال ميم شين قاف ... لا تزال صوتًا، أعني شيئًا من الريح. خرجت مرةً من الحبر ولم تعدْ. الزمن واقفٌ حارسًا على العتبة يسأل: متى تعود، متى تدخل؟ كذلك بيروت القاهرة بغداد لغوٌ شاملٌ كهباء الشمس ...
شمس، شمسان، ثلاث، مئة ...

(استيقظ فلانٌ وفي عينيه اطمئنانٌ يمتزج بالقلق. يترك زوجاته وأبناءه ويخرج حاملاً بندقيتَه. شمس، شمسان، ثلاث، مئة ... ها هو كالخيط مهزومًا ينزوي تحت نفسه. يجلس في المقهى. المقهى يمتلئ بحجارة ودُمًى نسميها رجالًا، بضفادع تتقيّأ الكلام وتوسخ المقاعد. كيف يستطيع فلانٌ أن يثور وعقله مليءٌ بدمه، ودمه مليءٌ بالسلاسل؟)

أسألكَ، أنت من تقول لي:
أجهل العلم وأتخصّص بكيمياء العرب.

7

New York
ich zwänge dich zwischen Wort und Wort, ich halte dich fest, ich wälze dich. Ich schreibe dich nieder und radiere dich aus. Heiß, kalt, ein Zwischending. Aufgewacht, eingeschlafen, ein Zwischending. Ich sitze auf dir und seufze. Ich gehe dir voraus und lehre dich, hinter mir zu gehen. Ich zermalmte dich mit meinen Augen, du von Angst Zermalmte. Ich versuchte, deinen Straßen zu befehlen: Erstreckt euch zwischen meinen Füßen, damit ich euch eine andere Dimension zuweisen kann. Und deinen Dingen: Wascht euch, damit ich euch neue Namen geben kann.

Ich konnte keinen Unterschied finden zwischen einem Leib mit Kopf, der Zweige trägt und den wir Baum nennen, und einem Leib mit Kopf, der dünne Fäden trägt und den wir Menschen nennen. Stein und Auto vermengten sich mir, und die Schuhe in den Schaufenstern erschienen als Helm eines Polizisten, ein Laib Brot erschien als Aluminiumfolie.

Trotzdem ist New York kein Raunen, sondern ein Wort. Doch wenn ich schreibe: Damaskus, schreibe ich kein Wort, sondern raune. *Dal mim schin qaf...* es bleibt ein Laut, das heißt etwas aus Wind, das nicht mehr zurückkehrt, wenn es einmal aus der Tinte geschlüpft ist. Die Zeit wacht an der Schwelle und fragt: Wann kehrst du zurück, wann trittst du ein? Und ebenso sind Beirut, Kairo, Bagdad ein einziges Raunen, wie von Sonnenstäubchen ...

Eine Sonne, zwei Sonnen, drei, hundert ...
(Jemand erwacht mit einer Mischung aus Ruhe und Unruhe in seinen Augen. Er verläßt seine Frau und seine Kinder und zieht los, mit einem Gewehr auf dem Rücken. Eine Sonne, zwei Sonnen, drei, hundert ... und da ist er, aufgedröselt wie ein Faden, in sich selbst zurückgezogen. Er sitzt im Café. Das Café füllt sich mit Steinen und Puppen, die wir Männer nennen, füllt sich mit Kröten, welche Worte erbrechen und die Sitze beschmutzen. Wie kann sich jemand auflehnen, wenn sein Verstand voll von seinem Blut ist, sein Blut voller Ketten?)

Das frage ich dich, der mir sagt:
Ich verstehe nichts von der Wissenschaft –
ich bin spezialisiert auf die Alchemie der Araber.

— ٨ —

السيدة بروينج، يونانية في نيويورك. بيتها صفحة من كتاب المتوسط – الشرق. ميرين، نعمة الله، ايف بونفوا... أنا كمن يضيع ويقول أشياء لا تقال. كانت القاهرة تتناثر بيننا وردًا يجهل الأزمنة، وكانت الاسكندرية تختلط بصوت كفافي وسيفيريس. «هذه إيقونة بيزنطية...»، قالت والزمن يلتصق على شفتيها عطرًا أحمر. كان الوقت يحدودب والثلج يتكئ، (منتصف ليلة ٦ نيسان ١٩٧١)

ونهضت في الصباح صارخًا
قبيل ساعة العودة: نيويورك!
تمزجين الأطفال بالثلج وتصنعين كعكة العصر. صوتكِ إكسيدٌ، سمٌّ مما بعد الكيمياء، واسمكِ الأرقُ والاختناق. سنترال بارك تولم لضحاياها، وتحت الشجر أشباح جثث وخناجر. ليس للريح غير الأغصان العارية، ليس للمسافر إلّا طريق مسدود.

ونهضت في الصباح صارخًا: نيكسون، كم طفلاً قتلت اليوم؟
– «لا أهمية لهذه المسألة!» (كالي)
– «صحيح أن هذه مشكلة. لكن أليس صحيحًا كذلك أن هذا ينقص عدد العدو؟» (جنرال أمريكي)

كيف أعطي لقلب نيويورك حجمًا آخر؟ هل القلب هو كذلك يوسّع حدوده؟
نيويورك – جنرال موتورز الموت،
«سَنبدل الرجال بالنار» (مكنمارا) – يجفّفون البحر الذي يسبح فيه الثوار، و«حيث يجعلون من الأرض صحراء، يسمون ذلك سلامًا!» (تاسيت)

ونهضت قبل الصباح، وأيقظت ويتمان.

— ٩ —

وولت ويتمان،
ألمح رسائل إليك تتطاير في شوارع منهاتن. كل رسالةٍ عربةٌ ملأى بالقطط والكلاب. للقطط والكلاب القرن الواحد والعشرون، وللبشر الإبادة:
هذا هو العصر الأميركي!

8

Mrs. Brewing, eine Griechin in New York. Ihr Haus ist eine Seite aus dem Buch des Mittelmeeres, des Orients. Mirène, Nimat Allah, Yves Bonnefoy... und ich, ein Verlorener, der etwas sagt, wovon man nicht spricht. Kairo streute sich in Rosen unter uns aus, welche die Zeit nicht kennen, und Alexandria vermischte sich mit den Stimmen von Kavafis und Seferis. »Dies ist eine byzantinische Ikone ...« sagte sie, und die Zeit lag auf ihren Lippen wie ein roter Duft. Die Stunden hatten einen Buckel und der Schnee ging am Stock. (Mitternacht, 6. April 1971)

Und als ich am Morgen erwachte, schrie ich, kurz vor der Stunde der Rückkehr: New York!
Du mischst die Kinder mit Eis und backst die Kuchen der Epoche. Deine Stimme ist Oxyd, ein Gift jenseits der Chemie, und dein Name ist Schlaflosigkeit und Ersticken. Der Central Park gibt ein Gastmahl für seine Opfer, und unter den Bäumen wandern die Schemen von Leichen und Kehlen. Nur kahle Äste findet der Wind, nur verbarrikadierte Wege der Reisende.

Und als ich am Morgen erwachte, schrie ich: Nixon, wie viele Kinder hast du heute getötet?
»Diese Frage hat keine Wichtigkeit.« (Calley)
»Es ist richtig, daß dies ein Problem ist. Aber ist es nicht ebenso richtig, daß dadurch die Zahl der Feinde verringert wird?« (Ein amerikanischer General)

Wie kann ich dem Herzen New Yorks einen anderen Umfang geben? Kann auch das Herz seine Grenzen erweitern? New York – General Motors des Todes
»Wir werden die Menschen durch das Feuer ersetzen!« (McNamara) – Sie legen das Meer trocken, in dem die Revolutionäre schwimmen. »Und wenn sie aus der Erde eine Wüstenei machen, nennen sie das Frieden.« (Tacitus)

Vor Anbruch des Morgens wachte ich auf und weckte Whitman.

9

Walt Whitman
ich sehe Briefe an dich durch die Straßen von Manhattan fliegen. Jeder Brief ist ein Wagen voller Hunde und Katzen. Das 21. Jahrhundert steht Katzen und Hunden an; dem Menschen steht die Auslöschung an:
Es ist das amerikanische Jahrhundert!

ويتمان،
لم أرك في منهاتن ورأيتُ كل شيء. القمر قشرة تقذف من النوافذ، والشمس برتقالة كهربائية. وحين قفز من هارلم طريق أسود في استدارة قمر يتوكأ على أهدابه، كان وراء الطريق ضوءٌ يتبعثر على مدى الإسفلت، ويغور كالزرع بعدَ أن يصل إلى غرينيش فيليج، ذلك الحي اللاتيني الآخر، أعني الكلمة التي تصل إليها بعد أن تأخذ كلمة حُبّ وتضع نقطة تحت الحاء. (أذكر أنني كتبت ذلك في مطعم فايسروي بلندن، ولم يكن معي غير الحبر. وكان الليل ينمو كزغب العصافير).

ويتمان،
«الساعة تعلن الوقت» (نيويورك – المرأة قمامة، والقمامة زمنٌ يتجه إلى الرماد)
«الساعة تعلن الوقت» (نيويورك – النظام بافلوف، والناس كلاب التجارب ... حيث الحرب الحرب الحرب!)
«الساعة تعلن الوقت» (رسالة آتية من الشرق. طفل كتبها بشريانه. اقرأها: الدمية لم تعد حمامة. الدمية مدفع، رشاش، بندقية ... جثثٌ في طرقات من الضوء تصل بين هانوي والقدس، بين القدس والنيل).

ويتمان،
«الساعة تعلن الوقت» وأنا
«أرى ما لم تره وأعرف ما لم تعرفه»،
أتحرك في مساحة شاسعة من علب
تتجاور كسراطين صفراء في محيطٍ
من ملايين الجزر – الأشخاص؛ كل
واحدة عمود بيدين وقدمين ورأس
مكسور. وأنتَ
«أيها المجرم، المنفيّ، المهاجر»
لم تعد إلاّ قبّعةً تلبسها عصافير لا تعرفها سماء أميركا!

ويتمان، لكنْ دورُنا الآن. أصنع من نظراتي سلَّمًا. أنسج خطواتي وسادةً، وسوف ننتظر. الإنسان يموت، لكنه أبقى من القبر. ليكن دورنا، الآن. انتظر أن يجري الفولغا بين منهاتن وكوينز. أنتظر أن يَصبّ هوانغ هو حيث يصب الهدسون. تستغرب. ألم يكن العاصي يصبّ في التيبر؟ ليكن دورنا الآن. أسمعُ رجّةً وقفصًا. وول ستريت وهارلم يلتقيان – يلتقي الورق والرعد، الغبار والعصف. ليكن دورنا الآن. المحار يبني أعشاشه في موج التاريخ. الشجرة تعرف اسمها. وثمة ثقوب في جلد العالم، شمسٌ تغيّر القناع والنهاية وتنتحب

Whitman
dich sah ich nicht in Manhattan, obwohl ich alles sah. Der Mond ist eine Schale, die aus dem Fenster geworfen wird, und die Sonne eine elektronische Orange. Als aus Harlem ein schwarzer Weg in die Umlaufbahn eines Mondes eintrat, der sich auf seine Wimpern stützte, erschien hinter dem Weg ein Licht, das über den ganzen Asphalt fiel und wie Saatgut in die Erde sank, nachdem es Greenwich Village erreicht hatte, dieses andere Quartier Latin – ich meine das Wort, auf das man kommt, wenn man unter den ersten Buchstaben des arabischen Worts für ›Liebe‹ – hubb – einen Punkt setzt: ›Zisterne‹ – djubb. (Ich entsinne mich, dies im Restaurant Viceroy in London geschrieben zu haben, als ich nichts bei mir hatte außer ein bißchen Tinte. Und die Nacht nahm an Volumen zu wie das Gefieder eines Spatzen, der sich plustert.)

Whitman
»Die Uhr verkündet die Zeit« (New York – die Frau ist Abfall, und der Abfall ist eine Zeit, die zur die Asche strebt)
»Die Uhr verkündet die Zeit« (New York – Pavlovsches System, die Menschen sind Versuchshunde … im Krieg, im Krieg, im Krieg!)
»Die Uhr verkündet die Zeit« (Ein Brief aus dem Orient. Ein Kind schrieb ihn mit seinen Venen. Ich lese ihn: Die Puppe ist keine Taube mehr. Die Puppe ist eine Kanone, eine Maschinenpistole, ein Gewehr … Leichname auf Wegen aus Licht, die Hanoi mit Jerusalem und Jerusalem mit dem Nil verbinden.)

Whitman
»Die Uhr verkündet die Zeit« und ich
»ich sehe was, das du nicht siehst, ich weiß etwas, das du nicht weißt«,
ich bewege mich auf einer ungeheuren Fläche aus Konservendosen, die nebeneinander liegen wie gelbe Krebse in einem Ozean aus Millionen von Personen-Inseln, jede einzelne eine Säule mit zwei Händen und Füßen und zertrümmertem Kopf. Und du
›Verbrecher, Flüchtling, Emigrant‹,
du bist nur noch ein Kopfschmuck, den Vögel tragen, die Amerikas Himmel nicht kennt!

Whitman, mögen jetzt wir an der Reihe sein! Ich mache aus meinen Blicken eine Leiter. Ich nähe aus meinen Schritten ein Kissen, dann werden wir warten. Der Mensch stirbt, aber er ist beständiger als das Grab. Mögen jetzt wir an der Reihe sein. Ich warte darauf, daß die Wolga zwischen Manhattan und Queens entlangfließt. Ich warte darauf, daß der Hwangho dort mündet, wo der Hudson mündet. Du erstaunst? Mündet der Orontes nicht in den Tiber? Mögen jetzt wir an der

في عين سوداء. لكن دورنا، الآن. نقدر أن ندور أسرع من الدولاب، أن نحطِّم الذرة ونسبح في دماغ إلكتروني باهت أو متلألئ، فارغ أو مليء، وأن نتخذ من العصفور وطنًا. لكن دورنا، الآن. ثمة كتاب أحمر صغير يصعد. لا الخشبة التي اخترأت تحت الكلمات بل هذه التي تتسع وتنمو، خشبة الجنون الحكيم، والمطر الذي يصحو لكي يرث الشمس. لكن دورنا، الآن. نيويورك صخرة تتدحرج فوق جبين العالم. صوتها في ثيابكَ وثيابي، فحمها يصبغ أطرافك وأطرافي ... أستطيع أن أرى النهاية، لكن كيف أقنع الزمن لكي يبقيني حتى أرى؟ لكن دورنا، الآن. وليسبح الزمن في ماء هذه المعادلة:

نيويورك + نيويورك = القبر أو أي شيء يجيء من القبر،
نيويورك – نيويورك = الشمس.

– ١٠ –

في الثمانين أبدأ الثامنة عشرة. قلت هذا وأكرِّر ولم تسمع بيروت.
جثةٌ هذه التي توحِّد بين البشرة والثوب
جثة هذه المستلقية كتابًا لا حبرًا
جثة هذه التي لا تسكن في صرف الجسد ونحوه
جثة هذه التي تقرأ الأرض حجرًا لا نهرًا
(نعم أحبّ الأمثال والحكمة، أحيانًا
إن لم تكن مهيَّمًا، تكن جثة!)

أقول وأكرر،
شعري شجرة وليس بين الغصن والغصن، الورقة والورقة إلاّ أمومةُ الجذع
أقول وأكرر
الشعر وردة الرياح. لا الريح، بل المهبّ، لا الدورة بل المدار. هكذا أبطل القاعدة، وأقيم لكل لحظة قاعدة. هكذا أقترب ولا أخرج. أخرج ولا أعود. وأتجه نحو أيلول والموج. هكذا، أحمل كوبا على كتفيَّ وأسأل في نيويورك: متى يصل كاسترو؟ وبين القاهرة ودمشق أنتظر على الطريق المؤدّي ...
... ألتقي غيفارا بالحرية. تغلغل معها

Reihe sein. Ich vernehme eine Erschütterung, einen Einschlag. Wall Street und Harlem begegnen sich – die Blätter begegnen dem Donner, der Staub begegnet dem Sturm. Mögen jetzt wir an der Reihe sein. Die Muscheln nisten in den Wogen der Geschichte. Der Baum kennt seinen Namen. In der Haut der Welt gibt es Löcher, es gibt eine Sonne, die die Maske und das Ende verändert und im Auge eines Schwarzen weint. Mögen jetzt wir an der Reihe sein. Wir können uns schneller drehen als das Rad, wir können das Atom zertrümmern und in ein Elektronenhirn hinüberfließen, das matt oder glänzend ist, leer oder voll, wir können den Spatz zu einer Heimat machen. Mögen jetzt wir an der Reihe sein. Ein kleines rotes Buch steigt auf, nicht die Bretter, die unter den Wörtern verrottet sind, sondern jene, die sich weiten und wachsen, das Brett des weisen Wahns, und das Regenwetter, das aufklart, um die Sonne zu beerben. Mögen jetzt wir an der Reihe sein. New York ist ein Felsblock, der über die Stirn der Welt rollt. Seine Stimme ist in deinem und meinem Kleid, seine Kohle schwärzt meine und deine Glieder ... ich könnte das Ende sehen, aber wie überzeuge ich die Zeit davon, mich zu verschonen, bis ich es wirklich sehe? Mögen jetzt wir an der Reihe sein. Und möge die Zeit im Wasser der folgenden Gleichung schwimmen:
New York + New York = ein Grab oder irgend etwas aus einem Grab
New York – New York = die Sonne.

10

Mit achtzig beginne ich mein achtzehntes Lebensjahr. Dies sagte ich und sage es und wiederhole es immer wieder, doch Beirut hat es nicht gehört.
Eine Leiche ist diese Stadt, die die Haut und das Kleid für eins nimmt.
Eine Leiche ist sie, die sich als Buch, nicht als Tinte niederwirft.
Eine Leiche ist sie, die nicht in der Syntax und der Flexion des Körpers wohnt.
Eine Leiche ist sie, die die Erde als Stein entziffert, nicht als Fluß
(Ja, manchmal liebe ich Sprichwörter und Weisheiten –
Und wer sich nicht bezaubern läßt, ist schon tot).

Ich sage und ich wiederhole es immer wieder:
Meine Dichtung ist ein Baum, und zwischen Zweig und Zweig und Blatt und Blatt ist nur die Mutterschaft des Stamms.
Ich sage und ich wiederhole es immer wieder:
Die Dichtung ist die Rose der Winde. Nicht der Wind, sondern die Windrichtung, nicht die Umdrehung, sondern die Umlaufbahn. So setze ich die Regeln außer Kraft und bestimme für jeden Augenblick eine neue. So komme ich näher und gehe nicht hinaus. Ich gehe hinaus und komme nicht wieder. Ich wandere zu den Wellen und

في فراش الزمن وناما. وحين استيقظ لم يجدها. ترك النوم
ودخل في الحلم،
في بيركلي، في بيروت وبقية الخلايا، حيث يتهيأ كل شيء ليصير كلَّ شيء

هكذا،
بين وجه يميل إلى الماريجوانا تحمله شاشة الليل،
ووجه يميل إلى الآي بي إم تحمله شمس باردة،
أجريت لبنان نهرًا من الغضب، وطلع جبران في ضفة وطلع أدونيس في الضفة الثانية
وخرجت من نيويورك، كما أخرج من سرير:
المرأة نجمة مطفأة والسرير ينكسر أشجارًا بلا فضاء،
هواءً يعرج،
صليبًا لا يتذكر الشوك

والآن،
في عربة الماء الأولى، عربة العصور التي تجرح أرسطو وديكارت أتوزع بين الأشرفية
ومكتبة رأس بيروت، بين زهرة الإحسان ومطبعة حايك وكمال، حيث تتحول الكتابة إلى
نخلة والنخلة إلى يمامة
حيث تتناسل ألف ليلة وليلة وتختفي بثينة وليلى
حيث يسافر جميل بين الحجر والحجر، وما من أحد يحظى بقيس.

لكن،
سلامٌ لوردة الظلام والرمل
سلامٌ لبيروت

(نيويورك ٢٥ آذار – بكفيا ١٥ أيار ١٩٧١)

zum September.
So trage ich Kuba auf meinen Schultern und in New York stelle ich die Frage: Wann kommt Castro? Und ich warte, zwischen Kairo und Damaskus, auf dem Weg nach … Che Guevara traf sich mit der Freiheit. Er legte sich mit ihr ins Bett der Zeit, und sie schliefen ein. Doch als er aufwachte, fand er sie nicht mehr. Er ließ den Schlaf und betrat den Traum in Berkeley, in Beirut und den übrigen Bienenstöcken, wo alles zum Werden bereit ist.

So, zwischen einem Gesicht, das sich über das Marihuana beugt und von der Bildfläche der Nacht getragen wird, und einem Gesicht, das IBM zugeneigt ist und von einer kalten Sonne getragen wird, ließ ich den Libanon strömen als Fluß aus Zorn, und an einem Ufer stieg Gibran aus dem Wasser, am anderen Adonis.
Ich verließ New York, wie man aus einem Bett steigt:
Die Frau ist ein erloschener Stern, das Bett bricht zusammen, Bäume, die keinen Platz finden, hinkende Luft, ein Kreuz, das sich nicht der Dornen entsinnt.

Und jetzt
im Strom des ersten Wassers, im Strom der Bilder, die Aristoteles und Descartes verwunden, verteile ich mich zwischen Ashrafiye und der Buchhandlung Ras Beirut, zwischen der Zahrat al-Ihsan Schule und der Druckerei Hayik und Kamal, wo die Schrift sich in eine Palme und die Palme sich in eine Taube verwandelt, wo sich ›Tausend und eine Nacht‹ vermehren und sich Buthainah und Laila verstecken, wo Djamil in den Steinen reist und niemand sich der Gunst des Qais erfreut.

Aber
Friede der Rose der Finsternis und des Sandes
Friede Beirut.

(New York/Bikfaya 25.3.–15.5.1971)

ANHANG

Zu dieser Ausgabe

Die zweisprachige Präsentation der Ausgabe zielt nicht vorrangig auf Arabisten oder arabische Muttersprachler ab; sie möge den Lesern, die mit dem Arabischen oder auch nur seiner Schrift nicht vertraut sind, das Gefühl für die letztliche Unvermittelbarkeit wachhalten, die Übersetzung und Kommentierung zu tilgen bemüht sind.

Der arabische Text wurde auf Grundlage der sogenannten »endgültigen Fassung« in Zusammenarbeit mit dem Autor erstellt. Dabei konnten zahlreiche Druckfehler der arabischen Ausgabe berichtigt werden. Die vorliegende Textfassung dürfte damit die derzeit zuverlässigste sein. Falls die Textgrundlage in den Anmerkungen nicht einzeln nachgewiesen wird, folgt sie der Ausgabe: Adûnîs: Al-A'amâl ash-shi'riyyah al-kâmilah, Band 2, Beirut, Dâr al-'Audah 1988 (5. Auflage). Offensichtliche Druckfehler wurden stillschweigend korrigiert.

Das Zustandekommen der Ausgabe beruht nicht zuletzt auf zahlreichen Helfern und Mitarbeitern. Adonis, Sargon Boulus, Jürgen Brôcan, Ulrike Burgi und allen anderen, die in Zürich, Paris oder Köln daran beteiligt waren, sei ebenso gedankt wie dem Land Nordrhein-Westfalen, das die Arbeit mit einem Übersetzerstipendium unterstützte.

Zu Umschrift und Aussprache

Für die Originalzitate aus den Gedichten wurde im Kommentar die wissenschaftliche Umschrift verwendet. Ihre Aufschlüsselung findet sich in islamwissenschaftlichen Handbüchern, dürfte jedoch ohne die Kenntnis der arabischen Aussprache nur Phonetikern verständlich sein. Auf eine Tabelle zur wissenschaftlichen Umschrift wurde daher verzichtet.

Die in der Übersetzung und im Nachwort vorkommenden arabischen Eigennamen werden mit einigen Vereinfachungen auf der Basis der im englischsprachigen Raum gängigen Umschrift transkribiert. Dabei sind ausnahmslos folgende Ausspracheregeln zu beachten:

 th wie in englisch ›thing‹
 dh wie in englisch ›this‹
 z ist stimmhaftes ›s‹ wie in deutsch ›Rose‹
 s stets stimmlos wie in englisch ›Song‹
 sh wie deutsch ›sch‹
 kh wie ›ch‹ in deutsch ›ach‹
 gh Zäpfchen-r wie in hochdeutsch ›Ruf‹

dj wie ›j‹ in ›Jackett‹
r gerolltes Zungenspitzen-r
' bezeichnet Stimmabsatz, wie in Post'amt
h wird stets, außer in den hier genannten Buchstabenkombinationen, ausgesprochen, auch vor Konsonant. Sprich also ›Mih(i)yâr‹.
ˆ Zirkumflex dient als Längungszeichen.

Auf die Umschrift der in europäischen Sprachen unbekannten arabischen Laute wurde verzichtet (arab. ›qāf‹ wird mit ›k‹, ›ᶜain‹ mit ›'‹ wiedergegeben).

Anmerkungen

Die Gesänge Mihyârs des Damaszeners

Textgrundlage: 'Aġānī Mihyār ad-dimašqī. Ṣiġa nihā'īya. Beirut (Dār al-'ādāb) 1988. Diese Ausgabe (die sogenannte »endgültige Fassung« der Werke von Adonis in Einzelbänden bis einschließlich »Zur Feier helldunkler Dinge« 1988) wird fortan mit dem Kürzel ›C‹ bezeichnet. Zur Korrektur der Druckfehler wurde diese Ausgabe verglichen mit: 'Adūnīs: al-'A'māl aš-ši'rīyat al-kāmila. Bd. 1. S. 245–430. Beirut (Dār al-'auda) 1988⁵ (Fortan ›B‹, die zweite, erweiterte zweibändige Adonis-Gesamtausgabe) sowie: 'Adūnīs: al-'Ātār aš-ši'rīyat al-kāmila. Bd. 1. S. 321–531. Beirut (Dār al-'auda) 1971² (Fortan ›A‹, die erste; zweibändige Adonis-Gesamtausgabe).

Abgesehen von den Druckfehlern entsprechen sich für »Die Gesänge Mihyârs des Damaszeners« B und C. Beide Ausgaben wurden gegenüber A um ein Gedicht (vgl. Anm. zu S. 19) und um einige Absätze in einem Psalm (vgl. Anm. zu S. 47) gekürzt, unterscheiden sich aber sonst nur dadurch von A, daß viele der strophischen Unterteilungen aus A rückgängig gemacht wurden, so daß manche Gedichte gar keine Strophen mehr aufweisen. Für diese Ausgabe wurde die ursprüngliche strophische Aufteilung wiederhergestellt, weil sie die Struktur der Gedichte besser hervortreten läßt.

»Die Gesänge Mihyârs des Damaszeners« wurden erstmals 1961 beim Verlag »Dār maǧallat šiʿr« in Beirut veröffentlicht. Diese Erstausgabe enthielt vierzehn zusätzliche Gedichte in dem Kapitel »Am Rande der Welt«. Obwohl an dichterischer Qualität gleichwertig, bieten sie kaum neue Aspekte und wirken redundant. Die Übersetzung und vielleicht das Original sollen an anderer Stelle nachgereicht werden.

Gedichte aus »Die Gesänge Mihyârs ...« sind mehrfach übersetzt worden. Eine vollständige Übersetzung lag bis vor kurzem nur auf französisch vor: *Chants de Mihyar le Damascène*. Übersetzung: Anne Wade Minkowski. Paris (Sindbad) 1983. Diese Übersetzung beruht auf A, enthält also die beiden »Totenklagen« (vgl. dazu Anm. auf S. 314 »Totenklage für die Gegenwart«). Die zweisprachige spanische Ausgabe: *Canciones de Mihyar el de Damasco*. Madrid (ediciones del oriente y del mediterráneo) 1997, Übersetzung Pedro Martínez Montávez, bietet im arabischen Teil die Erstausgabe von 1961.

Auf deutsch liegt eine nennenswerte Anzahl von Gedichten aus dem »Mihyâr« vor in dem Band: *Der Baum des Orients*. Übersetzung: Suleman Taufiq. Berlin (Edition Orient) 1989.

Alle Gedichte des Bandes sind übersetzt worden.

Die arabischen Originalausgaben enthalten die Widmung »Für Khâlida« (Adonis' Frau) sowie ein Motto, das von Hölderlin stammen soll. Es lautet: »*Warum, o schöne Sonne, genügst du mir nicht?*«/ *Und plötzlich kommt er, der Erwecker, kommt zu uns nieder / Der Fremdling / die Stimme, die die Menschen erschafft.*
Obwohl das ganze Motto als von Hölderlin ausgewiesen ist, ließ sich nur der in Anführungszeichen gesetzte Teil bei Hölderlin nachweisen. Er stammt aus einem achtzeiligen Fragment mit dem Titel »Der Gotthard« und lautet im Zusammenhang: »Warum, o schöne Sonne, genügst du mir / Du Blüte meiner Blüten! am Maitag nicht? / Was weiß ich höhers denn?« Da das nachweisbare Hölderlin-Zitat in Anführungszeichen gesetzt wurde, scheint der Rest des Mottos von Adonis selbst zu stammen.

11 *Psalm* Die alle Abschnitte außer dem letzten einleitenden »Psalmen« sollen, wie Adonis in einem Interview sagt, »eine Art Einleitung zu dem Kapitel sein und eine Atmosphäre schaffen, die zum Verständnis der Kapitel hilfreich ist.« (Zit. nach DeYoung, T.-L.: *And Thereby Hangs a Tale*. Diss. Berkeley 1989. S. 481)
Sprachlich gesehen sind die »Psalme«, wie auch die »Totenklage für die Gegenwart« und die »Totenklage für das erste Jahrhundert«, frühe Beispiele von arabischer Prosadichtung.
Er naht ... von der Stelle »Dies war eine in jeder Hinsicht neue poetische Sprache. Am unmittelbarsten verblüfft die Syntax: Die Opposition der Substantive (Wald – Wolken), die in Verbindung mit den ihrerseits kontrastierenden Adjektiven chiastisch zueinanderstehen, sowie der Wechsel des Tempus im selben Absatz [...]. Das Ergebnis ist das Gefühl, daß die Welt flüssig, daß alles möglich ist und daß der Mensch und das Universum untereinander verbunden sind ...« (Nach: Kamal Abu Deeb: »The Perplexity of the All-Knowing. A Study of Adonis.« In: *Mundus Artium* 10,1 [1977]. S. 163–181.)
Er naht wehrlos wie ein Wald ein offensichtliches Paradox: Der heranrückende Wald signalisiert herkömmlicherweise nicht Wehrlosigkeit, sondern Rätselhaftes und Bedrohliches, nicht nur in *Macbeth* IV.i und V.v, sondern auch in arabischen Überlieferungen. Das »Buch der Lieder« (vgl. Anm. zu S. 97) erzählt die bekannte Geschichte des Mädchens Zarkâ al-Yamâma, die durch ihren scharfen und weiten Blick ihren Stamm vor Angriffen anderer Stämme rechtzeitig warnen konnte, bis die Feinde auf die Idee verfielen, Büsche und Bäume als Tarnung vor sich herzutragen. Als Zarkâ das Heranrücken der Bäume meldete, glaubte man ihr nicht, und der Stamm wurde überfallen.
Die Bestürzung ist seine Heimat Bestürzung (arab. ḥaira) ist ein sufischer Ter-

minus, der den Zustand der Ratlosigkeit und des Selbstverlusts des Menschen in der Begegnung mit Gott bezeichnet. Dieser Terminus und seine Derivate werden hier auch mit »ratlos / Ratlosigkeit« oder »verwirrt / Verwirrung« übersetzt. Zahlreiche der im »Mihyâr« gebrauchten Schlüsselbegriffe haben eine sufische Nebenbedeutung, ohne jedoch eine spezifische mystische Lehre vorauszusetzen.

12 *die leichte Erde* Vgl. 12: »der Geheimnisse Land« und 13: »dieser galiläischen Erde«. Das arabische »'arḍ« kann hier wie auch an weniger eindeutigen Stellen sowohl »Erde« als Planet wie auch »Erde« als Stück Land oder Heimatland bedeuten. Das vorletzte Wort der ersten drei Gedichte ist also dasselbe: »'arḍ«.
Mihyâr vgl. Anm. zu S. 17.
König Einer der berühmtesten vorislamischen Dichter, der ca. 540 verstorbene Königssohn Imru al-Kais, bekam aufgrund seines unsteten Lebens den Beinamen »umherirrender König« (al-malik aḍ-ḍalīl). Durch die Bezeichnung Mihyârs als König und seine Verbindung zur Dichtung (vgl. Anm. zu S. 16) und mit Begriffen wie Reise und Verirrung dürften sich arabische Leser an den legendären Imru al-Kais erinnert fühlen. Adonis meidet allerdings das Wort »ḍalīl« (umherirrend) in Verbindung mit der Nennung Mihyârs.
Feuer Der erste der -ār-Reime (vgl. Nachwort): Mihyār – nār (Feuer) – 'asrār (Geheimnisse). Die Isotopie von Feuer und Licht ist für den »Mihyâr« und die Dichtung von Adonis insgesamt zentral. Mitzubedenken sind dabei besonders der Aspekt des Neubeginns nach der Zerstörung, versinnbildlicht im Phönix-Mythos (vgl. Anm. zu S. 50), und die heraklitische Tradition.

13 *galiläisch* Wohl weniger auf Galiläa als Landstrich oder gar Palästina zu beziehen – daher die Übersetzung »Erde« – denn übertragen, als Ort quasi biblischen Geschehens oder neuer Verheißung. Vgl. auch S. 98, wo die Dichtung des Mystikers al-Hallâdj »Sprache galiläischen Donners« genannt wird.
Druckfehler In C: Die vorletzte Zeile fehlt, in der vierten Zeile wurde »mahl« mit »mahal« vertauscht.
Sammelte sie ein für das Leben … Osiris / Adonis-Motiv. Nach dem ägyptischen Mythos wurde der König Osiris von einem seiner Brüder ermordet und zerstückelt, seine Frau Isis sammelte seine Glieder wieder ein und bestattete sie. Zur Zeugung eines Sohnes wurde er von ihr für kurze Zeit wiederbelebt, danach herrschte er in der Unterwelt. Er galt wie Adonis und Tammûz als Garant von Fortpflanzung und Fruchtbarkeit. (Zum Adonis / Tammûz-Mythos vgl. Anm. zu S. 87 sowie Nachwort.)

14 *Die Tage* vgl. Anm. zu S. 32.

15 Die Stadt der Mitstreiter Der arabische Titel des Gedichts (madīnat al-'ansār) läßt an die Auswanderung (vgl. Anm. zu S. 115) des Propheten Mohammed aus seiner Heimatstadt Mekka nach Yathrib, das spätere Medina (dt. die Stadt) denken. Die Stämme, die sich ihm in Yathrib anschlossen, wurden »Ansâr« (Mitstreiter, Helfer) genannt. Der Prophet Mohammed wurde also nicht »mit Dornen oder Steinen« empfangen.

16 Ritter Auch: »Reiter auf fremden Worten«, was den Charakter der Sprache als Medium der Reise betonen würde.
Denn er ist die Sprache, ... Mihyâr, hier explizit mit der (dichterischen) Sprache gleichgesetzt, darf unter anderem als Personifikation der Dichtung verstanden werden, wie Adonis sie in einem späteren Essayband, die Charakteristika der Figur Mihyârs aufgreifend, definiert: »... sie [die Dichtung] ist Prophetie, Vision und Schöpfung, sie akzeptiert nichts endgültig Abgeschlossenes und läßt sich nicht dadurch beschränken, sondern sprengt es und überschreitet es. Denn die Dichtung ist jenes Suchen, das zu keinem Ende kommt.« (Aus: Zaman aš-ši'r, Beirut [Dār al-'auda] 1978, S. 43.)
Palme Die Palme gilt gemeinhin als das Symbol des Arabertums. Nach einem Ausspruch des Propheten ist die Palme das Zeichen der Muslime. Der tunesische Literaturwissenschaftler Muhammad S. Burghul deutet daher das Sichbeugen der Palme als Unterwerfungsgeste der arabischen Welt vor Mihyâr. Diese Deutung ist freilich nicht zwingend. Vgl. M. S. Burghul, op. cit. (Anm. zu S. 34) S. 142 f.

15 Mihyârs Gesicht Zum historischen Vorbild des Mihyâr vgl. Nachwort. Der Name »Mihyâr« weist dieselben Wurzelkonsonanten auf wie das Verb »hayyara« (zerstören, niederreißen; dieses Verb taucht jedoch nicht auf). Ferner könnte man mit K. Skarżyńska Bocheńska eine beabsichtigte Namensverwandtschaft mit dem parsischen Gott Mithra (persisch »Mihir«) annehmen, vgl. dies. in: »La symbolique du bien et du mal dans la poésie d'Adonis«. In: *Rocznik Orientalistyczny* 48,1. Warschau 1993. Die Parsen waren bei den Muslimen als Feueranbeter verrufen.
In Anspielung auf die in »Die Gesänge Mihyârs des Damaszeners« geschaffene Figur taucht Mihyâr in zahlreichen späteren Gedichtbänden von Adonis wieder auf.
Kalifat Abgeleitet von dem Wort »ḫalīfa« (Nachfolger, Stellvertreter; nämlich des Propheten Mohammed), gilt das Kalifat als die spezifische Herrschaftsform der islamischen Gemeinde. Der Kalif ist ihr weltliches und religiöses Oberhaupt.
Imamat Von »Imam« (Vorbeter). Ähnlich wie das Kalifat stellt das Imamat das

Inbild des islamischen Herrschertums dar und gilt als von Gott befohlene Herrschaftsform. Die Bezeichnung Imamat betont stärker den religiösen Aspekt der Herrschaft und ist vor allem im schiitischen Islam bedeutend geworden.

18 *seine Stifte, ... sein Buch* Vgl. die angeblich erste an Mohammed ergangene Verkündigung, *Koran* 96: 3–5: »Rezitiere! Hat doch dein Herr; der Allgütige, dich durch den Stift gelehrt [den Gebrauch des Stiftes gelehrt], hat den Menschen gelehrt, was er nicht wußte.« (Die Übersetzungen in den Anmerkungen, wenn nicht anders angegeben, von S. W.)

19 Das in A zwischen diesen beiden Gedichten befindliche Gedicht »Die Winde des Tags« wurde in den späteren Fassungen fortgelassen. Es lautet: »Was ist mit euch? Mihyâr ist verloren / Er löste seine Rätsel und warf sie / Als Stein in das Buch des Staubs / Hißt, o hißt das Segel / Durchpflügt diese Meere / Habt ihr keine anderen gesehen? / Was ist mit euch? Die Winde des Tags sind euch zuvorgekommen.«

20 *Seine Liebsten sind, die ihn sahen und sich verirrten* Anspielung auf die bekannte »Sure der Dichter«? Dort (*Koran* 26: 221 ff.) heißt es: »221 Soll ich euch (darüber) Kunde geben, auf wen die Satane herabkommen? 222 Sie kommen auf jeden Schwindler und Sünder herab. 223 Sie horchen (am Himmel, in der Absicht, sich höheres Wissen zu verschaffen). Und meistens lügen sie. 224 Und den Dichtern (die ihrerseits von Satanen inspiriert sind) folgen diejenigen, die (vom rechten Weg) abgeirrt sind. 225 Hast du nicht gesehen, daß sie in jedem Wadi schwärmen, und daß sie sagen, was sie nicht tun (d.h. daß sie großsprecherisch sind)?« (Übersetzung: Rudi Paret)
Zwar werden »abgeirrt« und »verirrten« mit verschiedenen arabischen Wörtern bezeichnet, doch scheint der Kontext eine Umwertung der koranischen Verurteilung des Verirrtseins und der Dichtung zu implizieren.

28 *Ein Stein* Vgl. Anm. zu S. 49.

31 *Morgen, morgen in Feuer und Frühling* Zwischen dieser und der folgenden Zeile steht in A die Zeile: »Wirst du wissen, daß ich die Herde töte«, mit dem Reim »Frühling« (Rabîʿ) – »Herde« (Qatîʿ). »Frühling« ist in der neuen Fassung das einzige Wort am Zeilenende ohne Reimpartner.
Ein Gespräch Vgl. Anm. zu S. 32.

32 *Gegenwart* Auch: Anwesenheit, Präsenz.
Die sieben Tage Unter dem Titel: »Sieben Tage im Leben eines ausgestoßenen

Nicht-Arabers« legte Adonis im Herbst 1959 in der Literaturzeitschrift *Shi'r* (vgl. Nachwort) die erste Teilveröffentlichung aus »Die Gesänge Mihyârs« vor. Mehrere Gedichte daraus sind dabei zu einem siebenteiligen Langgedicht zusammengefaßt. Da diese Variante zum Verständnis der später getrennten Gedichte beitragen kann und ihren Entstehungsprozeß beleuchtet, sei hier der Aufbau der früheren Fassung mit den nicht in den »Mihyâr« aufgenommenen Zwischenstücken genannt:

I: *Die Stadt* (S. 67; freilich stets ohne die Gedichttitel) / Das goldene Zeitalter (S. 65).

II: *Die Lampe* (S. 39).

III: *Ein Gespräch* (S. 31) / Ich bin die Zisterne im Haus / Und das Buch, das verbrannt wird unterm Thron / Zwischen meinen Lippen stöhnt das Feuer / In meinen Augen brüllt der Hai: / »Du bist ein Gott oder eine Schabe« // Zwischen den Feldern der Wörter / Bin ich ein Ritter auf einem Pferd aus Staub / Meine Lungen sind meine Dichtung, und meine Augen sind mein Buch // Unter der Schale der Wörter / Bin ich ein Dichter, der sang und dann starb. (Vgl. S. 114)

IV: Von meinen Tiefen schüttelte ich den Staub / Keine Tarnung, keine Hülle blieb / O Herr, der du die Hülle vorziehst // Wäre vor mir / Der Orontes oder der Sannîn / Ich ginge stromaufwärts zur sprudelnden Quelle / In der Brust des Orontes oder des Sannîn (vgl. Anm.en zu S. 106 und S. 80) / Und ich formte den Lehm / Ich wiederholte mit meiner Dichtung das Formen des Lehms / Und schüfe aus der sprudelnden Quelle / Ein Antlitz für den Menschen // Denn die Menschen sind Skelette / Die die Dichtung für unsinnig halten / Die ihnen zum Ruhme singt, und wissen nichts von der Sprache.

V: *Die Tage* (S. 14), *Die sieben Tage* (mit der zusätzlichen ersten Zeile: Erde, o Erde der Steine), *Der göttliche Wolf* (S. 52); *Der tote Gott* (S. 54).

VI: Mögen unsere Tiefen geöffnet sein / Möge unsere Sicht frei sein / O Hölle der Verweigerung, o Satan / Unter dem Himmel seid ihr meine Lieder / Ich bin in einer Höhle von Gott / Doch ist sie eine Höhle, die mit meinen Teufeln erleuchtet wird // *Der Reisende* (S. 51) // Ach die Verweigerung, Verweigerung, Verweigerung / Möge das Brett der Welt zerbrechen und das Antlitz der Erde sich ändern.

VII: Meine Stimme buchstabierte / Des Rätsels Worte / Während ich mich hinter die Toten geflüchtet hatte / Dann hörte ich das Lied: // »Wie oft schliefen wir nicht in stinkenden Spalten / Und suchten nach dem Imam der Umherziehenden / Warteten und gravierten unsere Verzweiflung / Als Scheit auf unsere jammernden Gesichter / Und bauten einen Schlot.« // *Mit verirrtem Gesicht* ... (S. 53; ohne die ersten drei Worte: Mit verirrtem Gesicht) // Ich war einsam wie ein Leuchtturm / Schlug das Meer und käute die Steine wieder / Dann hörte ich das Lied: // *Du hast keine Wahl* (S. 57).

›Nicht-Araber‹ ist eine gängige Bezeichnung für Perser, so daß der Titel bereits als Anspielung auf den in der Vorveröffentlichung noch ungenannten »Mihyâr« verstanden werden kann, dessen historischer Namensvetter aus dem persischen Dailam stammt.

33 *Und entkomme der Flasche im Meer* Anspielung auf die bekannte »Geschichte von dem Fischer und dem Dämon« aus *1001 Nacht*. Die Flasche, aus der der Geist dank des Fischers Hilfe entweichen kann, heißt in den Märchen allerdings »Qumqum«, bei Adonis dagegen, wohl aus metrischen Gründen, »Qanīna«.

34 *Reise* Der tunesische Literaturwissenschaftler Muḥammad S. Burġul nennt in seiner Studie zum »Mihyâr« sechs Gedichte, die die Geschichte von Sindbad dem Seefahrer aus *1001 Nacht* zum Hintergrund haben sollen, bzw. in denen Sindbad das lyrische Ich verkörpere. Dazu zählen neben »Reise« auch »Mir sind keine Grenzen« (S. 36), »Ich sagte euch ...« (S. 37), »Der Stuhl« (S. 39), »Die leuchtenden Winde« (S. 78), »Die junge Zeit« (S. 82). Diese These ist natürlich nicht zwingend. Sindbads Rastlosigkeit, die ihn immer wieder zu neuen Reisen treibt, darf gleichwohl als modellhaft für die »Gesänge Mihyârs« erachtet werden. Vgl. Burġul, Muḥammad S.: »Luġaš aš-šiʿr al-ʿarabī al-muʿāṣir min ḫilāl ›Aġānī Mihyār ad-dimašqī‹ li ʾAdūnīs.‹ Sousse (Manšūrāt Hīlīyābāk) 1996, S. 166 f.

39 *Die Lampe* vgl. Anm. zu S. 32.
seine Lampe ... in einer Tonne Der legendäre Kyniker Diogenes, auf den das Gedicht anspielt, ist mit seinem Ideal der ›autarkia‹ und als Feind jeglichen Herkommens ein Geistesverwandter von Mihyâr.

40 *Himmelsleiter* »Miʿrāğ«, wörtlich »Leiter«, »Treppe«, ist zugleich der Begriff für die legendäre Himmelfahrt Mohammeds.
Verweigerung Der für »Die Gesänge Mihyârs« zentrale Begriff der »Verweigerung« (arab. rafḍ; auch: Ablehnung, Verwerfung) ist historisch vor allem mit dem Schiitentum verbunden und bezeichnete zunächst nur die Ablehnung der nach dem Tode Mohammeds ernannten Kalifen zugunsten Alis, des Cousins und Schwiegersohns des Propheten, später dann ganz allgemein die Ablehnung des muslimischen Mainstreams, also vor allem des sunnitischen Islam. Das Wort »rafḍ« hat also über die Bedeutung im allgemeinen Sinn von »Verweigerung« hinaus auch eine sehr spezifische, in der islamischen Geschichte wurzelnde Zielrichtung.

47 Psalm Gegenüber A um zwei Abschnitte gekürzt, sowie kleinere Auslassungen. Statt »Ich verkünde die Flut der Verweigerung« heißt es in der ersten größeren Kürzung: »Ich bin die Mine und die Nahrung. Ich überzeuge die Erde von meiner Anwesenheit und zerbröckele die Welt, um ihr Existenz zu verleihen, mit meinem Stock dort an den Felsen schlagend, wo die Verweigerung entspringt und den Leib der Erde wäscht, verkündend die Flut der Verweigerung, verkündend das Buch der Genesis.« Der Schluß lautet nach »... mich zu führen«: »Die Fernen der Erde reißen mich fort, und ich offenbare ihnen mein Geheimnis: Ich spitze die langsame Uhr, o Fernen der Erde, ich treibe und stachele die Zeiger an, ich entwurzele die Stadt und hänge sie auf, ich gestehe dem Meer das Seufzen und den Tanz zu. Ich lehre den Gang, die Entfernung zu besiegen, o Fernen der Erde.«

49 ... nur den Stein / werde ich lieben in A: »nur den Stein / werde ich anbeten« (›a'budu). Vgl. auch S. 28 »Ein Stein«. Von dem Dichter Tamîm Ibn Muqbil (gest. ca. 657) sind die bekannten Verse überliefert: »Wie angenehm wäre das Leben, wäre der Mensch doch Stein / Das Unglück prallte ab von ihm, und er bliebe heil.«
»Stein« wird dem altarabischen Verständnis nach also keineswegs nur negativ als lebloses Ding verstanden, sondern im Vergleich zu den sterblichen und den Veränderungen unterworfenen Lebewesen gerade als etwas Unverwüstliches und Beständiges. In seinen theoretischen Schriften beruft sich Adonis mehrfach auf diesen Vers, um das beduinische Lebensgefühl zu schildern, das von der Erkenntnis der Hinfälligkeit und Absurdität des Lebens geprägt sei.

50 Phönix Dem legendären Vogel hatte Adonis ein vielbeachtetes längeres Gedicht mit dem Titel »Auferstehung und Asche« gewidmet, das 1957 in *Shi'r* erschien. Der Phönix als Auferstehungssymbol wird darin verwoben mit dem Schicksal Phöniziens, also Großsyriens, wie die PPS (vgl. Nachwort) es versteht. Der nun geäußerte Wunsch, Phönix möge nicht aus der Asche auferstehen, wirkt vor diesem Hintergrund wie ein Zerwürfnis mit der im Frühwerk vertretenen Ideologie (vgl. auch den Auszug aus »Auferstehung und Asche« in Anm. zu S. 87).

51 Der Reisende Vgl. Anm. zu S. 32.

52 Der göttliche Wolf Vgl. Anm. zu S. 32.

53 Mit verirrtem Gesicht Vgl. Anm. zu S. 32.

54 Der tote Gott vgl. Anm. zu S. 53.

Die Maske des Hauses »Al-bait« (das Haus) ist auch ein Beiname für die Kaaba, das zentrale islamische Heiligtum. Diese Deutung ist nicht zwingend; aber aufgrund des Kontextes in Betracht zu ziehen (beachte auch den Reim: bait – mait [tot]).

57 Du hast keine Wahl Vgl. Anm. zu S. 32.

59 Iram mit den Säulen Vgl. Anm. zu S. 72.

61 Wer füttert uns mit Tod In A: »Wer füttert uns mit der Mine« (luġm).

63 Die Menschen schlafen ... Ein sogenanntes Hadîth, d.h. ein überlieferter Ausspruch des Propheten Mohammed. Das hier vorliegende Hadîth wird jedoch eher Ali, dem vor allem von den Schiiten verehrten Schwiegersohn Mohammeds, zugeordnet.

64 Die Hörner ... nicht berühren In A: »nicht zu fassen kriegen« (taṭal).

Roch Sagenhafter Riesenvogel, u.a. in der »Zweiten Reise Sindbads des Seefahrers« in *1001 Nacht* erwähnt.

65 Das Goldene Zeitalter Vgl. Anm. zu S. 32.

67 Die Stadt Vgl. Anm. zu S. 32.

69 Kâsiyûn Berg bei Damaskus, der sich ca. 460 m über die Stadt erhebt. Kain soll an seinen Hängen Abel erschlagen haben, und Abraham soll dort geboren sein.

70 Verse Arab. »āya« (eigentl. Zeichen, Wunderzeichen) ist der Name für Koranverse.

72 Shaddâd Der Legende nach ließ Shaddâd, der Sohn von Âd, nach Erlangung der Weltherrschaft in Südarabien eine Stadt bauen, die dem Paradies an Schönheit und Pracht gleichkommen sollte. Diese Stadt war Iram. Als Shaddâd sie trotz der Warnung des Propheten Hûd besichtigen wollte, kam er in einem Sturm um, und die Stadt wurde unter Sand begraben.
Der Koran erwähnt Iram in *Sure* 89:6–7: »Hast du nicht gesehen, was dein Herr mit dem Stamm von Âd gemacht hat / mit Iram mit den Säulen?« Auf-

grund dieser Koranstelle wurde Iram zum Inbild derjenigen Städte, die die Mahnungen der Propheten zur Hinwendung zu Allah verachten.
Nach einer anderen Überlieferung ist »die Stadt mit den Säulen« (ḏāt al-ʿimād) ein Beiname von Damaskus, wo sich Âd niedergelassen haben soll. Die Identifizierung Irams mit Damaskus wurde erleichtert durch die auch den Arabern bekannte Tatsache, daß Damaskus unter aramäischer Herrschaft »Aram« genannt wurde.
In Anbetracht der zahlreichen Anspielungen auf Damaskus in den Gedichten zuvor darf »die Stadt mit den Säulen« als Sinnbild für Damaskus verstanden werden. Adonis greift im übrigen den koranischen Reim »ād – ›imād« (Säulen) auf und spielt in der ersten Zeile mit dem Wort »ʿād«: »ʿĀd« ist nicht nur der Name des Vaters von Shaddâd und der Ahnherr des nach ihm benannten Stammes, sondern hat als Verb die Bedeutung: »Er kam zurück.«

78 *O Königreich des verirrten Felsens* mögliche Anspielung auf *Matthäus* 16.18–19. Die Verfremdung des gleichsam archimedisch fixen Felsens, auf dem die Kirche gebaut sein soll, in einen umherirrenden Felsen, fügt sich in die den »Mihyâr« beherrschende Metaphorik des Reisens, der Unbeständigkeit und existentiell-religiösen Haltlosigkeit.
Barada Fluß, der durch Damaskus fließt (ehemals »Abana«).

79 *Ein Brief* Die Aufteilung in zwei Abschnitte nicht in A, sondern nur in der Übersetzung.

80 *Sannîn* 2628 m hoher Berg bei Beirut, der, stets sichtbar, das Hinterland der Stadt dominiert.

82 *Die Sintflut* Die Zeile, die in A an vorletzter Stelle stand, wurde gestrichen: »Vielleicht ziehen wir dieses alte Treffen vor.«

87 *Anemonen* Tammûz/Adonis-Motiv (vgl. auch Anm. zu S. 89): Aus dem Blut des bei der Eberjagd tödlich verwundeten Adonis sprossen der Sage nach Anemonen auf. Meist mit Adonis gleichgesetzt wird der mesopotamische Fruchtbarkeitsgott Tammûz (auch: Dumûzi), von dem der Mythos erzählt, daß seine alljährliche Auferstehung aus der Unterwelt den Frühling bringt. Das Motiv war Zeitgenossen geläufig. In as-Sayyâbs (vgl. Nachwort) ein Jahr zuvor erschienenem Band »Die Regenhymne« heißt es beispielsweise in dem Gedicht »Djaikurs Tammûz«: Der Stoßzahn des Ebers spaltet meine Hand/Und seine Flamme senkt sich in mein Herz/Mein Blut sprudelt in Strömen hervor/Nicht zu Anemonen oder Weizen wird es/Sondern zu Salz.

(Aus: as-Sayyab: *Die Regenhymne*. Berlin [Das Arabische Buch] 1995. S. 135).
In »Auferstehung und Asche« (vgl. Anm. zu S. 50) schrieb Adonis: »O Phönix,
stirb, um uns zu erlösen / O Phönix, laß mit dir die Feuer beginnen / Laß mit
dir die Anemonen beginnen / Laß das Leben beginnen / Du, o Asche, o Ge-
bet.« Von dem in diesen Gedichten mit dem Anemonen-Motiv verbundenen
Pathos ist in dem »Psalm« vergleichsweise wenig zu spüren: Die Anemonen
sind nur noch Äußerlichkeit, »Zier«, und symbolisieren eher eine individuelle
Erweckung.

89 *Die Rabenfeder* Raben (oder Krähen) sind auch im Orient vornehmlich nega-
tiv besetzt. Im Volksmund wird der Rabe auch »Ibn al-bāriḫ« (Sohn des Un-
heils) genannt. Im Koran wird erzählt, daß Gott einen Raben zu Kain schickt,
der ihm zeigt, wie er Abel begraben soll (vgl. *Sure* 5:31).

Ich komme ohne Blumen ... ein weiteres Tammûz/Adonis-Motiv. Die Rück-
kehr des Tammûz auf die Erde leitet das Ende der Dürreperiode ein. In diesem
Sinne bringt Tammûz die Jahreszeiten. Adonis dagegen scheint diese Rolle
hier nicht erfüllen zu wollen oder zu können.

92 *Der neue Noah* Höhepunkt der den Mihyâr durchziehenden Noah- und Sint-
flutmotive. Der Koran (II.25–50) kennt Noah als einen der Propheten, die, wie
Mohammed, ihr Volk zur Hinwendung zu Allah, dem einzigen Gott aufrufen.
Als einer seiner ersten Propheten, deren Folge Mohammed abschließt, ist er
im höchsten Grade systemkonform. Dementsprechend deutlich ist die Ab-
lehnung der Tradition durch die Einführung eines »neuen Noah«.

95 *Der wiederkehrende Tod* Der historische Mihyâr ad-Dailami ist vor allem für
seine Totenklagen berühmt. Eine stilistische oder inhaltliche Verwandtschaft
mit den Totenklagen bei Adonis besteht allerdings kaum.

97 *Umar Ibn al-Khattâb* (585–644) Der zweite Kalif (d. h. Nachfolger des Pro-
pheten) nach dem Tode Mohammeds. Unter seiner Führung und Initiative
fand die erste größere Expansion des Islam über die arabische Halbinsel hi-
naus statt. Gilt als vorbildlicher, tugendhafter Herrscher und zählt zu den so-
genannten Rechtgeleiteten Kalifen.
Djibilla Ǧabala Ibn al-'Aiham, letzter Herrscher der Ghassaniden-Dynastie,
der 636 bei einer Schlacht gegen die Muslime fiel. Das Gedicht bezieht sich auf
eine Anekdote, die der arabische Literat Abû al-Faradj al-Isfahâni (897–967)
in seinem »Buch der Lieder« erzählt, einer rund zwei Dutzend Bände um-
fassenden Geschichten- und Anekdotensammlung, die als eines der Meister-

werke der klassischen arabischen Belletristik gilt. In dem Djibilla gewidmeten Kapitel wird berichtet, wie der neu zum Islam bekehrte Fürst mit großem Gefolge dem Kalifen Umar die Aufwartung machte. Beim rituellen Umkreisen der Kaaba zusammen mit anderen Gläubigern trat ein Beduine auf sein Kleid und entblößte ihn, worauf ihm Djibilla die Nase einschlug. Als Umar Djibilla aufforderte, den Beduinen zu entschädigen oder sich darauf gefaßt zu machen, daß der Beduine von seinem Recht Gebrauch mache, ihn seinerseits zu schlagen, weigerte sich Djibilla mit dem Hinweis, er als Fürst habe das Recht, einen einfachen Beduinen zu schlagen, nicht jedoch umgekehrt. Umar belehrte ihn anders: »Der Islam hat ihn und dich auf eine Stufe gestellt, du bist nicht besser als er, es sei denn in bezug auf die Frömmigkeit.« Djibilla beschloß, daß er unter diesen Umständen lieber Christ werden wolle, und ergriff, als Apostat zusätzlich von der Todesstrafe bedroht, die Flucht – nicht ohne Duldung Umars, der eine Auseinandersetzung mit den Anhängern Djibillas gefürchtet haben mag. Der von Umar vertretene (»Dein Versprechen...«) und vom Islam verheißene (»..., das vom Himmel kommt«) Gleichheitsanspruch aller Muslime harrt also nach wie vor seiner Durchsetzung und begründet die im Gedicht gestellte kritische Frage.

Wann In A: »Wann, ja wann...« (Matā, matā).

Grüner Stein Neben den allgemeinen Assoziationen von aufkeimender Vegetation (Grün ist auch die Farbe des Tammûz, vgl. Anm. zu S. 87) und Hoffnung (»... wir warten«) ist Grün im Islam vor allem die Farbe des Propheten (vgl. Anm. zu S. 138) und des Heils. In der Alchimie entspricht der grüne Stein einem Übergangsstadium auf dem Wege zum Gold. Vielleicht ist auch ein gewollter Kontrast zu dem im Islam verehrten Schwarzen Stein in der Kaaba in Mekka anzunehmen, der ja, als Meteorit, »vom Himmel« gekommen sein soll.

97 *Abu Nuwâs* (753/7–811) Einer der größten klassischen arabischen Dichter und Freund des legendären Abbasidenkalifen Harûn ar-Rashîd (766–809). Seine Dichtung, die neben klassischen Sujets vor allem den Weingenuß und die Knabenliebe behandelt, ist für ihre Frivolität berüchtigt. Adonis führt ihn in seinen literaturkritischen Schriften als einen der ersten Vertreter einer spezifisch arabischen Modernität an und vergleicht seine Rolle mit der eines Baudelaire für die moderne abendländische Dichtung.

Überreste eines verlassenen Lagers Gemäß der für die späteren Dichter als musterhaft geltenden vorislamischen arabischen Dichtung hatte ein Gedicht mit der Liebesklage zu beginnen, wobei der Dichter trauernd bei den Spuren des verlassenen Lagers stehenbleibt, in dem er der Geliebten einst begegnet war. Mit der zunehmenden Verlagerung des Lebensraums aus der Wüste in die

entstehenden Städte verlor diese Art der Liebesklage ihren Sinn und wurde schließlich parodiert. So schrieb etwa Abu Nuwâs:
»Schöner als das Stehenbleiben bei den Wohnstätten ist es, wenn eine Verliebte wegen eines verliebten Jünglings stehenbleibt.
Ein angenehmerer Anblick als die Spuren eines Zeltes sind die Wohnstätten auf der Höhe eines hübschen Schlosses.«
(Zit. nach: E. Wagner, in ders.: *Grundzüge der klassischen arabischen Dichtung*, Bd. 2. Darmstadt [Wiss. Buchgesellschaft] 1988, S. 117.)

98 al-Hallâdj (858–922) Einer der berühmtesten Sufi-Dichter, der sozialreformerische Ideen wie den Verzicht auf die vorgeschriebene Wallfahrt nach Mekka zugunsten von Waisenkindern und andere nach hergebrachtem islamischen Verständnis häretische Ideen propagierte. 922 hingerichtet. Al-Hallâdj wurde aufgrund seiner revolutionären Ansichten von der neuen arabischen Literatur als vorbildliche Figur wiederentdeckt. Berühmt ist vor allem »Die Tragödie al-Hallâdjs« des Ägypters Ṣalāḥ 'Abd aṣ-Ṣabūr (1931–1981; dt. als: *Salah Abd as-Sabur: Der Tod des Mystikers*. Berlin [Edition Orient] 1981).
Eine ausführliche Interpretation mit Stellenkommentar zu diesem Gedicht bietet: Snir, Reuven: »A study of ›Elegy for al-Hallaj‹ by Adunis«. In: *Journal of Arabic Literature*. 25, 1994. S. 245–256.
Vgl. auch die Übersetzung von A. Schimmel in: *Nimm eine Rose und nenne sie Lieder*. Frankfurt a.M. (Insel) 1995. S. 246 f.

99 Bashshâr Bashshâr Ibn Burd (714–783). Der von Geburt an blinde, als häßlich und abstoßend verrufene Dichter ist für seine Totenklagen, Liebeslieder und für seine Lobgedichte auf den Abbasidenkalifen al-Mahdi (742–785) berühmt, die ihn zunächst vor der Verfolgung bewahrten, obwohl er häretischer Neigungen verdächtig war. Er wurde hingerichtet, nachdem er wegen eines Spottgedichtes angezeigt worden war.
Wie schon in der *Totenklage für Umar Ibn al-Khattâb* (vgl. Anm. zu S. 97) greift Adonis auch in diesem Gedicht Motive auf, die im »Buch der Lieder« über Bashshâr erzählt werden. Bei der Nachricht von seinem Tod, so wird dort unter anderem berichtet, sollen sich die Leute gegenseitig beglückwünscht und niemand geweint haben. Dazu wird ein Gedicht zitiert, in dem es heißt: »O Elend des Toten, den niemand beweint hat und niemand vermißt/Nicht die Mutter seiner Kinder beweinte ihn, und die Trennung von ihm brachte kein Kind zum Weinen [...]« usw. Ferner wird erzählt, daß Bashshâr auf Befehl des Kalifen mit siebzig Peitschenhieben gezüchtigt und sein Leichnam anschließend bei Basra in den Schatt al-Arab geworfen worden sei.

Zwei Totenklagen

Textgrundlage: 'Aurāq fī r-rīḥ. Sīra nihā'īya. Beirut (Dār al-'ādāb) 1988. S. 111–126. Kürzel ›C‹. Zur Korrektur der Druckfehler wurde die Ausgabe verglichen mit: 'Adūnīs: al-'A'māl aš-ši'rīyat al-kāmila. Bd. 1. S. 220–235. Beirut (Dār al-'auda) 1988[5] (Fortan ›B‹) sowie: ›Adūnīs: al-Āṯār aš-ši'rīyat al-kāmila. Bd. 1. S. 511–532. Beirut (Dār al-'auda) 1971[2]. (Fortan ›A‹). B und A, die sich entsprechen, wurden für C um zahlreiche Zitate von Saint-John Perse gekürzt, die, von Adonis nur teilweise als solche ausgewiesen, den Text durchsetzten. Auf eine Wiedergabe dieser Stellen in den Anmerkungen wurde verzichtet. Der interessierte Leser sei auf die französische Übersetzung der ersten Fassung durch A. W. Minkowski *(op.cit.* S. 301) verwiesen.

Die beiden »Totenklagen« sind die frühesten in dieser Auswahl abgedruckten Texte von Adonis und zugleich zwei frühe Beispiele von arabischen Prosagedichten. Beide Gedichte wurden zunächst dem Totenklagenkapitel in »Die Gesänge Mihyârs des Damaszeners« zugeordnet und schlossen den Band ab. Sie gehören jedoch weder entstehungsgeschichtlich noch vom Tonfall oder Kontext her in »Die Gesänge Mihyârs« und wirken auch in dem Kapitel »Der wiederkehrende Tod« als Fremdkörper. Adonis hat sicher recht, wenn er im Vorwort zu B schreibt, die beiden »Totenklagen« wären »eher zufällig, durch eine Nachlässigkeit« den »Gesängen Mihyârs« zugeordnet worden, ihr natürlicher Platz sei jedoch »Blätter im Wind«.

103 Totenklage für die Gegenwart Eine bedeutend längere Vorfassung des Textes erschien unter dem Titel »Waḥdahu al-ya's« (»Allein die Verzweiflung«; vgl. S. 106) 1958 in *Shi'r.*

104 Barada vgl. Anm. zu S. 78.

105 Iaxarxes Der antike Name für den Fluss Syrdarja (arab. Saiḥūn), der, aus dem Südosten kommend, in den Aralsee mündet.
Chorasan Gebiet im Osten des heutigen Iran, an Turkmenistan und Afghanistan grenzend. In klassischer Epoche konnte der Begriff »Chorasan« das ganze Zentralasien einschließlich Afghanistan bezeichnen und war Schauplatz wichtiger Ereignisse der islamischen Geschichte.
diese Lanzen Korrigiert anhand von A und der Erstauflage. B und C schreibt dagegen »hāḏā r-rammāḫ« (dieser Lanzenträger).

106 weißes Meer Der arabische (und türkische) Name für das Mittelmeer.
Orontes Fluß, der in der Bekaa-Ebene im Libanon entspringt, durch Syrien

fließt und in der Türkei ins Mittelmeer mündet. Seinen arabischen Namen »al-ʿĀṣī« (Der Ungehorsame) verdankt er der Tatsache, daß er, mehrere Anhöhen überwindend, bergauf zu fließen scheint.

108 Der Myrrhe und dem Becken der Tränen Das Harz des aus Äthiopien und Südarabien stammenden Myrrhenbaums wird seit alters her von den orientalischen Völkern für seinen Wohlgeruch geschätzt (vgl. z. B. »Das Hohelied«). Das arabische »raiḫān« bezeichnet nicht nur »Myrrhe« (wofür es natürlich auch ein spezifisches Wort gibt), sondern allgemein duftende Pflanzen – keineswegs aber »Myrte« wie in den französischen Übersetzungen und in manchen Wörterbüchern. Unklar ist, ob auf den Mythos angespielt werden soll: Adonis war der Sohn der kleinasiatischen Königstochter Myrrha (auch »Smyrna«) und ihres Vaters. Als dieser entdeckte, daß er mit seiner Tochter geschlafen hatte, wollte er sie töten, doch Aphrodite verwandelte sie in einen Myrrhenbaum, aus dem dann Adonis geboren wurde.
ein kommendes Zeichen Da »ʾāya« (Zeichen, vgl. Anm. zu S. 70) auch der Name für die Koranverse ist, wäre ebenso die Übersetzung: »nenne uns einen kommenden Koranvers« möglich.
Byzantiner Arab. »rūmī« bezeichnet in der Regel die ›Oströmer‹, also die Einwohner des byzantinischen Reiches, das bis zur Eroberung durch die Osmanen 1453 die östlichste mit den arabischen Reichen konkurrierende christliche Großmacht war.
Die Bezeichnung »rūmī« wurde später jedoch auch auf die Osmanen angewandt, die also ebenfalls gemeint sein könnten. Die Osmanenherrschaft gilt nach arabisch nationalistischer Lesart als Zeit des Niedergangs und der Fremdherrschaft.

110 achtzig Peitschenhiebe Nach *Koran* 24:4 die Strafe für die Verleumdung ehrbarer Frauen: »Diejenigen, die züchtige Frauen verleumden, aber dann keine vier Zeugen beibringen, diese geißelt mit achtzig Peitschenhieben und akzeptiert niemals ihre Zeugenaussagen, denn sie sind Frevler.« Hier jedoch eher unspezifisch, als harte, von der Religion verhängte Strafe, etwa auch bei Alkoholgenuß.
Kâfûr Abu al-Misk (gest. 968) Majordomus und Interimsherrscher der türkischstämmigen Ikhshidendynastie in Ägypten, da der offizielle Thronfolger Ahmad Abu al-Fawâris zu jung war. Als ehemaliger schwarzer Sklave stieg der Eunuch Kâfûr in den Diensten des Gründers der Ikhshiden-Dynastie zu höchsten Würden auf. Er galt als strenger, aber den Künsten aufgeschlossener Herrscher. Die Erwähnung Kâfûrs dürfte hier jedoch auf den Niedergang der politischen Größe der Araber, besonders des abbasidischen Kalifats (vgl. Anm.

zu S. 125) in Bagdad anspielen, das die Herrschaft über Ägypten an Fremde und ehemalige Sklaven verlor.

Ahmad Abu al-Fawâris Enkel des Gründers der Ikhshiden-Dynastie, der nach dem Tode Kâfûrs im Alter von elf Jahren zum ägyptischen Herrscher ausgerufen wurde. Doch bereits 969 wurde Ägypten von der aus Nordafrika einfallenden arabischen Fatimidendynastie erobert, die ihn absetzte und dann eine neue Blütezeit in dem Land einleitete.

Timurlenk Der legendäre Mongolenfürst und Eroberer (1328–1405; auch als Tamerlan bekannt). Er plünderte Damaskus im Jahre 1401 und steht als Sinnbild für die arabische Wehrlosigkeit gegen fremde Mächte.

111 Kaffee aus Aden Der Jemen ist seit der Einfuhr des Kaffeebaums aus Äthiopien im 15. Jahrhundert für seinen Kaffeeanbau berühmt. Der Kaffee, der aus der Hafenstadt Aden kam, galt als Luxusgut und Verkörperung arabisch-beduinischer Lebensart und avancierte als solcher zur nostalgischen Chiffre in der modernen arabischen Dichtung – so etwa in Nizâr Kabbânis (geb. 1923) berühmtem Gedicht »Wann verkünden sie den Tod der Araber«, wo der nicht mehr vorfindbare ›Kaffee aus Aden‹ den Niedergang der Araber versinnbildlicht.

112 Magier Gemeint sind die Zoroastrier, die vom Islam als Anhänger einer Buchreligion aufgefaßt und respektiert wurden. Hier stellvertretend für Fremde im allgemeinen gebraucht oder aber, kontextnäher, als (freilich verfrühte) Vorboten eines neuen Zeitalters, wie die ebenfalls als Magier bezeichneten »Weisen aus dem Morgenland« bei *Matthäus 2.1–2*.

Anemonen Vgl. Anm. zu S. 87.

113 Satîh Geisterähnlicher Wahrsager der vorislamischen arabischen Legenden. Satîh (wörtl. »ausgebreitet, flach«) wird seinem Namen entsprechend als teppichartiges, knochenloses Wesen gedacht.

Roch vgl. Anm. zu S. 64.

*Das Buch der Verwandlungen und des Auszugs
in die Gefilde des Tages und der Nacht*

Textgrundlage: Kitāb at-taḥawwulāt wa-l-hiǧra fī 'aqālīm an-nahār wa-l-lail. Ṣīġa nihā'īya. Beirut (Dār al-'ādāb) 1988. Kürzel: ›C‹. Zur Korrektur der Druckfehler wurde die Ausgabe verglichen mit: ›Adūnīs: al-'A'māl aš-ši'rīyat al-kāmila. Bd. 1. S. 431–597. Beirut (Dār al-'auda) 1988⁵ (Fortan ›B‹) sowie:

'Adūnīs: al-'Ātār aš-ši'rīyat al-kāmila. Bd. 2. S. 9–259. Beirut (Dār al-'auda) 1971². (Fortan ›A‹).

Wie im Fall der beiden »Totenklagen« entsprechen sich A und B, abgesehen von der strophischen Unterteilung der kürzeren Gedichte. Hier wurde verfahren wie bei »Die Gesänge Mihyârs...«: Für die Übersetzung wurde die strophische Unterteilung von A wiederhergestellt. Bei »Die Tage des Falken« bestehen kleinere Änderungen zwischen A und B (C = B), bei »Die Verwandlungen des Liebenden« finden sich teils erhebliche Kürzungen von B zu C (A = B). Wie bei den »Totenklagen« werden die Änderungen nicht eigens in den Anmerkungen verzeichnet.

»Das Buch der Verwandlungen« wurde erstmals 1965 im Verlag »al-Maktabat al-'aṣrīya« in Beirut veröffentlicht.

Von »Das Buch der Verwandlungen« liegen auf französisch und spanisch vollständige Übersetzungen vor. Französisch: *Le livre de la migration*. Übersetzung: Martine Faideau. Paris (Luneau Ascot) 1982. (Es handelt sich um eine Übersetzung von A.) Spanisch: *Libro de las buidas y mudanzas por los climas del día y la noche*. Übersetzung: Frederico Arbós. Madrid (ediciones del oriente y del mediterráneo) 1993. (Zweisprachig, beruhend auf C.) Eine vollständige französische Übersetzung des »Der Falke«-Zyklus enthält zudem der Band: *Soleils seconds*. Übersetzung: Jacques Berque. Paris (Mercure de France) 1994. (Beruhend auf C; mit teilweise gravierenden Übersetzungsfehlern.)

Knapp die Hälfte des Bandes wurde für die Übersetzung ausgewählt. Nicht übersetzt wurde der letzte Abschnitt »Die Gefilde des Tages und der Nacht« sowie die drei mittleren Kapitel des insgesamt fünfteiligen »Der Falke«-Zyklus.

115 und des Auszugs ... Arab. »hidjra« (Auszug) meint zunächst allgemein jede Art von Auswanderung, hat aber auch einen spezifisch islamischen Sinn. Es bezeichnet die Auswanderung des Propheten Mohammed aus seiner Heimatstadt Mekka im Jahre 622, wo er aufgrund seiner Lehre immer mehr in Bedrängnis geraten war, nach Medina (vgl. Anm. zu S. 15), wo er zu einem anerkannten religiösen und vor allem auch politischen Führer wurde. Mit dieser Auswanderung beginnt die unter dem Kalifen Umar (vgl. Anm. zu S. 97) eingeführte islamische Zeitrechnung, die dementsprechend »n. H.«, d. h. »nach der Hidjra« genannt wird.

117 An-Niffarî (gest. 965). Arabischer Mystiker. An-Niffarî ist seit Anfang der sechziger Jahre eine der wichtigsten Referenzen für Adonis. Er ist berühmt für seine oftmals paradoxen Beschreibungen der Unvermittelbarkeit des mystischen Gotteserlebnisses. Sein Werk dürfte Adonis zudem durch die zahl-

reichen Äußerungen fasziniert haben, die dem orthodoxen islamischen Gottesverständnis teilweise kraß entgegenstehen. Nicht nur das erste Kapitel von »Das Buch der Verwandlungen«, der ganze Band steht im Zeichen von Adonis' an-Niffarî Lektüre und anderer Aspekte der islamischen Mystik. Vgl. besonders die Anmerkungen zu »Die Verwandlungen des Liebenden«.
Die beiden Zitate stammen aus an-Niffarîs Werk »al-Mawāqif« (Die göttlichen Halte) 28,2 und 46,5. Auch das erste Zitat wird eingeleitet mit »Er [d.h. Gott] sagte mir«, Absatz 46,4 erläutert das Bild von Nadel und Faden im zweiten Zitat: »Alles was Ich [Gott] offenbare, siehst du als Nadel, und alles, was Ich verschleiere, als Faden.«
Adonis charakterisiert an-Niffarî wie folgt und skizziert dabei zugleich (und vor allem) seine eigene Poetik: »Hier ist das Schreiben Veränderung: eine Erneuerung der Dinge, insofern es die Bilder und Beziehungen der Dinge untereinander erneuert. Und es ist eine Erneuerung der Sprache, insofern es neuartige Beziehungen zwischen den Wörtern und zwischen den Wörtern und den Dingen hervorruft.« (Aus: aṣ-Ṣūfīya wa s-sūrīyālīya. Beirut 1992. S. 186)

119 Alchimie Das griechische ›chymia‹ mit dem arabischen Artikel ›al‹. Der bekannteste Alchimist des arabischen Mittelalters, Djâbir Ibn Hayyân (der lateinische »Geber«), wird einem schiitischen Milieu zugeordnet, ist jedoch historisch kaum greifbar. Das unter seinem Namen überlieferte Werk, eine enzyklopädische Vermengung von antiker Philosophie und Wissenschaft, der Alchimie und anderen okkulten Wissenszweigen sowie islamisch-schiitischer Gnosis mit teilweise harscher häretischer Tendenz, dürfte gegen Anfang des zehnten Jahrhunderts entstanden sein. Die Alchimie Djâbirs erscheint als eine frühe Geistesverwandte der Poetik von Adonis: »Der Gegenstand der [d.h. Djâbirs] ›Wissenschaft der Waage‹ ist es, in jedem Körper das Verhältnis zwischen dem Offensichtlichen und dem Verborgenen zu enthüllen […]. Die alchimistische Operation stellte sich so als beispielhafter Fall von ta'wîl, der spirituellen Exegese dar: das Offensichtliche verbergen, das Verborgene erscheinen lassen.« (Zitiert nach: Corbin, Henri: *Histoire de la philosophie islamique*. Paris [Gallimard] 1986. S. 190)
Das gefangene Staunen »Staunen« (arab. dahsa) kann auch bedeuten »Bestürzung«, »Verblüffung«. In der Mystik bezeichnet es die Verblüffung angesichts des plötzlichen Erscheinens Gottes.
Fröhlichkeit (Arab. hašāša) heißt ebenfalls »Zerbrechlichkeit«, »Weichheit«.

121 Zeichne ich meine steinernen Tage In A: »grabe ich meine spiralförmigen Brunnen« ('ābārī l-laulabīyah). In B: »meine regenbogenartigen Tage« ('ayāmi l-quzaḥīyah).

124 ... und mein Gemach die Nacht vgl. Anm. zu S. 135.

125 Abd ar-Rahmân ad-dâkhil Abd ar-Rahmân der Erste, genannt der Einwanderer (ad-dâkhil), 731–788, war der einzige umayyadische Thronfolger, der das Massaker an den Umayyaden, mit dem die Abbasiden im Jahre 750 den Machtwechsel besiegelten, überlebte. Die Dynastie der Umayyaden, die von 661 bis 750 in Damaskus den Kalifen stellte, wurde von der seit 747 währenden Aufstandsbewegung der Abbasiden, die dann im neugegründeten Bagdad residierten, abgelöst. Abd ar-Rahmân floh in das seit 711 unter arabischer Herrschaft stehende Andalusien (daher sein Beiname »der Einwanderer«), gründete den andalusischen Zweig der Umayyaden-Dynastie und leitete die Blütezeit des arabischen Andalusiens ein (Bau der Großen Moschee in Cordoba ab 785). Den Beinamen »Der Falke der Koraish« erhielt er von seinem Gegner, dem zweiten abbasidischen Kalifen al-Mansûr (714–775). Die Koraish waren der führende arabische Stamm in Mekka, dem auch Mohammed angehörte. Die Sippe der Umayya, nach der die Umayyaden benannt wurden, gehörte ebenfalls den Koraish an.
»Die Tage des Falken« ist unabhängig von dem folgenden Zyklus »Die Verwandlungen des Falken« entstanden und gilt als das bekannteste und gelungenste der Gedichte um Abd ar-Rahmân I (vgl. Nachwort).

129 Feen (arab. tawābiʻ) Die Übersetzung »Feen« (auf Vorschlag des Autors) ist fragwürdig. Denkbar wäre ebenfalls »Gefolge«, »Gefolgschaft« oder sogar »Folgegeister«. Der Wahl der Vokabel »tawābiʻ« könnte eine versteckte Anspielung auf ein bedeutendes Werk der arabischen Literatur Andalusiens zugrunde liegen, Ibn Shuhaids (992–1035) »Risālat at-tawābiʻ wa z-zawābiʻ« (Sendschreiben der Folgegeister und Hausdämonen), das vor allem von den Inspirationsgeistern der Dichter und ihren Versen handelt.

130 Halsband der Taube Gemeint ist der Ring um den Hals der Taube (v. a. der Türkentaube). Es heißt, Gott habe ihn ihr zur Zierde um den Hals gelegt, um sie für ihre Kundschafterdienste bei Noah zu belohnen. Es dürfte auf Ibn Hazm al-Andalusîs (994–1064) Traktat über die Liebe »Das Halsband der Taube« (dt. Frankfurt a. M. [Insel] 1961) angespielt sein. Ibn Hazm ist einer der wichtigsten Vertreter der arabisch-andalusischen Literatur und somit ein mögliches Aushängeschild der von Abd ar-Rahmân I begründeten Kultur. Zudem galt er als Anhänger der Umayyaden bei den innerandalusischen Parteienkämpfen.
Djazîra »al-Ġazīra« (Die Insel) ist der arabische Name für das Gebiet am Mittellauf des Euphrat, das sich zum größten Teil über das heutige Syrien und den Irak erstreckt.

133 Das Kapitel der Bäume Der letzte Teil des auf »Die Tage des Falken« folgenden vierteiligen Zyklus »Die Verwandlungen des Falken«. Das arab. »faṣl« (Kapitel, Abschnitt) kann auch »Jahreszeit« bedeuten, so daß »Das Kapitel der Bäume« im Aufbau des Zyklus dem Winter entspräche. Die hier nicht aufgenommenen Abschnitte sind überschrieben: (1) »Das Kapitel des Frühlings« (In A und B: »… der Tränen«); (2) »Das Kapitel des Aufstiegs zu den Türmen des Todes«; (3) »Das Kapitel der alten Gestalt«. Aufgrund ihrer Länge und eines teilweise exzessiven, in Übersetzung schwer wiederzugebenden lyrischen Tonfalls wurde auf die Aufnahme dieser Kapitel verzichtet.

135 Gemächer Arab. »maqṣūra« (wörtl. Abteil, Loge) bezeichnet zunächst allgemein einen abgetrennten Raum, speziell aber den mit einem hölzernen Ziergitter abgetrennten Teil der Moschee, der dem Herrscher vorbehalten war.
Ecken arab. »zāwiya« bezeichnet auch einen Betraum im Haus oder eine kleinere Moschee.

137 Khidr Wörtlich »der Grüne«; auch: al-Khâdir, legendäre Prophetengestalt der islamischen Volksmythologie, oft mit St. Georg oder dem biblischen Elias in Beziehung gesetzt. Er gilt als unsterblich und greift, ohne sich als Khidr zu erkennen zu geben, helfend in das Leben der Menschen ein. In dieser Funktion ist er besonders im Sufismus von Bedeutung.

138 das Schwarz erstrahlte Der persische Sufi Simnani (gest. 1336) entwickelte eine Farbenmystik, bei der den sieben wichtigsten Propheten verschiedene Farben zugeordnet werden, die zugleich verschiedene geistige Zentren des Menschen bezeichnen. »Leuchtendes Schwarz« wird demnach Jesus zugeordnet und bezeichnet das sogenannte »innere Geheimnis« (ḫafī). Nach dem Durchschreiten des »leuchtenden Schwarz« gelangt man zum »Grün«, das als Farbe des Islam und des Propheten Mohammed die sufische Vollkommenheit bezeichnet. (Vgl. Schimmel: *Mystische Dimensionen des Islam*. München [Diederichs] 1992. S. 362 und 535 f.).
Djairûn Einer der alten Namen des Osttores der Umayyaden-Moschee in Damaskus und des danach benannten Viertels. Als Name eines Viertels in Damaskus ist »Djairûn« heute vergessen. Bewahrt wurde er jedoch dank des »Buches der Lieder« (vgl. Anm. zu S. 97), wo er im ersten, als besonders vorzüglich ausgewählten Vers vorkommt.

139 Er wurde in Myrrhe gehüllt vgl. Anm. zu S. 108.

141 St. Gregor Palamas (1296–1359) bedeutender Theologe der griechisch-orthodoxen Kirche. Besonders die hesychastische Lehre von der Einbindung des Körpers ins Gebet und die Lehre von der Gottwerdung (Theosis) des Menschen durch die Erfahrung der Gottesenergien, die Gregor Palamas beide vertrat, weisen mit Adonis' Konzeptionen (vgl. Nachwort) eine gewisse Affinität auf. Dem Zitat liegt *1. Korinther 6.19* zugrunde (»Oder wißt ihr nicht, daß euer Leib ein Tempel des Heiligen Geistes in euch ist«), das Gregor Palamas aufgreift.

Das Doppeldeutige der arabischen Übersetzung »Qubba« (Mausoleum, wörtl.: Kuppel; also ein Grab, aber auch eine tempelartige Stätte der Verehrung) ist auf deutsch bewußt beibehalten.

144 Mandragora Pflanze mit aphrodisischen Wirkstoffen.

146 Kâsiyûn vgl. Anm. zu S. 69
Liber, Libera gemeint sein dürfte das gleichnamige italisch-römische Götterpaar. Liber wurde schon früh mit Dionysos identifiziert, Libera mit Ariadne. Ihnen war das Fest der Liberalia gewidmet, das u. a. aus phallischen Umzügen bestand. Der Liberkult dürfte Adonis durch die schöne Verurteilung bei Augustinus (*De civitate dei 7,21*) bekannt gewesen sein.

147 O Frau mit dem Stift des Verliebten geschrieben Vgl. an-Niffarî (vgl. dazu Anm. auf S. 317 »An-Niffarî«): »al-muḫāṭabāt« (»Die Anreden«, das zweite Werk an-Niffarîs) Nr. 57: »Der Herr hielt mich an und sagte mir: Sag zu der Sonne: O du, mit dem Stift des Herrn geschrieben.«
Ähnliche Aufnahmen und Anverwandlungen des an-Niffarî Textes sind kennzeichnend für »Die Verwandlungen des Liebenden«. An besonders markanten Stellen weise ich darauf hin. Eine Auflistung aller an-Niffarî-Anleihen bietet Kāẓim Ǧihād in: »'Adūnis muntaḫilan«. Kairo (Maktabat madbūlī) 1993. Für den Plagiatsvorwurf, den Ǧihād mit großem theoretischen Aufwand inszeniert, sind diese Anleihen nicht nur zu punktuell. Der Text gewinnt seinen Reiz gerade dann, wenn man durch den Vergleich mit an-Niffarî erkennt, wie Adonis das religiöse Paradigma in den Texten an-Niffarîs durch das des Liebenden und des Körpers ersetzt (vgl. Nachwort). Adonis nutzt; wenn auch für eine andere Aussageabsicht, eine ähnliche Collagetechnik wie T. S. Eliot in seinem Gedicht »The Waste Land« (1922), das die Entwicklung der arabischen Free verse-Bewegung wesentlich beeinflußt hat.
... und gehe in jedes Bett und jedes Haus vgl. an-Niffarî: »al-Mawāqif« 5,8: »Wahrlich, Ich werde erscheinen und um Mich werden sich die Sterne versammeln, und Ich werde die Sonne und den Mond verbinden und in jedes Haus hineingehen, und sie werden Mich grüßen und Ich werde sie grüßen,

denn das Wollen ist Mein und mit Meiner Erlaubnis wird die Stunde anbrechen. Ich bin der Barmherzige, der Allmächtige.«

Werde mein Gesicht ... vgl. an-Niffarî: »al-Muḫāṭabāt« 57,2: »Denn du bist Mein Gesicht, das aus jedem Gesicht aufgeht [...] Schlaf nicht und wache nicht, bis Ich zu dir komme.«

148 Liber, Libera ... Siehe Anm. zu S. 146.

Ekstase arab. »ḥāl« (wörtl. Zustand). »Zustand ist etwas, das von Gott in das Menschenherz herabgesandt wird, ohne daß er imstande ist, es durch seine eigenen Bemühungen zurückzuweisen, wenn es kommt, oder es anzuziehen, wenn es geht. [...] Sie [die Zustände] sind so unkontrollierbar, daß das Wort ›ḥāl‹ in modernen islamischen Sprachen fast gleichbedeutend mit ›Ekstase‹ ist.« (Aus: A. Schimmel, *op. cit.* [Anm. zu S. 138], S. 149 f.).

150 stöhnen, keuchen Dieselben Wortstämme (z–f–r, š–h–q) bezeichnen im *Koran* (11:106) die Schmerzensschreie derer, die ins Höllenfeuer gelangen. Ursprünglich benennen die Wörter freilich das Brunstgeschrei des Esels, so daß auch hier eine sexuelle Konnotation mitschwingt.

153 Dann sagte ich/O Körper ... Vgl. an-Niffarî: »al-Mawāqif« 42,1: »Er hielt mich an in einem Licht und sagte mir: Ich ziehe es nicht zusammen und strecke es nicht und falte es nicht und entfalte es nicht und verberge es nicht und zeige es nicht. Und Er sagte: O Licht, ziehe dich zusammen und strecke dich und falte dich und entfalte dich und verberge dich und erscheine. Und es zog sich zusammen und streckte sich und faltete sich und entfaltete sich und verbarg sich und erschien. Und ich sah die Wahrheit von ›Ich ziehe nicht zusammen‹ und die Wahrheit von ›O Licht, ziehe dich zusammen‹.«

154f. (Wir waren eine große Schar ... verschwand) Der Text in Klammern ist die leicht gekürzte Variante einer Geschichte, die der arabische Sprachgelehrte al-Asma'î (741–828) in Reimprosa über ein Erlebnis bei der Pilgerfahrt erzählt: »Ich machte mich auf zum heiligen Haus Gottes [d.h. zur Kaaba in Mekka] und nahm den Weg über Syrien. Während wir so dahinzogen, trat uns plötzlich ein großer Löwe entgegen, schrecklich anzuschauen, und schnitt unserer Karawane den Weg ab. Da sagte ich zu einem Mann neben mir: Gibt es unter uns keinen Mann, der das Schwert nimmt und den Löwen von uns abwehrt? Er entgegnete: Was einen Mann betrifft, so weiß ich nicht, aber ich kenne eine Frau, die ihn ohne Schwert abwehrt. Wo ist sie? fragte ich. Er stand auf, ging mit mir zu einer nahen Kamelsänfte und rief: Töchterlein! Steig herunter und wehr diesen Löwen von uns ab! Sie entgegnete: O Vater, würde es dir

etwa gefallen, daß der Löwe mich anblickt, wo er doch ein Mann ist und ich eine Frau? Sag ihm daher: Meine Tochter Fatima übermittelt dir Grüße und beschwört dich bei demjenigen, den kein Schlummer und kein Schlaf überwältigt, den Weg freizugeben. Al-Asma'î erzählt: Bei Gott, kaum hatte sie zu Ende geredet, da sah ich schon, wie der Löwe vor uns davonlief.« (Zitiert nach Kāẓim Ǧihād, *op. cit.*)
Nach den Unterschieden zu urteilen, hat Adonis die Geschichte vermutlich aus dem Gedächtnis nacherzählt. Auch die übrigen Textpartien in Klammern dürften in ähnlicher Weise auf Quellen beruhen. Die Forschungsliteratur bietet jedoch keine Hinweise auf die Fundstellen.

157 *Schahrijar* Name des Königs aus der Rahmengeschichte der Märchen von *1001 Nacht*. Scheherazade, die Tochter des königlichen Wezirs, hindert Schahrijar durch ihre allnächtlichen Erzählungen daran, sie nach der Nacht, die er mit ihr verbringt, zu töten, wie er es mit den Frauen vor ihr zu tun pflegte.

Das Theater und die Spiegel

166 *Hussein* (626–680), zweiter Sohn von Mohammeds Cousin Ali, dem vierten Kalifen (Prophetennachfolger) gemäß schiitischer Lehre, und von Fatima, einer Tochter Mohammeds. Bei der Schlacht von Kerbala unterlagen Hussein und seine Gefolgsleute den Truppen des umayyadischen Kalifen Yazid, dem Hussein den Kalifenthron streitig machte. Für die Schiiten (Adonis ist ebenfalls Schiit) ist Husseins Märtyrertod von zahlreichen Legenden umwoben und er gilt als einer ihrer Heiligen.
in beiden Strömen gemeint sind die Flüsse des Zweistromlands, Euphrat und Tigris.

Die zerbrochene Zeit

171 *Narr* arab. »buhlul«, weiser Narr aus der islamischen Volksmythologie.
173 *die Magier* wahrscheinlich sind die Heiligen Drei Könige gemeint.

Vier Lieder für eine Garbe Schilf

181 *Timur* mongolischer Herrscher, der bis zu seinem Tod (gest. 1405) den gesamten Osten der islamischen Welt eroberte.

Vier Lieder für Timur

183 *Mihyâr* dichterisches Alter ego von Adonis, zurückgehend auf den mittelalterlichen schiitischen Dichter Mihyâr ad-Dailami. Vgl. »Die Gesänge Mihyârs des Damaszeners«.

Spiegel und Träume um eine zerbrochene Zeit

189 *sie* steht für Damaskus, da Städtenamen im Arabischen feminin sind.
190 *der Fels* vermutlich Anspielung auf den berühmten ›Taubenfelsen‹ vor der Küste Beiruts.
des Buches wahrscheinlich gemeint: der Koran.
Aischa (614–678), seit 623 Ehefrau von Mohammed und seine Lieblingsfrau, die er gegen Verleumdungen wegen ihrer angeblichen Untreue verteidigte. Ihr wird von Seiten der Muslime große Verehrung entgegengebracht.
191 *Zaryab* berühmter Sänger und Dichter am abbasidischen Hof (gest. 845).
192 *Hussein* vgl. Anm. zu S. 166.

Zaubersprüche für die Städte al-Ghazalis

195 *Abu Hamid al-Ghazali* (1058–1111), einer der einflußreichsten islamischen Theologen und Juristen. In seinem vielbändigen Hauptwerk »Belebung der religiösen Wissenschaften« versucht er, strengen Gesetzesglauben und eine aus der islamischen Mystik gewonnene Ethik zusammenzudenken. Bis heute gilt er als Denker des orthodoxen Islam. Den rationalistischen und philosophischen Strömungen islamischen Denkens stand er kritisch gegenüber. Viele, so auch Adonis, machen ihn für den Niedergang des Rationalismus im Islam verantwortlich.
197 *Asi* Fluß im Libanon.
198 *Fundament* Der arabische Titel des Gedichts, *al-Qâ'ida* – identisch mit dem Namen der Terrorgruppe von Bin Laden – kann Grundlage oder Fundament heißen, oft mit theologischem Beiklang. Das Wort ist im Arabischen weiblich und erscheint im Anfang des Gedichts als zu erobernde Frau.

Das Kapitel der Spiegel

201 *roter Ritter* dunkle Stelle, sicher keine Anspielung auf Parzifal.
   Qasiyun Hausberg von Damaskus.
203 *Muawiya* erster umayyadischer Kalif in Damaskus und Gegner Alis, des von den (erst später sogenannten) Schiiten favorisierten Kalifenkandidaten.

Spiegel für Khalida

205 *Khalida* Name von Adonis' Frau.
211 *Abu Ala* wörtl. »Vater Alas«, gemeint ist Abu Ala al-Maarri (973–1058), einer der berühmtesten, nachklassischen Dichter des arabischen Mittelalters. In seinem Heimatort Maarra in Syrien lebte der seit früher Kindheit Erblindete zurückgezogen als Gelehrter.
212 *Rundgang* im Arabischen auch Bezeichnung für die rituelle Umrundung der Kaaba in Mekka.

Spiegel für den Weg und die Geschichte der Zwerge

218 *Granada, Buchara* das westlichste und das östlichste Zentrum der islamischen Kultur im Mittelalter.
219 *Nadir* volkstümliche Legendengestalt.
223 *Mihyâr* vgl. Anm. zu S. 183.
   Qasiyun vgl. Anm. zu S. 201.
   Barada Fluß in Damaskus.
   Ghuta fruchtbare Ebene um Damaskus.

Das Antlitz des Meeres

231 *Mohammed* arabischer Jungenname, hier ist nicht der Prophet Mohammed gemeint.
232 *Sannin* Hausberg von Beirut.
242 *ihre* vgl. Anm. zu S. 189.
   Magier vgl. Anm. zu S. 173.

Dies ist mein Name

247 *Zeichen* arab. »ayah« bedeutet (Wunder-)Zeichen, ist auch das Wort für einen Koranvers.
Tor arab. »bab« bedeutet auch ›Kapitel‹.
249 *Ali* Cousin Mohammeds, vgl. auch Anm. zu S. 166.
251 *Rebab* ein- oder zweisaitiges Musikinstrument der Beduinen, eine einfache Geige.
259 *Mihrab* Gebetsnische in Moscheen.
Imru l-Qais berühmtester arabischer Dichter (ca. 500–540) der vorislamischen Epoche, um den sich zahlreiche Legenden ranken.
al-Maarri vgl. Anm. zu S. 211.
al-Djunaid Theologe und einflußreicher Mystiker in Bagdad (830–910).
al-Halladj einer der berühmtesten arabischen Mystiker (858–922), der als angeblicher Häretiker hingerichtet wurde.
an-Niffari heterodoxer Mystiker (gest. 965), auf den sich Adonis vielfach beruft.
al-Mutanabbi einer der bedeutendsten, für Adonis der bedeutendste arabische Dichter des Mittelalters (915–965).
Engel hat im Arabischen dieselbe Wortwurzel wie »Beherrscher«.
261 *Hamza* Buchstabe im arabischen Alphabet, der keinen Laut bezeichnet, sondern nur einen Stimmabsatz, eine Ligatur.

Ein Grab für New York

271 *»I speak the password primeval«* »Ich spreche das Paßwort des Ursprungs« Walt Whitman, Leaves of Grass, Song of myself, 24. Zahlreiche andere Whitman-Zitate oder Anspielungen sind im Text verstreut. Eine Auflistung bietet die englische Übersetzung von Shawkat M. Toorawa in: Journal of Arabic Literature XXI, S. 43 ff.
275 *Dhahran* Stadt in Saudi-Arabien, Zentrum der saudi-arabischen Ölindustrie.
das zweite Büro »Deuxième Bureau« war der Name des damaligen, berüchtigten Geheimdienstes der libanesischen Armee.
Dirham arabische Währung.
»er hat keine Vorfahren …« Selbstzitat von Adonis aus seinem Gedichtband »Die Gesänge Mihyârs des Damaszeners«.
283 *Yara* ist die Tochter der später im Text erwähnten Mirène (Ghossein), seiner Übersetzerin. *Ninar* ist die jüngere Tochter von Adonis.
285 *Ali Ibn Mohammed* Führer eines Aufstandes schwarzer Sklaven im Süden

Iraks während der Abbasidenzeit um die Jahre 868 und 883. Nach der Niederschlagung des Aufstandes wurde er hingerichtet.

an-Niffarî vgl. Anm. zu S. 259.

Urwa Ibn al-Ward vorislamischer arabischer Dichter (gest. 616), der sozialrevolutionäre Ideen vertreten und praktiziert haben soll.

Abu al-Ala vgl. Anm. zu S. 211.

287 *Dal mim schin qaf...* Namen arabischer Buchstaben.

295 *Gibran* Gibran Khalil Gibran (1883–1931), libanesischer Schriftsteller, der mit seinem auf Englisch verfaßten Werk »Der Prophet« weltbekannt wurde.

Ashrafiye vor allem von Christen bewohnter Stadtteil in Ost-Beirut.

Zahrat al-Ihsan Schule in Beirut, an der Adonis lehrte.

Buthainah und Laila, Djamil, Qais Namen Liebender aus legendären arabischen Liebesgeschichten.

Danksagung

Der Kulturkreis der Deutschen Wirtschaft im BDI hat mich mit dem Übersetzerpreis (1998) für den ersten Band der Adonis-Ausgabe auf ungewöhnliche Weise zur Weiterarbeit ermutigt. Das Europäische Übersetzerkollegium in Straelen hat mir regelmäßig Zuflucht geboten. Der Deutsche Übersetzerfonds hat 2003 mit einem Arbeitsstipendium Wiederaufnahme und Abschluß der Arbeit am zweiten Band ermöglicht. Ahmad Hissou, Köln, hat alle meine Fragen zum arabischen Text beantwortet, Ahmed Farouk, Köln, hat den arabischen Satz Korrektur gelesen. Der Verlag Edition Orient überließ großzügig seine deutschsprachigen Rechte an einer Reihe von Gedichten für diese Neuübertragung. Der Ammann Verlag hat mit dieser Ausgabe der arabischen Poesie überhaupt erst eine Öffentlichkeit im deutschsprachigen Raum verschafft.

S. W.

ADONIS-ZEITTAFEL

1930 Geburt von Adonis (Ali Ahmad Saîd) in Kassâbîn, einem Dorf im syrischen Alawitengebirge nahe der Hafenstadt Lattakia. Adonis besucht zunächst keine Schule, sondern erhält von seinem Vater, einem kleinen Grundbesitzer und Imam (Vorbeter) des Dorfes, eine auf dem klassisch-islamischen Bildungsgut basierende Erziehung.

1944 Zur Belohnung für das Vortragen eines Gedichtes bei einem Besuch des Präsidenten der neu gegründeten Syrischen Republik darf Adonis das Internat der École de la Mission Laïque Française in der Hafenstadt Tartus besuchen.

1947 Nach der Schließung des französischen Gymnasiums im Zuge der Arabisierungskampagnen wechselt Adonis auf ein staatliches Gymnasium in Lattakia. In Literaturzeitschriften erscheinen erste Gedichte von ihm unter dem Pseudonym Adonis. Erste Kontakte mit der PPS.

1950 Nach dem Abitur nimmt er in Damaskus das Studium an der philosophischen Fakultät auf, das er 1954 mit der »Licence« abschließt. Als erste eigenständige Veröffentlichung von Adonis erscheint 1950 das epische Gedicht »Dalila«, 1954 als zweites Buch »Die Erde sprach«. Beide Werke sind von der PPS-Ideologie geprägt und werden später von Adonis verworfen. Nach Abschluß des Studiums zweijähriger Militärdienst, wovon Adonis elf Monate wegen politischer Aktivitäten im Gefängnis verbringt.

1956 Nach dem Militärdienst Heirat mit Khâlida Sâlih, die seither als Literaturwissenschaftlerin das Werk von Adonis kritisch begleitet. Übersiedlung nach Beirut. Adonis schließt sich dem Kreis um Yûsuf al-Khâl an.

1957 Zusammen mit al-Khâl und anderen Gründung der avantgardistischen Literaturzeitschrift *Shi'r* (Dichtung). Der Band »Erste Gedichte«, eine Auswahl der frühen Lyrik von Adonis, erscheint im Verlag von Shi'r (darin auch eine gekürzte Fassung von »Die Erde sprach«). Adonis arbeitet als Lehrer.

1958 »Blätter im Wind«

1960 Adonis verbringt mit einem Stipendium der französischen Regierung ein Studienjahr in Paris.

1961 »Die Gesänge Mihyârs des Damaszeners«

1962 Adonis wird libanesischer Staatsbürger.

1963 Aufgrund von Meinungsverschiedenheiten mit Yûsuf al-Khâl zieht sich Adonis aus der Redaktion von *Shi'r*, deren Erscheinen 1964 eingestellt wird (wiederaufgenommen 1967–1971), zurück.

1964	Adonis gründet eine eigene Zeitschrift *Afâk* (Horizonte), von der jedoch nur drei Nummern erschienen. Gibt, mit einem programmatischen Vorwort versehen, eine Anthologie klassischer arabischer Dichtung heraus.
1965	»Das Buch der Verwandlungen und des Auszugs in die Gefilde des Tages und der Nacht«
1968	»Das Theater und die Spiegel«. Gründung der Zeitschrift *Mawâkif* (Standpunkte).
1971	Adonis wird als Professor an die staatliche libanesische Universität berufen. Erhält den Syria-Lebanon Award des International Poetry Forums in Pittsburgh. Mehrwöchiger USA-Aufenthalt. Ein Jahr später erscheint der Band »Zeit zwischen Rose und Asche« mit dem Gedicht »Ein Grab für New York«. Die erste, zweibändige Ausgabe der gesammelten Gedichte von Adonis erscheint (enthält die Lyrik von 1957–1971).
1973	Promotion an der Beiruter Université de Saint Joseph mit der ideengeschichtlichen Studie »Das Statische und das Dynamische«, die in den Folgejahren publiziert wird. Fortan veröffentlicht Adonis zahlreiche literaturkritische Studien und theoretische Schriften.
1975	»Singular in der Pluralform«. Beginn des libanesischen Bürgerkriegs. Mit einigen Unterbrechungen bleibt Adonis bis 1986 in Beirut.
1980	»Das Buch der fünf Gedichte«. Adonis lehrt als Gastprofessor an der Universität Censier Paris III.
1984	Adonis hält vier Vorlesungen am Collège de France unter dem Titel »Einführung in die arabische Poetik«.
1985	»Das Buch der Belagerung«, Gedichte vor dem Hintergrund des libanesischen Bürgerkriegs.
1986	Adonis siedelt nach Paris über und arbeitet als Kulturrat der arabischen Delegation bei der Unesco. Erhält den Großen Preis der Biennales Internationales de la Poésie in Lüttich.
1988	»Zur Feier helldunkler Dinge«.
1990–95	Gastdozent an der Universität Genf.
1991	Preis für Poesie Jean Malrieu Étranger.
1994	»Ein zweites Alphabet«. Erhält den Prix de la Méditerranée und den Nâzim Hikmet-Preis.
1995	Der erste Teil von geplanten drei Teilen des literarischen Großprojektes »Das Buch« erscheint.
1996/97	Gastdozent in Princeton.

Nachwort

Der arabische Dichter Adonis

Adonis – Name eines zeitgenössischen arabischen Dichters? Der Sage nach war Adonis der von Aphrodite und Persephone zugleich umworbene schöne Jüngling, der auf der Jagd von einem Eber tödlich verwundet wurde. Als sich nach seinem Tod die Herrin der Unterwelt und die Göttin der Liebe um ihn stritten, sprach Zeus ein Machtwort und entschied, daß er bei jeder ein halbes Jahr verbringen solle. Dank seiner alljährlichen Wiederauferstehung aus dem Todesreich konnte Adonis so zur Symbolfigur des zyklischen Absterbens und Wiedererwachens der Natur werden und war Gegenstand zahlreicher Fruchtbarkeitskulte im östlichen Mittelmeerraum.

Der Adonismythos ist wie so viele der bei uns als griechisch bekannten Götter keineswegs hellenischer Abstammung. Bereits der Name kommt aus dem Semitischen: Das phönizische *Adôn* bedeutet ›Herr‹ und hebräisch *Adonáj* ist einer der Ersatznamen für den jüdischen Gott, der bei seinem wahren Namen *JHWH* nicht genannt werden darf. Die Figur des Adonis weist Berührungen mit dem mesopotamischen Tammûz auf, der als Wiederauferstehungsgott ebenfalls Gegenstand eines weitverbreiteten Fruchtbarkeitskultes war.

Ali Ahmad Said Esber, wie unser Dichter mit bürgerlichem Namen heißt, wurde 1930 in dem Dorf Qassâbîn nahe der nordsyrischen Hafenstadt Lattakia geboren. Glückliche Umstände erlaubten es, daß Ali Ahmad in Tartous, der nächstgrößeren Stadt, von seinem vierzehnten Lebensjahr an das französische Gymnasium besuchen konnte. Der Pubertierende schreibt, wie alle seines Alters, Gedichte, die er an Zeitschriften schickt, und die, wie könnte es anders sein, abgelehnt werden. Eines Tages, so berichtet er Jahre später in einem Interview, habe er in einer Zeitschrift vom Adonis-Mythos gelesen. Er habe sich mit dem Jüngling identifiziert, der für ihn die durch eine brutale Gewalt zerstörte Liebe symbolisierte. Sein nächstes Gedicht sandte er unter dem Pseudonym Adonis ein – es wurde sofort gedruckt, wie auch alle weiteren, bis heute. Diese Anekdote, so schön sie ist, unterschlägt, indem sie die Namenswahl als spontane, nicht tiefer durchdachte Handlung darstellt, die weitreichende Bedeutung dieses Pseudonyms, dasjenige, was dieser im arabischen Raum zu evozieren vermag: Denn er tritt an die Stelle eines muslimischen, genauer gesagt, schiitischen Allerweltsnamens und ersetzt dessen Genealogie und kulturellen Kontext durch einen mediterranen, nach Europa hin orientierten. Dies im Hinterkopf, können wir den Namen dann aber freilich auch arabisch aussprechen: ’Adûnîs.

Nach dem Schulabschluß 1950 nimmt Adonis in Damaskus das Studium der Philosophie auf. Hier dürfte er auch mit der PPS, der »Syrischen Volkspartei« (*Parti Populaire Syrien – al-Hizb al-Qaumi al-Suri*), in Berührung gekommen sein, einer Partei, die anstelle der willkürlichen, im Vorderen Orient von den europäischen Kolonialmächten geschaffenen Grenzen ein Großsyrien schaffen wollte, das die heutigen Staaten Syrien, Libanon, Palästina/Israel und Jordanien umfassen sollte. Diese Partei verwarf islamische und panarabische Staatsmodelle und bemühte sich um die Wiederbelebung einer eigenen vorderorientalischen Identität, wozu sie vor allem auf die phönizische Zeit und ihre Mythologie zurückgriff. Einer dieser Mythen war der Adonis-, bzw. Tammûz-Mythos. Es ist also historisch gesehen kein Zufall, daß Ali Ahmad Said in den vierziger Jahren in einer Zeitschrift die Geschichte des schönen Jünglings Adonis las. Denn ihre Renaissance und Verbreitung in weite Bevölkerungsschichten verdankte diese Mythologie nicht zuletzt der Propaganda von Parteien wie der PPS. Auch nach dem frühen Ende von Adonis' parteipolitischem Engagement wirkt der Mythos vom wieder auferstehenden Gott in seinen Dichtungen unterschwellig fort.

Nach Studium und Militärdienst geht Adonis 1956 mit seiner Frau in das weltoffenere und freizügigere Beirut, wo er von der politischen Aktivität Abstand nimmt. Spätestens seit Adonis 1957 zusammen mit Jussuf al-Khal die avantgardistische Literaturzeitschrift *Shi'r*, Dichtung, gegründet hatte, zählte er in Beirut zu den tonangebenden Literaten. Der Durchbruch zu einer ganz und gar eigenen Sprache gelingt ihm jedoch vollends erst mit dem Gedichtband, mit dem das vorliegende Buch beginnt. 1961 erschien der Gedichtband *Aghânî Mihyâr ad-dimashqi*, »Die Gesänge Mihyârs des Damaszeners«. Diese Gedichtsammlung, die den Ruhm von Adonis bis heute begründet, gilt nicht nur als früher Höhepunkt seines dichterischen Schaffens, sie ist auch einer der Wendepunkte der modernen arabischen Literatur. Der Gedichtband mag dem abendländischen Leser zugleich befremdlich und vertraut anmuten. Wenn hier eine Leseempfehlung gegeben werden darf: Man sollte alles über Bord werfen, was man über die orientalische Lyrik bisher weiß oder zu wissen glaubte, und nichts, was Goethe im *West-östlichen Divan* schreibt, taugt zum Verständnis moderner arabischer Lyrik. Sie ist deshalb nicht unverständlich – sie ist nur so zu lesen, wie wir moderne abendländische Lyrik lesen. Viel näher an Brecht oder Celan als an Hafis, beeinflußt von Rimbaud und T. S. Eliot mehr als von Abu Nuwas oder Omar Khayyam. Die Machart dieser Dichtung, ihre Poetik, ist die einer universellen Moderne; orientalisch ist hingegen ihr Echoraum, ihr Bezugsrahmen. Das mag im ersten Moment verwundern und verwirren. Bis man merkt: Dies sind alles andere als unverständliche Gedichte. Zwar stößt man immer wieder auf schwer nachvollziehbare Bilder und rätselhafte Formulierungen, doch verglichen mit manch anderer moderner Lyrik bieten die Texte dem Leser erfreulich viele Anhaltspunkte. Bereits der erste Text des Bandes, ein Prosagedicht, weist die Spur (S. 11):

Er naht wehrlos wie der Wald, und wie die Wolken wird er nicht zurückgeschlagen. Gestern trug er einen Kontinent und rückte das Meer von der Stelle. (...)
    Und da verkündet er die Kreuzung der Extreme und ritzt auf die Stirn unseres Zeitalters das Zeichen der Magie. (...)
    Beginnend bei sich, schafft er seinesgleichen – er hat keine Vorfahren, und seine Wurzeln sind in seinen Schritten.
    Er wandert im Abgrund und hat die Gestalt des Windes.

Hier tritt einer wie ein Naturereignis auf und richtet Chaos an. Indem er auf die Stirn, also den Sitz der Ratio, das Zeichen der Magie graviert, scheint er so etwas wie die Wiederverzauberung des entzauberten »Zeitalters« einläuten zu wollen. Von ihm wird ferner behauptet, er sei ein absoluter Anfang. Und nicht nur hat er keine Herkunft im zeitlichen Sinne, sondern ebensowenig im räumlichen: seine Wurzeln sind in seinen Schritten. Und trotz seiner windigen Gestalt schwebt er nicht über den Dingen, sondern »wandert im Abgrund«. Der Text ist eine Beschwörung der Revolte mit dem Ziel eines radikalen und vitaleren Neubeginns in der Gestalt eines Hymnus oder eben »Psalms« auf eine fiktive Erlöserfigur, deren göttliche Herkunft, jedenfalls im arabischen Original, durch den Verweis auf seine Windgestalt eindeutig ist. Das arabische *rîh* (Wind) ist mit dem arabischen Wort für Geist (*rûh*) ebenso verwandt wie mit dem hebräischen »ruach«, dem Pneuma, und darin mit dem Heiligen Geist.

Der Gedichtband zerfällt in sechs Teile, und alle, bis auf den letzten, haben zum Auftakt ein derartiges Prosagedicht. Im ersten Teil tritt uns der Mihyâr in der dritten Person entgegen, und so auch in den übrigen Gedichten dieses ersten Teils. Vom zweiten Teil an taucht er vorwiegend in der ersten Person auf. Es scheint, als sollte er uns zunächst vorgestellt und vertraut gemacht werden, bevor er selbst als Sprechender auftritt – fast als wolle der Dichter uns deutlich machen, daß es sich bei »ich« nicht um ihn, den Dichter handele, sondern daß ein sogenanntes ›lyrisches Ich‹ spricht. So unkonventionell der Text für arabische Verhältnisse daherkommen mag – in dieser feinsäuberlichen Trennung der Sprechweisen könnte man ein Zugeständnis an die Lesegewohnheiten vermuten: Eine Trennung von lyrischem Ich und der Person des Dichters kennt die klassische orientalische Lyrik nicht – jedenfalls nicht als Konzept, und das heißt: Wer in der Lyrik »Ich« sagt, ist der Dichter, und sonst niemand.

Der Name Mihyâr geht auf den 1037 verstorbenen Mihyâr ad-Dailami (d. h. aus der Region Dailam im Nordwesten des heutigen Iran) zurück, einen der letzten großen klassischen Dichter, der wie Adonis der schiitischen Glaubensrichtung des Islams angehörte und deshalb sowie aufgrund seiner zoroastrischen Herkunft bei den Sunniten als Häretiker galt. Die Religion Zarathustras wurde auf dem Gebiet des heutigen Iran nach der Eroberung durch die Araber im späten 7. Jahrhundert bald durch den Islam verdrängt, allerdings vielfach nur oberflächlich. Zoroastrische Traditionen lebten teils unter dem Deckmantel einer oberflächlichen Islamisierung (vor allem in Gestalt der islamischen Mystik), teils im Untergrund weiter fort – übrigens bis in die Gegenwart der Islamischen Republik). Derjenige Mihyâr, von dem Adonis redet, ist freilich durch die Benennung *ad-dimashqî* »der aus Damaskus« als fiktive Gestalt und zugleich als *alter ego* des Damaszeners Adonis – gekennzeichnet. Von ihm heißt es in *Mihyârs Gesicht* (S. 17):

Mihyârs Gesicht ist ein Feuer
Das die Erde der vertrauten Sterne verbrennt.
Seht, wie er die Grenzen des Kalifats überschreitet
Und das Banner des Untergangs hißt
Jegliches Haus zertrümmernd.
Seht, wie er das Imamat verwirft
Und seine Verzweiflung läßt als Zeichen
Auf dem Gesicht der Jahreszeiten.

In diesem Gedicht macht sich dieselbe Tendenz zur Revolte bemerkbar wie im ersten Text. Doch der kulturelle Kontext wird deutlicher, und das Gedicht wird dadurch brisanter. Imamat und Kalifat, die traditionellen weltlichen und religiösen Herrschaftsformen der Muslime, werden abgelehnt. Der Zerstörungswille greift auf die *vertrauten Sterne* über, Häuser werden zertrümmert und der *Untergang* wird verkündet. Was sich im ersten Gedicht andeutete, wird nun explizit: der unversöhnliche Bruch mit den überlieferten Ordnungsvorstellungen. Mihyâr, dessen ›Gesänge‹ wir lesen, ist ein Ikonoklast.

In einem anderen Gedicht (S. 29) heißt es:

Ich verbrenne mein Erbteil, sage, daß meine Erde
Jungfräulich, daß in meiner Jugend keine Gräber
Und schreite über Gott und Satan hin
(Mein Weg führt weiter
Als die Wege Gottes und Satans) – (…)
Ich rufe: Nach mir kein Fall, kein Paradies
Und tilge die Sprache der Sünde.

Wieder sehen wir den Bruch mit der Vergangenheit und daneben zwei weitere große Themen, die sich nach der Zertrümmerung des im Weg stehenden Alten entfalten können: Die existentielle Geworfenheit, illustriert an der problematischen Beziehung zum Göttlichen, und die Sprache. Ebenso, wie die überkommenen Herrschaftsformen zertrümmert und dann erneuert werden sollen, soll die Sprache der alten Ordnung mit ihren Kategorien von Sünde und Heil ausgemerzt werden. In dem Gedicht »Der neue Bund« – auch dies natürlich wieder ein religiös konnotierter Titel – wird die Sprachproblematik näher gefaßt. In den beiden ersten und den letzten Zeilen heißt es dort: *Er versteht sich nicht auf diese Sprache / Die Stimme der Steppen versteht er nicht (...) Denn er ist die Sprache, die unter Masten wogt / Denn er ist der Ritter fremder Worte.*

Das Idiom, das der alten, mit dem Lebensraum Wüste assoziierten Sprache entgegengesetzt wird, ist zugleich das Element der Reise und der Entdeckungsfahrten, ist ein bewegtes, ein wogendes Element. Was genau wir unter dieser Sprache zu verstehen haben, dafür sind die Gesänge Mihyârs selbst die beste Erläuterung. Die Sprache, die an die Stelle der Sprache von islamischer Theokratie und altarabischem Nomadentum, wie es die vorislamische Dichtung gefeiert hat, treten soll, sie wird in den Gedichten gepflegt. Sie wird nicht nur postuliert oder negativ als das Gegenteil der gängigen Sprache beschrieben, sie tritt vielmehr selbst in Aktion. Der innovative Umgang mit der Sprache dient dabei als das Medium der erstrebten existentiellen Unstetigkeit, die die Erstarrung der Gesellschaft aufheben soll. Entgegen der klassischen arabischen Poetik, bei der es auf die Klarheit und Kunstfertigkeit der Aussage ankam und die vor allem gefallen wollte, wird die von Adonis betriebene und propagierte Schwerverständlichkeit der dichterischen Sprache als produktives, jeden einzelnen auf seinen eigenen Verständnishorizont verweisendes Moment begriffen.

Selbst wenn die Töne, die in diesen Gedichten zu vernehmen sind, heute und in der Übersetzung in unseren Ohren vielleicht gar nicht mehr so unerhört klingen, Anfang der sechziger Jahre hatten sie in der arabischen Welt diese Unerhörtheit, das Aufbrechende und Bewegende durchaus. So sind die fünf mit »Psalm« überschriebenen Texte reinste Prosagedichte, wie sie zu jener Zeit von sehr wenigen nur gewagt wurden. Und trotz des teilweise rätselhaften, teilweise schockierenden und ikonoklastischen Charakters der Gedichte bleibt ihre Sprache verblüffend natürlich und zugleich von einer kunstfertigen Schönheit – wenngleich nicht von der Schönheit, wie sie die klassische Poetik verlangt.

Auch die existentielle Geworfenheit, von der eben die Rede war, wird unmißverständlich thematisiert. Dabei wird die metaphysische Haltlosigkeit nach dem Tod Gottes dem Glauben an falsche Götter vorgezogen. *Ich ersetzte den blinden Gott des Steins / Und den Gott der sieben Tage / Durch den toten Gott.* Ähnlich wie bei

Nietzsche wird der Tod Gottes nicht gefeiert, vielmehr wird versucht, aus der Not eine Tugend zu machen und sich im Abgrund, in der Entwurzelung, auf der Welle einzurichten. Nicht umsonst ist das Reisen eine der Schlüsselmetaphern für den Mihyâr: *In der Hoffnungslosigkeit, im wüsten Land / Im Schrecken und im Untergang / Entsteigt vielleicht meinen Tiefen ein Gott. (Ein Gott ist gestorben, S. 27)*

Falls es überhaupt einen neuen Gott geben sollte, so die These, wird er aus dem eigenen Inneren geboren. Das Auf-sich-selbst-Gestelltsein bewirkt ein schöpferisches Potential, das auch den größten Verlust, eben den Tod Gottes, in einen Vorteil zu verwandeln vermag. Mihyâr ist ein Geistesverwandter von Zarathustra. Bedenkt man überdies, daß der libanesische Christ Gibran Khalil Gibran (1881–1931), der Autor des vielgelesenen Weisheitsbüchleins »Der Prophet« und erste große Bewunderer Nietzsches unter den arabischen Intellektuellen, von Adonis zu seinen Vorbildern gezählt wird, so darf man den vorliegenden Gedichtband als eines der bedeutendsten Zeugnisse arabischer Nietzsche-Rezeption bezeichnen. Die große Leistung von Adonis besteht darin, ein an Nietzsche geschultes Denken den Umständen des neuen, arabisch-islamischen Kontextes anzuverwandeln und eine eigenständige Bildlichkeit dafür zu entwickeln.

Die erste nach dem »Mihyâr« erschienene Gedichtsammlung von Adonis, »Das Buch der Verwandlungen und der Wanderung in den Gefilden des Tages und der Nacht« von 1965, bleibt den Errungenschaften des Vorgängerbuchs treu, bereichert sie jedoch um den Versuch, die arabisch-islamische Kultur noch grundlegender in die neue Dichtung zu integrieren und diese darin stärker zu verankern, also das, was Adonis an der Überlieferung wertvoll erscheint, fortzusetzen und in seinem Sinne mitzuprägen. 1962 erschien in einer Literaturzeitschrift derjenige Text aus dem drei Jahre später publizierten Gedichtband, der zu einem der berühmtesten und vielleicht dem beliebtesten seines ganzen Werkes avancieren sollte: »Die Tage des Falken«, das Gedicht über Abd ar-Rahmân I. (geboren in Damaskus 731, gestorben in Cordoba 788), den Gründer der andalusischen Umayyadendynastie. Es war – und ist – eines der ganz wenigen modernen arabischen Gedichte, das auf ungeteilt positiven Anklang stieß. Adonis hätte kaum ein geeigneteres Sujet wählen können, um die arabischen Sehnsüchte und Aspirationen zu bündeln und zugleich in eine Bahn zu lenken, die die Dichtung nicht an eine Ideologie oder politische Mode verrät. Abd ar-Rahmân I. leitete durch sein staatsmännisches Geschick die Blütezeit des arabischen Andalusien ein und begründete damit eine Ära, die im Geschichtsbewußtsein der Araber kaum zurücksteht hinter derjenigen der sogenannten ›Rechtgeleiteten Kalifen‹, die nach dem Tode des Propheten Mohammed den Islam durch ihre Eroberungen im ganzen Nahen Osten verbreiteten, oder hinter der Blütezeit des abbasidischen Kalifats in Bagdad unter dem legendären Kalifen Harûn ar-Rashîd.

Der unwiderrufliche Verlust Andalusiens im Zuge der Reconquista ließ diese

Ära zur nostalgischen Chiffre für eine verherrlichte, historisch belegbare, doch als Modell für eine zukünftige Gesellschaft sicherlich unrealistische arabische Größe werden. Anders als manch andere der zeitgenössischen arabischen Gedichte, die Andalusien thematisieren, vermeidet es Adonis allerdings, auf der Klaviatur der Andalusien-Nostalgie zu spielen: Andalusien kommt als geographische und geschichtliche Größe in dem Gedicht überhaupt nicht vor. Statt dessen nutzt Adonis die dem Wort ›Andalusien‹ im Arabischen eignende evokative Kraft und bindet sie statt an die arabische Nation zurück an das Individuum, das diese Blütezeit einleitete, dessen Rolle dabei neu definierend. Die Persona des Gedichts errichtet nicht wie sein historisches Vorbild einen neuen Staat oder eine ›Große Moschee‹ (wie die von Abd ar-Rahmân in Cordoba), sondern das »Andalusien der Tiefen«, und dieses, so darf man Adonis verstehen, ist die wahre Ernte, die der Osten dem Westen bringt, wie der Held des Gedichts (S. 131). Die Bedeutung dieses Orients ist für Adonis daher nicht politisch, sondern spirituell, als die Heimat der Religionen, der Mystik, und einer besonderen Weisheit des Inneren. Die Flucht Abd ar-Rahmâns aus Damaskus, die das Gedicht zunächst zu schildern scheint, entpuppt sich als Reise ins Innere, durch eine Landschaft aus Traum, Sehnsüchten und einem Streben, die zugleich ganz den Zielen der Dichtung von Adonis entsprechen. Die mehrfach wiederholte Formel: »Verstünde ich wie ein Dichter ...«, vom Dichter Adonis seiner lyrischen Maske in den Mund gelegt, verkündet ebenso den letzten Sinn, der in der Poetik von Adonis dem Dichtersein zukommt, wie auch durch den Konjunktiv (im Arabischen sogar dem Irrealis) den utopischen Charakter seiner Realisierung. So konnte »Die Tage des Falken« einerseits als Rückgriff und Besinnung auf die arabische Geschichte und als Einladung verstanden werden, dort und nicht in einem vorarabischen Mythos, wie dem von Adonis oder Tammuz, geschweige denn im Westen nach Identifikationsfiguren zu suchen. Andererseits wurde diese andere Identifikationsfigur gänzlich im Sinne von Adonis umgewertet und, dem Programm des *Mihyâr* treu, zu einem Plädoyer für die Kräfte des Individuums und einer der Tendenz nach poetisch-mystischen Weltanschauung. Bedurfte die moderne, an westlichen Formen geschulte arabische Lyrik gegenüber denen, die befürchteten, sie würde das Eigene, das Arabische – was immer dies im einzelnen sein sollte – dem Vergessen überantworten und gegen literarische Importe eintauschen, noch eine Rechtfertigung, »Die Tage des Falken« lieferte sie.

Die Hinwendung von Adonis zum eigenen literarischen Erbe zeigt sich im »Buch der Verwandlungen« freilich nicht nur im Aufgriff und der Anverwandlung eines Stoffes aus der arabischen Geschichte. Das erste Kapitel, »Die Blume der Alchimie«, wartet mit zwei bemerkenswerten Motti auf, die den Werken eines lange Zeit beinahe vergessenen, in den dreißiger Jahren von einem englischen Orientalisten edierten und schließlich von Adonis für die arabische Literatur und vor allem seine eigene Dichtung gleichsam wiederentdeckten Mystiker entstammen, an-Niffari. Wie auch al-Hallâdj (Vgl. Anm. zu S. 98), einem der geistigen Vorläufer an-Niffaris, zeichnet sich dieser durch völlige Unbekümmertheit gegenüber den Dogmen des orthodoxen Islam aus und kannte bei der Aufzeichnung seiner mystischen Erlebnisse keine Tabus. Die Originalität seiner Schreibweise und das in dem ersten Motto zum Ausdruck kommende Bewußtsein von der Unzulänglichkeit der Sprache zur Vermittlung außergewöhnlicher (Gottes-) Erfahrungen dürften Adonis fasziniert haben. Es verwundert daher nicht, daß die dreizehn Gedichte aus »Die Blume der Alchimie« zum Hermetischsten gehören, was Adonis bis heute geschrieben hat, an Schwierigkeitsgrad die Gedichte des »Mihyâr« weit hinter sich lassend. Es sind zugleich die Texte von Adonis, die, einmal von einigen Experimenten im Frühwerk abgesehen, dem Surrealismus am nächsten sind.

Doch bei Adonis vom Surrealismus zu reden heißt, vom Sufismus zu reden, denn im Rahmen seiner theoretischen Schriften vergleicht der Autor diese beiden Bewegungen gerne. In dem Anliegen, mittels der Sprache auf neue Wahrnehmungsebenen vorzustoßen, läßt sich das Schreiben von Adonis in der Tat mit manchen Sufi-Dichtern und diese wiederum mit manchen Surrealisten vergleichen. Allein, die Differenz dürfte kaum zu überbrücken sein, wenn es um die Natur oder die Einordnung dieser ›anderen‹ Wahrnehmung geht, und so wird der Deutungshilfen suchende Leser auch hier, so manchen Interpretationsvorschlägen des Autors in seinen theoretischen Texten zum Trotz, auf die Texte selbst zurückverwiesen. Werden im »Kapitel der Bäume. Totenklagen und Grabsteine für den Falken« sufische und christliche Elemente zu einer ungefähren Sozial- und Gewaltkritik eingesetzt, so lassen sich die Texte aus »Die Blume der Alchimie« kaum einer bestimmten Aussageabsicht zuordnen und am ehesten noch beschreiben als Experimente hin zum Überschreiten, zum sprachlichen Durchbrechen zu einer anderen Wahrnehmungsebene, als »Alchimie des Worts« (Rimbaud) mit dem von Adonis in zahlreichen Manifesten geäußerten Ziel, die Logik der Alltagssprache und die alltägliche Sicht auf die Dinge zu überwinden und so vielleicht zu einer Wiederverzauberung der Welt beizutragen.

Als ein in vieler Hinsicht experimenteller Text ist auch »Die Verwandlungen des Liebenden« zu verstehen, der die hier vorliegende Auswahl aus dem »Buch der Verwandlungen …« beschließt. So intensiv wie nie zuvor zieht dabei Adonis Texte der klassischen arabischen Literatur gerüstartig in die neue Dichtung ein, die dadurch in weiten Teilen zur Collage gerät. Das Gedicht behandelt ein Thema, das im weiteren Werk von Adonis immer wichtiger wird. Körperlichkeit und Sexualität sind in der zeitgenössischen arabischen Literatur Tabu. Doch dies ist es nicht, was Adonis daran reizt, und der Text enthält sich, anders als »Die Gesänge Mihyârs …«, jeder direkten Provokation, so eindeutig manche Passagen auch sein mögen. Dasjenige, worum es Adonis eigentlich geht, ist die Substitution der Orientierung an religiöser Jenseitigkeit und transzendenten Prinzipien durch Immanenz und Leiblichkeit, in gewisser Hinsicht eine Fortsetzung der nietzscheanischen Tendenzen des »Mihyâr«. Eine klassische Schilderung der Pilgerfahrt nach Mekka wird plötzlich zu einer Reise »auf dem Weg der Frauen« (vgl. Anm. zu S. 147) und statt daß, wie bei an-Niffarî, die Sonne »mit dem Stift des Herrn« geschrieben ist, wird bei Adonis die Frau »mit dem Stift des Verliebten geschrieben«. Das religiöse Paradigma der Sufi-Dichtung oder der Pilgerfahrterzählung wird profanisiert und dem Profanen, hier Leiblichkeit und Sexualität, wird eine ursprünglich dem Heiligen vorbehaltene Anwendung der Sprache zuteil – eben die Schilderung des mystischen Erlebnisses oder die Pilgerfahrterzählung –, und somit die Stellung eines, wie Gott für die Mystiker, Unfaßlichen, sich der Darstellung seiner Erfahrung, seiner ›Vision‹ Entziehenden, wie Niffari es im von Adonis zitierten Motto sagt: »Je größer die Vision, desto schwieriger ist es, sie auszudrücken.« Eine derartige Erfahrung ist nicht an eine von sexuellen Tabus bestimmte Gesellschaft gebunden, sondern allgemein. Und so kann man tatsächlich von einer Verwandlung durch die Dichtung, von einer Alchimie des Wortes reden: Mit der Macht der am Numinosen geschliffenen Sprache wird dem Menschlichen ein neuer, vielleicht nie dagewesener Stellenwert verliehen.

Es empfiehlt sich, an dieser Stelle einen kurzen Blick auf das essayistisch-theoretische Œuvre von Adonis zu werfen, das im Rahmen dieser Neuedition im S. Fischer Verlag demnächst in einem eigenen Band vorgestellt wird. Als sein theoretisches Hauptwerk gilt die 1973 veröffentlichte Studie *ath-thabit wa-l-mutahawwil*, etwa zu übersetzen mit »Das Starre und das Veränderliche«. Das theoretische Raster, das darin entworfen wird, dürfte uns helfen, auch der zunehmend komplexeren Lyrik von Adonis näherzukommen. Die Studie geht aus von einer für die arabisch-islamische Geistesgeschichte als grundlegend erachteten Struktur, mit deren Hilfe einzelne Epochen und Werke näher beleuchtet und letztlich bewertet werden. Wie der Titel schon andeutet, handelt es sich dabei um die Dialektik derjenigen Kräfte in der arabisch-islamischen Geschichte, die auf Weiterentwicklung abzielen, und derjenigen, die möglichst unverändert das Althergebrachte fortsetzen wollen. Bis in die Abbassidische Zeit hinein, so Adonis, war die arabische Dichtkunst vom Paradigma der vorislamischen Dichtung geprägt, die als unübertreffliches Vorbild galt. Als endgültiger Leitfaden für Denken und Handeln wurden der Koran und die kanonisierten Aussprüche des Propheten angesehen. Gemäß der Auffassung der Traditionalisten, wie Adonis sie schildert, besteht die einzige Aufgabe der Zukunft in der Bewahrung der Überlieferung. Treue zum Text der Offenbarung und zu den poetischen Verfahrensweisen der Vorfahren ist oberstes Gebot. Gemäß dieser Denkhaltung, so Adonis, wird jede schöpferische Kraft des Menschen abgeleugnet. Der Mensch handelt nicht wirklich, sondern erhält seine Taten von Gott zugeteilt. Ebenso ist die Poesie nur eine Aneignung, bestenfalls Anverwandlung des vorislamischen Musters. Der Mensch, schreibt Adonis, wird als unfähig gedacht, seine eigenen Erfahrungen von Wirklichkeit zu machen und sie in einer eigenen Sprache auszudrücken. Versucht er dies dennoch, so gilt er als Frevler und Ungläubiger. Ungewöhnliche und schwer verständliche sprachliche Gebilde werden verworfen. Der Dichter steht im Dienst der Umma, der islamischen Gemeinde, als Individuum zählt er nicht, so Adonis über die traditionelle Auffassung. Überhaupt hat die Umma in jeglicher Hinsicht Vorrang vor dem Individuum. Daß ein Dichter den sprachlichen Konsens der Gemeinde nicht durch einen selbstherrlichen Umgang mit der Sprache zu untergraben habe, ergibt sich daraus.

Die mächtigste und wichtigste geistige Gegenströmung gegen den Traditionalismus ist nach Adonis der Sufismus, die islamische Mystik, und daneben die innovativen Dichter der Abbassidischen Epoche, wie Abu Tammâm, Abu Nuwâs, al-Mutanábbi und andere. Im Gegensatz zu den Traditionalisten, so Adonis, begreift der Mystiker das Verhältnis des Menschen zu Gott als ein Lebendiges, Dynamisches und eben nicht Starres. Die Mystiker suchen die Wahrheit nicht mehr in den Buchstaben der Texte, sondern in deren Geist, so daß der Text unendliche und verschiedenste Interpretationen zuläßt. Während die Traditionalisten, wie Adonis sie schildert, alles wörtlich nehmen, hat die Offenbarung in der Perspektive der theologischen Erneuerer eine eher metaphorische, das wörtliche Verständnis übersteigende Qualität. Und der metaphorische Gebrauch der Sprache öffnet diese für neue, unerhörte Sinnwelten. Auch realisiert sich für den Mystiker die menschliche Existenz und das religiöse Heil nicht in der Umma, sondern durch die Hinwendung auf das eigene Innere, die im Idealfall, so Adonis, zu einem Dialog mit Gott führt. Aus der These, daß für den Mystiker die Wahrheit in der Überschreitung des Sichtbaren und Eindeutigen liegt, leitet Adonis dann Grundzüge einer sufischen Sprachtheorie her, die für das Verständnis seiner eigenen Dichtungen herangezogen werden kann. Demnach unterscheiden die Mystiker zwischen Sinn und Bild, zwischen Bedeutung und Zeichen. Doch ist es ebenso unmöglich, sagt Adonis, die Bedeutung ohne das Zeichen zu denken wie etwa das Unendliche ohne Kenntnis des Endlichen. Ebenso ist auch das Unsichtbare mit dem Sichtbaren und Gott mit dem Menschen verbunden, so daß beide eins werden können. Diese Einheit zwischen Gott und Mensch bedeutet gleichwohl nicht, daß Gott ein Mensch ist, ebensowenig wie die Realisierung einer Bedeutung in einem Zeichen den Unterschied zwischen Bedeutung und Zeichen aufhebt. Durch das Denken einer Verschmelzung von Gott und Mensch, so Adonis, hat die Mystik dem Menschen das Bewußtsein zurückgegeben, ein frei handelndes, unabhängiges Wesen mit schöpferischen Kräften zu sein. Und als ein solches ist er in der Lage, eigene Erfahrungen in einer eigenen Sprache auszudrücken.

Ganz abgesehen von der Frage, ob Adonis' Darstellung des Sufismus zutreffend ist oder nicht, dürfte klar sein, daß es sich dabei auch um einen Versuch der Erklärung und Rechtfertigung seines eigenen poetischen Verfahrens und seiner Weltsicht handelt. Wie die meisten der um die Literaturzeitschrift Shi'r versammelten Literaten sah sich auch Adonis als einer ihrer führenden Köpfe dem Vorwurf der Verwestlichung und des Verrats an der arabischen Kultur ausgesetzt. Gegen diesen Vorwurf macht er nun geltend, daß sich seine Dichtung keineswegs nur auf abendländische Vorbilder stützt, sondern daß es auch innerhalb der arabischen Kultur Strömungen gibt, aus denen sich sein poetisches Konzept herleiten läßt, nämlich der Sufismus und die poetischen Erneuerer der Abbassidenzeit. In seiner »Einführung in die arabische Dichtkunst« von 1985, die im Rahmen dieser Ausgabe demnächst auf deutsch vorgelegt wird, geht Adonis sogar noch einen Schritt weiter und vertritt die These, daß das Problem der Moderne in der heutigen arabischen Welt ein Problem des Dialogs der Araber untereinander sei, nicht ein Problem der Auseinandersetzung mit dem Westen. Und zwar überraschenderweise deshalb, weil sich die arabische Welt viel früher, bereits im Mittelalter, mit dem Problem der Modernität auseinandersetzen mußte. Bezeichnet man die Moderne als Westimport, so handele es sich um eine gefährliche Verkürzung, die darauf hinauslaufen könnte, sie als etwas Fremdes abzulehnen, obwohl sie tatsächlich seit jeher der arabischen Welt zugehört. Die Araber, so könnte man als Fazit dieser Thesen schließen, haben also auch als Araber, als Muslime das Potential zur Moderne. Wenn sie sich für die Moderne aussprechen, geben sie ihre kulturelle Identität damit nicht preis.

Gleichwohl hilft uns der Verweis von Adonis auf die arabische Moderne nur teilweise beim Verständnis seiner Lyrik, wie sie sich uns seit Ende der sechziger Jahre darstellt. Angenommen, jemand wäre in der arabischen Literatur, auf die sich Adonis beruft, sehr belesen, in der heutigen Moderne jedoch gar nicht, und dieser bekäme nun Gedichte von Adonis vorgesetzt, er wüßte damit wohl nicht allzu viel anzufangen. Denn es scheint, daß diesem klassischen Leser eine wesentliche Voraussetzung fehlt, während jemand, der von der arabischen Literatur nicht die geringste Ahnung hat, jedoch vertraut ist mit der abendländischen Lyrik des 19. und 20. Jahrhunderts, sich von Adonis wesentlich stärker angesprochen fühlen dürfte als unser Sufi-Leser. Irgendwo auf dem Weg von den Sufi-Dichtern zu Adonis ist etwas verlorengegangen oder etwas geschehen, das die Vernetzung verhindert und diese beiden lyrischen Strömungen zunächst inkompatibel macht. Zwar ist es leicht, mit der Erfahrung moderner Literatur zurück auf die Mystik zu blicken und ihre erstaunliche Modernität zu erkennen, das Umgekehrte funktioniert jedoch kaum. Man kann nur spekulieren, wie die Sufis dieses verlorengegangene Etwas bezeichnen würden – vielleicht ganz einfach Gottvertrauen, Glauben.

Von uns aus betrachtet könnten wir sagen, dieses verlorengegangene Etwas ist das Vertrauen in das stabile und verläßliche Verhältnis von Wort und Welt. Das Verhältnis von Zeichen und Bezeichnetem wurde zwar schon auf der Zunge der Sufis ein dynamisches, wie Adonis feststellte. Im Verhältnis zur traditionalistischen Position trat damit eine Erneuerung, oder, wie Adonis es nennt, Modernisierung ein. Diese neue Beweglichkeit an der Gelenkstelle zwischen Sprache und Welt war jedoch alles andere als eine Trennung beider. Für die Traditionalisten war diese Beweglichkeit zuviel, weil sie die festgefügte Ordnung ins Schwimmen brachte, weil sie einen gewissen Abstand zwischen Wort und Welt kundtat und dadurch verunsicherte. Für unser modernes Bewußtsein ist diese Beweglichkeit indes unerheblich, denn sie bedeutet immer noch Scharnier, Verbindung, Schnittstelle. Eine solche jedoch, lehrt uns die moderne Sprachtheorie seit de Saussure, existiert nicht. Moderne abendländische Dichtung ist in ihren Hauptströmungen Dichtung im Zeichen des Verlusts der Verbindung von Wort und Welt. Der Verlust des Sprachvertrauens und der Verlust des Gottvertrauens sind historisch verwandt. Als emphatischen Gläubigen war den Sufis wie selbstverständlich auch das Sprachvertrauen gegeben, obschon sie sich der Unzulänglichkeit der Sprache beim Ausdruck ihrer Erfahrungen bewußt waren. Dem modernen Dichter dagegen ist die Sprache oft nichts als Selbstzweck und Spielmaterial.

Anhand der Gedichte vom Anfang der siebziger Jahre im vorliegenden Band läßt sich leicht zeigen, wie Adonis einerseits den Verlust des Sprachvertrauens instrumentalisiert, andererseits aber für sich als Dichter beansprucht, dieses Vertrauen in einer eigenmächtigen Setzung von neuem zu begründen, und sei es nur für einen Moment. Die Kraft und die Ermächtigung zu dieser Neubegründung weist dabei Ähnlichkeiten auf mit der Ekstase des Sufis bei der Vereinigung mit Gott. Zugespitzt formuliert: so wie der Sufi zu Gott sich verhält, so der Dichter zur Sprache. Was aber meint hier Instrumentalisierung? Der Verlust der Verbindung zwischen Wort und Welt hat es ermöglicht, mit der Sprache völlig willkürlich und frei von jeglicher Ordnung der Logik und der Dinge zu verfahren. Die dichterische Sprache steht nicht mehr unter dem Zwang, etwas bedeuten zu müssen. Parallel dazu werden die Gesetze der Syntax als Grundlagen des vernünftigen Sprechens sinnlos. Positiv formuliert könnte man sagen, daß die Sprache endlich von der Starrheit der Grammatik und dem Mitteilungszwang befreit wird. Sie wird entfesselt. Adonis zerstört die hergebrachte Verbindung von Sprache und Welt, um sie eigenhändig neu zu stiften. Das von Gott entbundene Individuum nützt seine schöpferische Kraft und setzt an die Stelle der Leere sich selbst, dient momentlang als Brücke zwischen Wort und Welt, so könnte man die Poetik von *Hadha huwa ismi*, »Dies ist mein Name« beschreiben, das 1971 erschien und bis heute zu den radikalsten Texten von Adonis zählt. Bereits der Beginn des Gedichts bricht mit allen Regeln der bisherigen arabischen Grammatik und poetischen Wohlerzogenheit (S. 247):

Ausmerzend alle Weisheit /   hier ist mein Feuer /
Kein Zeichen bleibt – mein Blut ist das Zeichen /
Dies ist mein Beginn /

Ich drang in dein Becken ein   Erde die sich um mich dreht deine Glieder
Strömender Nil   wir trieben fort lagerten uns ab   du hast dich in meinem
Blut gekreuzt

Die Sätze sind abgehackt, ihre Verbindung ist nur mehr suggestiv. »Ausmerzend alle Weisheit«, der Text spricht hier nicht über etwas Drittes, über ein Ich oder Er, sondern, indem er beschreibt, was er tut, tut er es, er wischt alle Regeln der herkömmlichen Poetik vom Tisch. Wieder taucht das Motiv des Feuers als ein zerstörendes und aber durch seine Zerstörung zugleich läuterndes Element auf. Die reinigende Zerstörung: »Kein Zeichen bleibt«, ermöglicht den neuen Anfang, wo nur noch das factum brutum zählt: »Mein Blut ist das Zeichen.« Der Neuanfang mündet ohne Umschweife in einen unverblümt dargebotenen Zeugungsakt: »Ich drang in dein Becken ein.« Dem Ton nach erkennen wir den Dichter des Mihyâr nicht mehr wieder, die Motive jedoch kommen uns bekannt vor. Das zerstörerische Feuer, das geheimnisvolle, lebensspendende Blut, der radikale Neuanfang. In den Gesängen Mihyârs herrschte, wie der Titel schon sagte, ein liedhafter Ton vor. Mihyâr selbst war zwar eine aufmüpfige Figur, doch wurde diese Aufmüpfigkeit mit den schönsten Reimen und Metren beschrieben. Die Gedichte schufen Stimmungen, vermittelten Botschaften. Gegen die Lieder des Mihyâr nimmt sich »Dies ist mein Name« aus wie ein Schrei. Dennoch handelt es sich hier nicht um ein völlig unverständliches Sprechen. Syntax und Metaphorik ähneln den schwierigsten Texten Rimbauds und der Surrealisten, doch im Gegensatz zu deren oftmals verspielter und schwebender Lyrik ist fast jedes Wort bei Adonis mit Bedeutung befrachtet. Dies war gemeint, als ich eben davon sprach, daß Adonis die Errungenschaften der Sprachskepsis nutzt, ohne diese Skepsis zwangsläufig zu teilen. Der Sprachskeptiker kennt Pathetik nur ironisch, als Parodie. Adonis jedoch ist es ernst. Feuer, Blut, Heimat, Geschichte, Nation, Liebe, Tod, all dies bedeutet bei ihm, was es immer schon bedeutete, obgleich im Bewußtsein der drohenden Verwässerung dieser Wörter. In der Dichtung von Adonis vermischen sich damit Elemente traditioneller lyrischer Aussageweisen, nämlich das emphatisch gebrauchte, bedeutungshaltige Wort mit den Errungenschaften der literarischen Moderne. Das Bekenntnis zur umwälzenden Kraft der Dichtung gipfelt in dem (an Nietzsches »Ich bin kein Mensch, ich bin Dynamit« erinnernden) Satz: »Fähig zu verwandeln: Mine für die Zivilisation – dies ist mein Name.« Zugleich gibt das Gedicht die zwischen Revolte, Antiimperialismus und Identitätssuche schwankende Stimmung der Zeit zwischen den beiden arabischisraelischen Kriegen von 1967 und 1973 eindrucksvoll wieder, wobei die verheerende arabische Niederlage im Sechs-Tage-Krieg der literarischen Befreiung und Radikalisierung Vorschub geleistet haben dürfte.

Der berühmteste Text des Bandes und eines der meistübersetzten Gedichte von Adonis überhaupt ist jedoch »Ein Grab für New York«. Der Kontrast zwischen New York und den Hauptstädten der arabischen Welt, die Anrufung des (gemäß der Deutung von Adonis) von seiner Heimat verratenen Walt Whitman und die Greuel des Vietnamkriegs veranlassen den Dichter, die Weltstadt und die durch sie repräsentierte technisierte Zivilisation zu verurteilen. Das 1971 geschriebene Gedicht, das die arabische Literaturwissenschaftlerin Salma Khadra Jayyusi in ihrer Anthologie *Modern Arabic Poetry* als »eines der majestätischsten und bewegendsten Werke der arabischen Literatur« bezeichnet, erscheint vor dem Hintergrund der Ereignisse des 11. 9. 2001 geradezu als prophetisch. »Ist der Todesvogel zu dir gekommen, hast du das Ende des Röchelns gehört (...) / Elende, die wie Staub in das Gewebe der Leere getaucht sind – Opfer, zu Spiralen verzerrt. / Die Sonne ist eine Trauerfeier / und der Tag eine schwarze Trommel / (...) Der Wind weht ein zweites Mal aus dem Osten, er entwurzelt Wolkenkratzer wie Zelte.« Das negative Symbol, das New York für die Attentäter von 9/11 darstellt, weist allerdings nennenswerte Gemeinsamkeiten mit dem Bild New Yorks auf, das der säkularisierte, mit den linken Befreiungsbewegungen der Dritten Welt sympathisierende arabische Dichter dreißig Jahre zuvor gezeichnet hat, von der Kapitalismuskritik über die am amerikanischen Expansionsdrang und Militarismus – damals mit dem Vietnamkrieg begründet – das vorgeblich Seelenlose des hochtechnisierten Westens... Freilich hatte weder Adonis irgendeine Sympathie für die Attentäter – er steht selbst auf der Abschußliste der islamischen Fundamentalisten –, noch werden die Attentäter sich mit einem solchen Freigeist beschäftigt haben. Adonis steht in einer weitverbreiteten und ja durchaus nicht unbegründeten anti-amerikanischen Tradition von Dritte-Welt-Aktivisten, wie wir sie auch in den Schriften von Hans Magnus Enzensberger jener Zeit finden. Die Kontinuität zu den Attentätern des 11. 9. liegt nur darin, daß sich die Islamisten Teile dieser Tradition zu eigen gemacht haben. Ist Adonis weltanschaulich mit diesem Gedicht seiner Zeit verhaftet, kann er literarisch auf zwei Vorläufer zurückgreifen: den im Gedicht selbst angerufenen amerikanischen Dichter Walt Whitman, der hier das positive Amerika symbolisiert, und Frederico García Lorca, an dessen Gedichtzyklus »Poeta en Nueva York« der Text von Adonis in seiner Genremischung formal anzuschließen scheint. Schon Lorca, der sich ebenfalls auf Whitman beruft, hatte nicht gerade ein positives New York-Bild. Zugleich ist Lorca für die moderne arabische Dichtung einer der wichtigsten und verehrtesten europäischen Vorbildern. Salma Khadra Jayyusi macht in diesem Zusammenhang auf ein interessantes Phänomen aufmerksam. Ihr zufolge verrate dieses Gedicht nämlich auch eine »vorindustrielle Grundeinstellung«. Adonis' »Haß, Furcht und Mißtrauen gegenüber dem wesentlichen Faktor der Moderne: der Technologie« sei nur schwer mit seinem theoretischen Plädoyer für die Moderne in Einklang zu bringen. In der Tat neigt Adonis dazu, die Moderne ausschließlich als kulturelles Phänomen zu denken. Genau darin aber liegt auch ein utopisches Potential und zugleich die sich in diesen Gedichten eben auch vollziehende Auseinandersetzung mit dem Westen. Unterzieht Adonis nämlich seine eigene, arabische Kultur einer an Nietzsche geschulten (Selbst-) Kritik, so greift er, um das Andere, das heißt, das Westliche zu kritisieren, wie es sich am Eigenen manifestiert, auf einen anderen deutschen Denker zurück, der in Nietzsches Nachfolge steht: Heidegger. Heidegger liefert vor allem deshalb einen passenden Denkansatz, weil sich der Okzident im Orient besonders in derjenigen Form manifestiert, die Heidegger am vehementesten kritisiert – der Technik und der entseelten Moderne, wie sie sich für ihn in New York manifestiert.

Es gibt in dem vorliegenden Band (S. 237) ein sehr kurzes, sehr berühmtes Gedicht, an dem sich zeigt, wo Adonis die Gefahr dieses technisierten, industrialisierten Westens sieht, wenn er in die arabische Kultur eingreift:

Das Minarett

Das Minarett weinte
Als der Fremde kam
Er kaufte es ohne Not
Und baute darauf einen Schlot.

Das alte, religiösen Zwecken dienende Bauwerk wird als Fabrik mißbraucht, das heißt die Religion, das Eigene, wird ersetzt durch die Technik, die aus der Fremde kommt. Wir wissen aber aus »Die Gesänge Mihyârs des Damaszeners«, daß Adonis nicht in herkömmlicher Weise religiös ist. Das Religiöse steht hier nur stellvertretend für eine kulturelle Kompetenz, die auch die des Dichters sein könnte. Das geistige und ethische Potential des Menschen, die durch das Wort bewirkte kulturelle Machbarkeit, wird durch die technische, materielle verdrängt und überlagert wie im Gedicht das Minarett vom Schornstein und das vom Minarett aus dem Mund des Muezzins erschallende Wort durch den Rauch – also einem Abfallprodukt. Der Unterschied zwischen dem Fremden, wenn er sich der arabisch-islamischen Kultur bemächtigt, und dem Dichter, der ihr entstammt, wenn er sich seinerseits mit ihr auseinandersetzt, liegt auf der Hand: Jener sieht im Minarett einen Schornstein, ohne den eigentlichen Zweck zu ahnen, dieser hingegen versteht die außergewöhnliche Funktion dieses Bauwerks, steigt hinauf, stürzt den Muezzin der unglaubwürdig gewordenen religiösen Kultur hinunter (wie es Adonis in »Die Gesänge Mihyârs des Damaszeners« tat) und spricht an Stelle des Muezzins aus einem erneuerten Geist. Der Dichter hält die kulturelle Funktion des »vom Turm herab Sprechens«, des Logos, für nützlicher als jede Fabrik und materielle Erfindung, wissend, daß dort, wo diese Funktion gewahrt ist, auch der Dichter noch eine besondere Rolle hat – womöglich die, die Heidegger vorschwebte, als er von Hölderlin sprach. Im Namen der Wahrung der Kulturtechnik, welche des Minaretts, der Kanzel, des Forums und anderer traditioneller Plätze des Sprechens – vielleicht auch des Parlaments? – bedarf, verwirft der Dichter die materielle Technik. Diese Technik, sehen wir, ersetzt die traditionellen ›Sprech-Plätze‹ durch ›Talk-Shows‹, also das Hören durch das Sehen, wie ja auch der Fremde das Minarett bloß optisch wahrnimmt und daran seine Funktion zu erkennen glaubt, weil es ihn an einen Schornstein erinnert, während seine eigentliche Funktion eine akustische ist. Diese Unterscheidung zwischen Hören und Sehen, zwischen der Wahrnehmung der Welt als einer gehörten und einer bloß gesehenen ist sehr wichtig. Adonis entstammt einer alten Kultur des Wortes und damit des Hörens, eines Wortes, das auch der Muezzin vom Minarett herab verkündet. Diese Bedeutung des Wortes, von welcher ja auch die Poesie und die Dichtung zehren, will Adonis bewahren und verteidigen. Er, der sich in »Die Gesänge Mihyârs des Damaszeners« so oft mit Odysseus verglich, segelt zwischen der Skylla der verworfenen eigenen Kultur und der Charybdis der ebenfalls kritisierten westlichen Kultur hindurch, indem er die Vision einer rein kulturellen Moderne herausarbeitet, einer Moderne, die ohne technische Kehrseite auskommt. Eine Moderne, anders gesagt, nur mit den Mitteln des Logos – also des Dichters –, nicht eine, die in die Materie eingreift und sich diese unterwerfen will.

Diese Idee erscheint uns vielleicht phantastisch, und in der Tat wurde sie im Okzident kaum je gedacht, weil sie zu kaum einem Zeitpunkt eine historische Gegebenheit war. Anders hingegen im Nahen Osten. Die historische Konstellation, aus welcher diese Idee, diese Vision, wie Adonis sie nennen würde, entspringt, ist eine sehr spezifische: Das ländliche Syrien in den dreißiger, vierziger, ja noch fünfziger Jahren war so traditionell wie Jahrhunderte, wenn nicht Jahrtausende zuvor. Dort, in einem Dorf im Küstengebirge, wie eingangs erwähnt, verbrachte Adonis seine Kindheit und Jugend. Die rudimentäre Schulausbildung fand noch unter dem Baum in der Dorfmitte statt, weder gab es Elektrizität noch motorisierten Verkehr, und sein Vater war ein gebildeter, der Dichtung und dem unorthodoxen Sufismus aufgeschlossener schiitischer Imam. So traditionell dieses Leben im Alltag war, neue Ideen und vor allem einen ersten Eindruck von der modernen Literatur bekam Adonis in seiner Gymnasialzeit an der *Mission laïque française* in der beschaulichen syrischen Hafenstadt Tartus. Im Alter von siebzehn las er Baudelaire, aber nicht wie wir in den Haupt- und Vorstädten Europas, sondern wie Vergil ihn auf seinem Landsitz gelesen hätte, fern dem Weltgeschehen und etwaiger Zivilisation, fern aller Technik. Gemäß der Erfahrung, die Adonis in dieser Phase seines Lebens machte, waren die moderne Kultur und die Technik gänzlich unabhängig voneinander. Die technische Lebenswelt, die vom europäischen Epizentrum der Moderne aus betrachtet zur modernen Literatur untrennbar gehört, erschien angesichts dieser Erfahrung als eine überflüssige, unangenehme Nebensache. Die schönste Frucht der Moderne, nämlich die moderne Kultur, die Befreiung des Subjekts und des Begehrens, hatte ja, jedenfalls gemäß der Erfahrung von Adonis, auch ohne den Preis des Tauschs von Minarett gegen Schlot reifen können.

Nun scheint die Geschichte zu lehren, daß Modernität im kulturellen Sinne nur durch einen technisch-wissenschaftlichen Unterbau, der die gesamte Gesellschaft beeinflußt, über längere Epochen Bestand haben kann. Die unnatürlich schnelle Rezeption der technischen Moderne in der islamischen Welt, die mehrere Jahrhunderte europäischer Entwicklung in wenigen Dezennien absorbieren mußte, hat zu einer fast ausschließlich auf die Technik beschränkten Modernerezeption geführt. Gegen diese einsinnige Wahrnehmung der westlichen Moderne richtet sich Adonis' Kritik vorrangig: Sie ist nicht so sehr Fortschrittskritik als Kulturkritik. Adonis' Absicht ist es daher auch nicht, die Technik abzuschaffen und die Schornsteine wieder aufzukaufen und in Minarette zurückzuverwandeln – dies wollen nicht einmal die Fundamentalisten, die übrigens sehr technikbegeistert, aber nicht gerade kulturbegeistert sind. Vielmehr geht es ihm darum, zu zeigen, daß die arabische Kultur die Moderne nicht importieren muß und daß die Moderne als Kultur – anders als die Fabriken – nichts Importiertes ist, sondern sich in den ältesten arabischen Texten findet und der islamischen Zivilisation als Möglichkeit inhärent ist. Die ›fremden‹, westlichen Leser werden ihrerseits aufgefordert, Adonis' Erfahrung einer von der Technik unabhängigen Moderne in ihrem utopischen Potential anzuerkennen und sie in den Kanon, wie Moderne auch und anders gedacht werden kann, aufzunehmen.

Adonis hat den Mut zu dem Pathos, in seiner Dichtung die Vision einer menschlicheren Moderne einerseits gegen Erstarrung der arabisch-islamischen Kultur und andererseits gegen unkritische Rezeption westlichen Lebensstils zu entwickeln. Er verteidigt die Notwendigkeit des Wortes und seiner traditionellen Medien – Poesie, Minarett, Forum, Parlament – vor der bloßen Nützlichkeitserwägung des Technikers, der alles, einschließlich des Menschen, in Rohstoff und Material verwandelt. Wie Adonis 1997 in einem Aufsatz geschrieben hat: »Die Kritik an den Zuständen der Welt genügt nicht mehr, vielmehr geht es darum, eine tiefgreifende Verbrüderung des Menschen mit dem Unbekannten und der Unendlichkeit des Seins zu begründen. Vor diese Aufgabe gestellt, schreitet die Kunst wie ein entbergendes Licht auf den Wegen der Wissenschaft und atmet auch die Technik die Luft der Kunst.«

Adonis' Dichtung beruht auf dem Glauben an die umwälzende und regenerative Kraft der Poesie. Dieser Glaube setzt die traditionelle arabische Wertschätzung für die Dichtkunst fort und übertrifft sie, indem er die Poesie als gleichrangig erachtet mit der nach islamischem Verständnis erhabensten Erscheinungsweise der Sprache, der koranischen Offenbarung. Ebenso wie diese will die poetische Tätigkeit alle Lebensbereiche umgreifen und verändern. Adonis, so dürfen die Leserinnen und Leser dieses Bandes mit Verblüffung feststellen, führt damit das von der deutschen Romantik entworfene Konzept der Universalpoesie aus dem Orient heraus noch einmal in die Weltliteratur ein.

Stefan Weidner
Istanbul, August / Ramadan 2010 / 1431

INHALT

BAND I 1958–1965 — 5
DIE GESÄNGE MIHYÂRS DES DAMASZENERS

Der Ritter fremder Worte

Psalm	11
Kein Stern	12
König Mihyâr	12
Eine Stimme	13
Eine andere Stimme	13
Es werden ihm Augen	13
Die Tage	14
Einladung auf den Tod	14
Eine Stimme	14
Die Maske der Lieder	15
Die Stadt der Mitstreiter	15
Der Neue Bund	16
Zwischen Echo und Ruf	16
Die Glocke	16
Das Ende des Himmels	17
Mihyârs Gesicht	17
Die Ratlosigkeit	17
Er schläft in seiner Hand	18
Er trägt in seinen Augen …	18
Der Zwilling des Tags	19
Die andern	19
Der heilige Barbar	20

Der Zauberer des Staubs

Psalm	23
Die Wunde	25
Ein Gott ist gestorben	27
Verlorengehen	27
Ein Stein	28
Der Fall	28
Ein Gespräch	28
Die Sprache der Sünde	29
Der König der Winde	29
Der Felsen	30
Ein Abgrund	30
Ich habe meine Geheimnisse …	30
Deine Augen haben mich nicht gesehen	31
Ein Gespräch	31

الحضور	Die Gegenwart	32
الأيام السبعة	Die sieben Tage	32
أرفيوس	Orpheus	33
أرض السحر	Die Zaubererde	33
رؤيا	Vision	33
سفر	Reise …	34
اترك لنا وراءك	Hinterlaß uns …	34
أسلمت أيامي	Ich gab meine Tage preis …	35
جسر الدمع	Die Tränenbrücke	35
لا حد لي	Mir sind keine Grenzen	36
السدود	Die Barrikaden	36
الأرض الوحيدة	Die einsame Erde	37
أمنية	Ein Wunsch	37
قلت لكم	Ich sagte euch …	37
الهزيمة	Die Niederlage	38
يكفيك أن ترى	Dir reicht es, zu sehen	38
الكرسي	Der Stuhl	39
المصباح	Die Lampe	39
أبحث عن أوديس	Ich suche Odysseus	40
البلاد القديمة	Das alte Land	40
أرض بلا معاد	Erde ohne Rückkehr	41
اليوم لي لغتي	Heute habe ich meine Sprache	41
الأرض	Die Erde	42
لغة للمسافة	Eine Sprache für die Distanz	42
البرق	Der Blitz	43
ظلي وظل الأرض	Mein und der Erde Schatten	43
أوديس	Odysseus	43
الآله الميت	*Der tote Gott*	
مزمور	Psalm	47
مرآة الحجر	Der Spiegel des Steins	48
أغنية	Das Lied	49
لمرة واحدة	Ein einziges Mal	49
الأرض الثانية	Die zweite Erde	50
اعتراف	Bekenntnis	50
صلاة	Gebet …	50
المسافر	Der Reisende	51
الصاعقة	Der Blitz	51
بعد السكوت	Nach dem Schweigen	51
الذئب الإلهي	Der göttliche Wolf	52
قدم الأطفال	Der Kinderfuß	52
حجر الصاعقة	Der Stein des Blitzes	53
تائه الوجه	Mit verirrtem Gesicht …	53
أخلق أرضاً	Ich schaffe eine Erde	53
الخيانة	Der Verrat	54
الصدفة	Die Muschel	54

الإله الميت	Der tote Gott	54
قربان	Eine Opfergabe	55
الى سيزيف	Für Sisyphos	55
إله يحب شقاءه	Ein Gott, der sein Leid liebt	56
مشهد	Eine Szene	56
رياح الجنون	Die Winde des Wahns	57
ليس لك اختيار	Du hast keine Wahl	57

إرم ذات العماد	*Iram mit den Säulen*	
مزمور	Psalm	61
رؤيا	Vision	63
المدينة	Die Stadt	64
براءة	Unschuld	64
البغي	Die Prostituierte	64
رقية	Beschwörung	65
الجثتان	Die beiden Leichen	65
العصر الذهبي	Das Goldene Zeitalter	65
الأشياء	Die Dinge	66
تزيني بالرمل	Schmück dich mit Sand	66
المدينة	Die Stadt	67
قد تصير بلادي	Vielleicht ist es mein Land	67
لأرضي	Für meine Erde	67
غبطة الجنون	Die Seligkeit des Wahns	68
وطن	Heimat	68
الوجه البعيد	Das entlegene Antlitz	69
صوت	Eine Stimme	69
رؤيا	Vision	70
شداد	Shaddâd	72

الزمان الصغير	*Die kleine Zeit*	
مزمور	Psalm	75
النهار	Der Tag	76
الطريق	Ein Weg	76
لا كلمات بيننا	Keine Worte sind zwischen uns	77
وداع	Abschiedsgruß	77
موت	Sterben	78
الرياح المضيئة	Die leuchtenden Winde	78
القوقعة	Das Schneckenhaus	78
أرض الغياب	Die Erde der Abwesenheit	79
رسالة	Ein Brief	79
التائهون	Die Irrenden	79
الضياع	Die Verlorenheit	80
عودة الشمس	Die Rückkehr der Sonne	80
الصخرة العاشقة	Der liebende Fels	81
الرايات	Die Flaggen	81
الطوفان	Die Sintflut	81

الزمان الصغير	Die junge Zeit	82
المدينة	Die Stadt	82

Am Rande der Welt — طرف العالم

مزمور	Psalm	87
سفر	Reise	88
طرف العالم	Am Rande der Welt	88
آدم	Adam	88
جزيرة الحجر	Die Insel aus Stein	88
ريشة الغراب	Die Rabenfeder	89
الفجر يقطع خيطه	Das Frühlicht durchtrennt seinen Faden	91
الباب	Die Tür	91
من أنت؟	Wer bist du?	91
نوح الجديد	Der neue Noah	92

Der wiederkehrende Tod — الموت المعاد

مرثية بلا موت	Totenklage ohne Tod	97
مرثية عمر بن الخطاب	Totenklage für Umar Ibn al-Khattâb	97
مرثية أبي نواس	Totenklage für Abu Nuwâs	97
مرثية الحلاج	Totenklage für al-Hallâdj	98
مرثية بشار	Totenklage für Bashshâr	99
مرثية	Totenklage	99
مرثية	Totenklage	99

مرثيتان — ZWEI TOTENKLAGEN

مرثية الأيام الحاضرة	Totenklage für die Gegenwart	103
مرثية القرن الأول	Totenklage für das erste Jahrhundert	108

كتاب التحولات والهجرة في أقاليم النهار والليل — DAS BUCH DER VERWANDLUNGEN UND DES AUSZUGS IN DIE GEFILDE DES TAGES UND DER NACHT

Die Blume der Alchimie — زهرة الكيمياء

زهرة الكيمياء	Die Blume der Alchimie	119
الدهشة الأسيرة	Das gefangene Staunen	119
شجرة النهار والليل	Der Baum des Tages und der Nacht	119
كنيسة النهار	Die Kirche des Tages	120
شجرة الشرق	Der Baum des Ostens	120
الإشارة	Das Zeichen	121
شجرة الحنايا	Der Baum des Innersten	121
شجرة النار	Der Feuerbaum	122
شجرة الصباح	Der Baum des Morgens	122

غابة السحر	Der Zauberwald	123
شجرة الأهداب	Der Wimpernbaum	123
شجرة الكآبة	Der Baum des Kummers	124
إقليم البراعم	Das Gefilde der Knospen	124

الصقر	*Der Falke*	
أيام الصقر	Die Tage des Falken	127

فصل الأشجار	*Das Kapitel der Bäume*	
شجرة (زرع الجائعون ...)	Ein Baum (Die Hungernden pflanzten...)	135
شجرة (كل يوم ...)	Ein Baum (Jeden Tag...)	135
شجرة (يجهل أن يزيّن ...)	Ein Baum (Er weiß nicht...)	136
شجرة (سقطت نجمتان ...)	Ein Baum (Zwei Sterne fielen...)	136
شجرة (قلت لك ...)	Ein Baum (Ich sagte dir...)	136
شجرة (لم أحمل الرمح ...)	Ein Baum (Ich trug die Lanze nicht...)	137
شجرة (كان ينادي ...)	Ein Baum (Er rief die Lüfte...)	137
شجرة (خَفَّ، لاقاني ...)	Ein Baum (Der Morgen eilte...)	138
شجرة (عند جيروت ...)	Ein Baum (Djairûn hat ein Tor...)	138
شجرة (غُطِّيَ بالريحان ...)	Ein Baum (Er wurde in Myrrhe gehüllt...)	139

تحولات العاشق	*Die Verwandlungen des Liebenden*	
١	1	143
٢	2	145
٣	3	146
٤	4	148
٥	5	153
٦	6	156

BAND 2
Ein Grab für New York 1965–1971   161

المسرح والمرايا (١٩٦٥ – ١٩٦٧)	DAS THEATER UND DIE SPIEGEL (1965–1967)	
لون الماء	Die Farbe des Wassers	165
نهر الكلام	Der Fluß der Worte	167
الزمان المكسور	DIE ZERBROCHENE ZEIT	
امرأة ورجل	Mann und Frau	171
أغنية للرجل	Das Lied des Mannes	172
أغنية للمرأة	Das Lied der Frau	172

المجوس	Die Magier	173
وجه امرأة	Das Gesicht einer Frau	173
الطريق	Der Weg	173
مرآة لحظة ما	Spiegel eines Augenblicks	174
مرآة للكرسي	Spiegel des Throns	174
مرآة للوقت	Spiegel für die Zeit	175

أربع أغنيات لحزمة القصب	VIER LIEDER FÜR EINE GARBE SCHILF	
الجائع	Der Hungrige	179
النوم والنهوض من النوم	Der aus dem Schlaf erwachte Schlaf	179
الشعب	Das Volk	180
الغضب	Der Zorn	180

أربع أغنيات لتيمور	VIER LIEDER FÜR TIMUR	
مرآة للشرع	Spiegel für das Gesetz	183
الغزو	Der Raubzug	183
هم	Sie	183
السيل	Die Flut	183

مرايا وأحلام حول الزمان المكسور	SPIEGEL UND TRÄUME UM EINE ZERBROCHENE ZEIT	
الماضي	Die Vergangenheit	187
الحاضر	Die Gegenwart	187
الرصاصة	Die Kugel	187
مرآة طاغية	Spiegel eines Tyrannen	188
مرآة السياف	Spiegel des Scharfrichters	188
الشاعران	Die beiden Dichter	189
دمشق	Damaskus	189
بيروت	Beirut	190
مرآة لملك الحريم	Spiegel für den König des Harems	191
مرآة رجل يروي	Spiegel eines Erzählers	191
مرآة لزرياب	Spiegel für Zaryab	191
امرأة ورجل	Mann und Frau	192
مرآة الشاهد	Spiegel des Blutzeugen	192
مرآة الحلم	Spiegel des Traums	193
مرآة للأرض	Spiegel der Erde	193
مرآة لمسجد الحسين	Spiegel für die Moschee Husseins	194

تعويذات لمدائن الغزالي	ZAUBERSPRÜCHE FÜR DIE STÄDTE AL-GHAZALIS	
جسد الحصاة	Der Körper des Kiesels	197
لو سكنت	Wenn du wohntest	198
القاعدة	Die Grundlage	198

مرايا للممثل المستور	Das Kapitel der Spiegel	
مرآة للنوم	Spiegel für den Schlaf	201
مرآة لفارس الرفض	Spiegel für den Ritter der Verweigerung	201
مرآة للسؤال	Spiegel für die Frage	202
مرآة للقرن العشرين	Spiegel für das zwanzigste Jahrhundert	202
مرآة للغيوم	Spiegel für die Wolken	202
مرآة لمعاوية	Spiegel für Muawiya	203
مرآة لخالدة	Spiegel für Khalida	
الموجة	Die Welle	207
تحت الماء	Unter Wasser	207
الموت	Der Tod	207
الضياع	Die Verirrung	208
تعب	Müdigkeit	208
مرآة الزلاجة السوداء	Spiegel für einen schwarzen Schlitten	209
مرآة لجسد عاشق	Spiegel für den liebenden Körper	210
مرآة لجثة الخريف	Spiegel für den Leichnam des Herbstes	210
مرآة لأبي العلاء	Spiegel für Abu Ala	211
مرآة للعين والزمن	Spiegel für das Auge und die Zeit	211
مرآة لأورفيوس	Spiegel für Orpheus	212
مرآة الطواف	Spiegel für den Rundgang	212
مرآة الطريق وتاريخ الغصون	Spiegel für den Weg und die Geschichte der Zweige	
―١―	1	215
―٢―	2	216
―٣―	3	219
―٤―	4	221
―٥―	5	223
―٦―	6	227
وجه البحر	Das Antlitz des Meeres	
كيمياء النرجس	Die Alchemie des Narziß	231
ياسمينه	Jasmin	231
صنين	Der Sannin	232
القشرة والأيام	Die Schale und die Tage	232
القصيدة	Das Gedicht	232
الأحجار	Die Steine	233
الشهيد	Der Märtyrer	234
وجه البحر	Des Meeres Gesicht	234
الرغيف	Das Brot	235
الموت	Der Tod	236
حوار	Gespräch	236

الدم النافر	Vergossenes Blut	236
الوردة	Die Rose	237
العصفور	Der Vogel	237
المئذنة	Das Minarett	237
الحلم	Der Traum	238
الموج	Die Welle	238
المدينة	Die Stadt	239
نبوءة	Prophezeiung	239
الغرب والشرق	Orient und Okzident	240
سنبله	Ähre	240
ساحر	Der Zauberer	241
دمشق	Damaskus	242
الأسماء	Namen	242
اللؤلؤة	Die Perle	243
هذا هو اسمي	DIES IST MEIN NAME	245
قبر من أجل نيويورك	EIN GRAB FÜR NEW YORK	
—١—	1	270
—٢—	2	272
—٣—	3	276
—٤—	4	278
—٥—	5	280
—٦—	6	282
—٧—	7	286
—٨—	8	288
—٩—	9	288
—١٠—	10	292

Anhang

Zu dieser Ausgabe	299
Zu Umschrift und Aussprache	299
Anmerkungen	301
Danksagung	328
Adonis-Zeittafel	329
Nachwort	331